W0331567

Jane Ellen Wayne

LOS HOMBRES DE AVA

Jane Ellen Wayne

LOS HOMBRES DE AVA

Ultramar Editores

Título original: Ava's Men
Traducción: Edmund Orts
Portada: Subirats - Tirttler

1ª edición: Diciembre, 1990

© 1990 by Jane Ellen Wayne

Reservados todos los derechos. Ninguna parte de esta publicación puede ser reproducida, almacenada en sistemas de recuperación de datos ni transmitida en ninguna forma ni por ningún método, electrónico, mecánico, fotocopias, grabación u otro, sin previo permiso del detentor de los derechos de autor.

© Ultramar Editores, S.A., 1990
Mallorca, 49. ☎ 3212400 Barcelona-08029
ISBN: 84-7386-659-2
Depósito legal: NA- 1544-1990
Impresión: GraphyCems, Morentin (Navarra), 1990
Printed in Spain

A mi hija
Elizabeth Jo Wayne

Los hombres de Ava

Frank Sinatra – *«Ojalá pudiera quitármela de la sangre.»*

Mickey Rooney – *«La feminidad de Ava me hacía subir por las paredes.»*

Robert Graves (poeta) – *«Es alocada e inocente, y se entrega al amor por desastrosas que sean sus consecuencias...»*

Elizabeth Taylor – *«Ava Gardner es más bella que yo.»*

Howard Hughes a Robert Mitchum – *«Si no te vas a la cama con Ava, todo el mundo creerá que eres sarasa.»*

Ava Gardner – *«Nunca he recibido tanto amor como el que he dado.»*

Nota de la autora

Ningún escritor se ha planteado escribir acerca de los hombres que Ava Gardner conoció, amó y a veces odió. Para poder comprender el complejo carácter de la estrella hay que seleccionar a aquellos a quienes habría que responsabilizar de la manera de vivir de ésta y de que huyera a España en 1954.

Estuvo casada con Mickey Rooney, Artie Shaw, y Frank Sinatra. Entre sus muchos amores estuvieron Howard Hughes, George C. Scott y Luis Miguel Dominguín, uno de los grandes del toreo.

El tema de este libro se basa en los esfuerzos de Ava por encontrarse a sí misma y desterrar de su vida la insatisfacción, lejos de ese templo del sexo que llamamos «el cine».

Introducción

Estaba casada con Frank Sinatra cuando rodaba *Mogambo* en África. El cantante estaba muy bajo de moral y cargado de deudas. Ava estaba harta de él, del insoportable calor y del director de la película, John Ford, anfitrión en aquellos momentos de una cena ofrecida al gobernador británico de Uganda y a su esposa.

–¿Por qué no le explicas al gobernador lo que ves en ese renacuajo de ciento veinte libras de peso con el que estás casada? –le rogó Ford a Ava, queriendo mostrarse humorístico.

–Pues claro, están las diez libras de Frank y luego quedan ciento diez de pijo –respondió ella despreocupadamente.

A todos, incluidos el gobernador y su esposa, les hizo mucha gracia, pero John Ford, persona normalmente agria, se quedó de una pieza. El tiro le había salido por la culata y al día siguiente se desquitó de Ava durante el rodaje, obligándola de forma despiadada a trabajar sin descanso. Ava sufrió un desfallecimiento y exigió que la llevaran a Londres para poder recibir atención médica. La verdad se supo durante su regreso a África, cuando le dijo a un compañero de viaje que acababa de perder el hijo de Frank.

Cuando Sinatra le ofreció un abrigo de visón como regalo de Navidad, ella abrió la caja y arrojó el abrigo al suelo.

–Yo nunca permitiría que una mujer me tratara así –comentó el coprotagonista de *Mogambo*, Clark Gable.

–¡Pues tendrías que aguantarte si lo hubiera pagado ella! –exclamó Ava.

Gable y la Gardner habían sido algo más que amigos, pero en el Continente negro aquél estaba liado con la entonces principiante Grace Kelly. Al principio, a la rubia actriz le desagradó Ava, que gritaba obscenidades a Sinatra durante las tórridas noches y que al salir de la ducha atravesaba desnuda el campamento a plena luz del día. Pero aun siendo como eran polos opuestos, las dos mujeres se harían amigas para toda la vida.

Durante el rodaje de *Mogambo*, cuando en cierta ocasión pasaban caminando junto a un grupo de guerreros watusi, Ava se volvió hacia Grace y le dijo:

–Me pregunto si la tendrán tan grande como se dice.

Grace se sonrojó y siguió andando, pero Ava le levantó el taparrabos a uno de los watusi y expuso a la luz del sol un magnífico y reluciente pene. A despecho de sí misma, Grace se quedó mirándolo asombrada. Ava, por el contrario, se echó a reír y exclamó:

–¡Frank la tiene más grande!

Ava Gardner fue una de las pocas estrellas de Hollywood que fueron invitadas a Mónaco para asistir a la boda de Grace Patricia Kelly y el príncipe Rainiero.

Montecarlo queda muy lejos de los campos de tabaco de Carolina del Norte, por los que Ava corría descalza siendo niña. Hija de Mollie y Jonas Gardner, Ava nació la Nochebuena de 1922 en Brogden. Posteriormente, sus padres alquilaron una casa de huéspedes en Newport News, Virginia. El desayuno que se ofrecía a quienes se hospedaban consistía en maíz machacado, pollo frito y bollos calientes.

La hermana mayor de Ava, Bappie, se casó con el fotógrafo Larry Tarr y se fue a vivir a Nueva York. Cuando cumplió dieciocho años, Ava obtuvo permiso para ir a visitarlos. Esto supuso un inmenso sacrificio para Mollie, cuyas ansias de protección la habían llevado incluso a acompañar a su hija menor cuando salía con algún chico.

El marido de Bappie sacó fotos de Ava y expuso una en el escaparate de su estudio de Manhattan. Un descubridor de talentos de los estudios Metro-Goldwyn-Mayer quiso conocer a la chica de la fotografía. Los directivos de MGM no quedaron decepcionados. La joven tenía el cabello castaño claro, ojos verdes y una figura perfecta: 36-20-36 de medidas, 1,70 de talla y 48 kilos de peso.

A pesar del marcado acento sureño con que hablaba y de su holgazanería, en 1941 Ava fue llamada a Hollywood y allí firmó un contrato por cincuenta dólares a la semana. Bappie la acompañó para cuidar de ella, para hacer de carabina. Louis B. Mayer, presidente de MGM, comentó al ver su prueba de pantalla: «No sabe actuar, no sabe hablar, ¡pero es impresionante! Que reciba clases de dicción y le haremos otra prueba el año próximo.»

Cuatro meses después de su llegada a Hollywood, Ava, que había ido a visitar a una amiga al plató donde se rodaba *Babes on Broadway*, fue presentada a Mickey Rooney, que en aquellos momentos iba disfrazado de Carmen Miranda. El menudo «rey de la taquilla» llevaba un tocado de frutos tropicales, pestañas postizas, sostén, falda con corte en la pierna y sandalias de plataforma. Pero aunque tuviera aspecto de mujer, reaccionó como un hombre cuando puso la vista en Ava.

Rooney la persiguió, pero ella le rechazó hasta que en MGM decidieron que a la principiante le convenía que la vieran con una estrella. Finalmente, Ava accedió a cenar con él, pero sólo si Bappie la acompañaba. Mickey no recuerda cuántas veces le pidió que se casara con él. Cientos, asegura. La Nochebuena de 1941 (el día del cumpleaños de ella), volvió a intentarlo y ella aceptó. Un mes después eran marido y mujer. Un publicitario de MGM los acompañó durante la breve luna de miel. Ava comentaría que había visto más al publicitario que a Mickey, que prefería jugar a golf. «Era demasiado joven para aceptar las responsabilidades del matrimonio», manifestó éste. Ava, que prefería una casita cubierta de enredaderas y rodeada de una cerca blanca que la suntuosa vida de las estrellas de cine, era virgen cuando se casó con Rooney. Su famoso marido, sin embargo, pasaba tan poco tiempo en casa que no apreciaba el esmero con que estaba decorado el apartamento ni la pulcritud que reinaba en él, gracias a los esfuerzos de Ava, la cual cocinaba cada noche con la esperanza de poder pasar de vez en cuando una velada íntima con Mickey. Se divorciaron en 1943.

El sueño de Ava se desvaneció y ésta comenzó a rondar los clubs nocturnos con Fernando Lamas, Billy Daniels, el abogado Greg Bautzer y Peter Lawford. Su acompañante más asiduo era el millonario Howard Hughes, que hacía seguir a Ava cuando él tenía que viajar. En cierta ocasión en que se le informó que ella había pasado toda la noche bailando en el Mocambo, la abofeteó con tanta fuerza que le dislocó la mandíbula, a lo que ella respondió golpeándole con un pesado objeto de latón y dejándole sin sentido. A pesar de sus peleas, se reconciliaban una y otra vez.

La carrera de Ava avanzaba con lentitud. En su primer papel importante daba la réplica a George Raft, al que besó con la boca abierta en *Whistle Stop.* Cansada de Howard Hughes y del mundillo de los estudios, el 15 de octubre de 1945 se convirtió en la cuarta esposa del director de orquesta Artie Shaw. Su nuevo marido se hallaba sometido a psicoanálisis e insistió en que ella hiciera otro tanto. «Eso me jodió de verdad», dijo Ava. Al cabo de un año se divorciaban, pero siguieron siendo buenos amigos.

Clark Gable, con quien tuvo amoríos, la convenció de que coprotagonizara con él *The Hucksters.* La película tuvo escaso éxito. Ava rechazó la propuesta de matrimonio que le hizo Howard Hughes, que no se rendía. También se la vio acompañada de David Niven y John Huston. Durante el rodaje de *One Touch of Venus*, (Venus era mujer) Ava se encaprichó del primer actor, Robert Walker, al que posteriormente abandonó por el también actor Howard Duff. En el de *The Bribe*, salió con Robert Taylor, que se había separado de Barbara Stanwyck.

Filmando *My Forbidden Past, (Odio y orgullo)* se sintió atraída por Robert Mitchum, que se hallaba ligado por contrato a Howard Hughes. Mitchum llamó a su jefe y le preguntó:

–¿Le importa que me vaya a la cama con Ava?

–Si no lo haces –respondió Hughes–, se van a creer que eres sarasa.

De Frank Sinatra dijo que le desagradaba profundamente, que le encontraba engreído y arrogante. Pero en 1950 coincidió con él en Palm Springs y se enamoraron. Frank se echó atrás varias veces, sin embargo. Tenía mujer, Nancy, y tres hijos, y su carrera estaba en declive. La noche en que abría su serie de actuaciones en el Copacabana cantó «Nancy with the Laughing Face» y Ava, que estaba presente, se puso furiosa.

–¿Hacía falta que cantaras esta jodida canción? –le preguntó.

–Me trae suerte –dijo él.

–O desaparece esa canción o desaparezco yo –le anunció.

Y «Nancy with the Laughing Face» fue eliminada.

Cuando acudieron a Nueva York, Artie Shaw los invitó a una fiesta. Frank declinó la invitación. Ava asistió sola y durante la cena recibió una llamada telefónica. «Sólo quería despedirme», le dijo Sinatra y acto seguido disparó dos tiros de pistola. Ava se puso a gritar como una histérica y salió corriendo a la calle a buscar un taxi. Entretanto, el colchón de Frank, con las dos balas dentro, fue trasladado a otra habitación. Cuando Ava llegó, Sinatra estaba recostado en la cama leyendo un libro. Ava explicó a la policía lo que según ella había ocurrido.

–Pero, bueno, ¿estás loca o qué? –dijo Frank riéndose.

De no haber estado tan trastornada hubiera sido capaz de matarle con sus propias manos. De todos modos, le abandonó para ir a España a rodar *Pandora and the Flying Dutchman* y caer en brazos del torero Mario Cabré. Cuando volvió a Los Ángeles para intervenir en *Showboat*, Sinatra la estaba esperando. El 7 de noviembre de 1951 se casaban en Filadelfia. Tras una breve luna de miel en Cuba, a Ava se le asignó un papel en *The Snows of Kilimanjaro*. Frank le dijo que estuviera de vuelta en Nueva York para asistir a su primera actuación en el Paramount. El rodaje duró un día más de lo previsto y Ava le dijo a un amigo: «¡Ese cabrón me las va a hacer pasar moradas cuando se lo diga!»

Ava se debatía entre su compromiso con MGM y el que le unía a su marido. En el estudio eran flexibles, pero Frank no. Se pelearon a causa de la continua presencia de los amigos de él. Se pelearon cuando él le cantó «All of Me» a Marylin Maxwell en el club Riviera. Se pelearon a causa de la amistad de Ava con su ex marido Artie Shaw. Se pelearon cuando ella tuvo que rodar *Mogambo* en África.

Cuando Frank reclamó el Oscar por su interpretación Maggio en *De aquí a la eternidad*, Ava no estaba con él. Estaba en España con el torero Luis Miguel Dominguín. En junio de 1954 ella fijó su residencia en Nevada para obtener el divorcio. Howard Hughes acudió a su lado. Semanas antes de que el divorcio fuera definitivo, Ava se fue de improviso a Sudamérica con su matador. Volvió a Nueva York para el estreno de *La condesa descalza* y fue vista en compañía de Sammy Davis, Jr. La revista *Confidential* la vinculaba a Sammy y la acusaba de haber tenido varios «novios broncíneos».

Ava marchó a Pakistán para filmar *Bhowani Junction* e intentó seducir al coprotagonista de la película, Stewart Granger.

–Estoy casado con Jean (Simmons) –le dijo éste.

–¡Que la jodan! –replicó Ava.

–Me encantaría, cariño, pero no está aquí.

Ava se echó a reír y buscó compañía en otra parte.

Al volver de Pakistán, se detuvo en Roma y conoció al actor italiano Walter Chiari. Cuando Sinatra comenzó a salir con otras mujeres, Ava recurrió al divorcio, que todavía tardaría un año en ser definitivo. Seguían enamorados y hablaban por teléfono durante horas, arrullándose y discutiendo.

En 1957, Ava, por aburrimiento, quiso iniciarse en el toreo y un novillo le dio una cornada en una mejilla. A pesar de que la cicatriz apenas se veía, no volvió a ser la misma. Una y otra vez corría a mirarse al espejo en busca de señales de mutilación, maldecía a sus compañeros de reparto y prohibió la presencia de extraños en el plató.

Sinatra fue a visitarla, pero Ava le arrojó a la cara el anillo de bodas cuando se enteró de que él se veía con lady (Adele) Beatty.

Compró una casa en España y fue vista en compañía de toreros y de oficiales de la base aérea americana de Torrejón. Aunque había anunciado su compromiso con Walter Chiari, Ava seguía haciendo lo que quería. Puede que aceptara interpretar a la chica frívola y bebedora de *On the Beach* porque era un buen papel, pero lo más probable es que en realidad lo hiciera para ver a Sinatra, que se hallaría en Australia cuando ella estuviera allí rodando. En su encuentro se vieron importundos por una muchedumbre de periodistas. Ava se sintió tan acosada que le echó el contenido de la copa de champaña a la cara a un periodista. ¡AVA LA EMPRENDE A BORBOTONES!, rezaban los titulares.

La cicatriz de la cara y su amor por Sinatra la atormentaban. «Ava era muy infeliz», comentó el escritor y director Nunnally Johnson. «Si no lloraba por Frank, lloraba por estar perdiendo su fabuloso aspecto. Para ella su belleza era una fortuna. Yo no le noté nunca esa dichosa cicatriz.»

Daba fiestas que duraban varios días. Nadie aguantaba lo que Ava. Dos veces volcó conduciendo su coche y salió indemne. Sinatra le hizo llegar uno nuevo. Bebía en abundancia, pero conservaba su enorme apetito –y su fabuloso tipo–. Vivió aventuras con el marido de Shelley Winters, Anthony Franciosa, con Omar Shariff y con el guionista Pieter Viertel.

El director John Huston la convenció de que rodara con él *La noche de la iguana* en México. Richard Burton, coprotagonista del film, tenía fama de mantener idilios con las primeras actrices de los rodajes en que intervenía, lo cual tenía obsesionada a Elizabeth Taylor, que le acompañó a México cuando acabaron *Cleopatra*. Que a Ava le atrajera realmente Burton o que simplemente deseara fastidiar a Elizabeth poco importa. La cuestión es que bebía y flirteaba con Richard; también pasaba muchas veladas con Huston o se divertía con los jóvenes mexicanos. Y lo que es más importante, gracias a la paciencia y dedicación de Huston, llevó a cabo una interpretación magnífica en el papel de la curtida Maxine.

Huston la persuadió también de que actuara en *La Biblia*, película en la que accedió a dar vida al personaje de Sara, la mujer estéril de Abraham, interpretado por George C. Scott, que se enamoró de ella. Ava se dejó querer, pero el encaprichamiento sólo le duró hasta que él empezó a ponerse irritable. Huston procuró que ella acabara las escenas que le quedaban y una vez rodadas, Ava se fue a Londres. Scott la siguió hasta allí y entró por la fuerza en su suite del hotel. Ella consiguió escapar y Scott pasó la noche en el calabozo. «Estaba loco por ella –contaba John Huston–, absolutamente loco. La siguió por todo el mundo.»

Vivió mucho, bebió mucho y amó mucho. Sobre su niñez, Ava Gardner comenta: «Lo único que deseaba en esa época era estar muerta.»

Acerca de Mickey Rooney: «Éramos unos críos. Nuestra vida estaba en manos de otras muchas personas. No tuvimos la menor oportunidad.»

Del cine: «Por lo visto, soy lo que suele llamarse una *glamour girl*, lo cual significa lujo, ocio, emociones y todo lo placentero. Nadie lo relaciona con levantarse a las seis de la mañana para iniciar una jornada de trece horas, más otras varias horas de estudio, más las labores domésticas, más las citas de trabajo. Pero es esto lo que significa *glamour* en Hollywood. Al menos para mí.»

De Frank Sinatra: «Cuando estaba mal era muy dulce, pero cuando se recuperaba era insoportable.»

De haberse ido a vivir a Europa: «La vida de una estrella del cine en América es la más solitaria que hay. En Europa respetan la intimidad de las personas. Nadie me cree cuando digo que me voy a vivir a Europa, pero me voy y no volveré.»

De su tren de vida: «Soy estrella de Hollywood y nunca me he querido cortar las venas ni he tomado pastillas para dormir ni he intentado pegarle una patada a un poli en la espinilla, y eso, hoy en día, es toda una hazaña.»

Recordamos a Ava Gardner porque siempre anduvo un paso por delante nuestro y era un desafío alcanzarla. Por más locuras que se le puedan achacar, siempre tuvo el valor de reír o maldecir sin esconder la cara. Hacia el final de su vida Ava Gardner decía de sí misma que no era más que «una tía vieja», pero el recuerdo de su vivacidad y su belleza natural surte más efecto que todos los estiramientos y maquillajes posibles.

Vivió en Londres y nunca intentó impresionarnos adoptando de repente un afectado acento inglés. Ni pretendió desmentir sus amoríos y aventuras. Detestaba a los periodistas, pero no les hacía responsables del aura sensual que siempre acompañó a su vida.

UNO

Los primeros años

LONDRES, 1953

Lana Turner estaba tumbada en el sofá bebiendo a sorbitos un cóctel. Clark Gable estaba sentado en el suelo a los pies de ella, con una botella de coñac para él solo. Sue y Alan Ladd estaban de pie en un rincón hablando con Robert Taylor de la tormenta que esa noche debía caer sobre Londres. John Huston comentaba que con el aroma del pollo frito le estaba entrando un hambre canina.

–¿Qué diablos esperamos? –le preguntó al director Tay Garnett, anfitrión de la cena.

–Mi mujer se ha olvidado de hacer la salsa –fue su respuesta–. Y no se puede comer el pollo sin salsa.

Sonó el timbre de la puerta y cuando Garnett la abrió, ante ella se hallaba Ava Gardner con un hermoso traje de noche.

–Me importa una mierda como se hayan vestido los demás –dijo–. Me lo he comprado hoy y tenía que enseñarlo.

Taylor pestañeó y Gable dio un silbido; la señora Garnett estaba a punto de echarse a llorar.

–Me he olvidado de la salsa –suspiró.

–Pues déjame a mí, cielo –dijo Ava–, porque da la casualidad de que hago las salsas camperas como nadie.

Y aquella imponente mujer, la actriz famosa vestida con aquel ceñido y resplandeciente traje, entró en la cocina y empezó a trajinar. Alguien le tendió un delantal.

–Eh, que soy una cocinera muy limpia –dijo Ava riendo–. Pero si no tiene ningún secreto. ¡Dios mío, no me digas que habéis hecho pollo frito, bollos calientes, pan de maíz y pastel de manzana! Vamos a comer.

Bob Taylor probó la salsa.

–La mejor que he probado –dijo.

–¡Naturalmente! –exclamó Ava.

Todo el mundo menos Gable atacó la cena casera. Llevaban

varios meses rodando en Europa y tenían hambre de comida americana. Ava se comió dos trozos y luego se acercó a Gable, que ya casi se había acabado la botella de Courvoisier.

–Come algo –le dijo pasándole los dedos entre los cabellos.

–Ahora no empieces *tú* a quejarte de que beba, ¿eh, nena?

–No soy la más indicada –dijo ella quitándose los zapatos–. Pero yo siempre como, cielo.

–Tú comes y yo me engordo. –Sonrió y le dio una palmadita en el muslo.

–Y tú bebes y a mí me preocupa.

–Volveré bien al hotel.

–Deja que conduzca otro.

–¿Se me ve borracho?

–No quisiera que te cargaras ese precioso Jaguar nuevo.

–Yo tampoco –dijo Gable–. Por eso tendré cuidado.

Garnett no olvidó nunca la etérea entrada de Ava en la cocina, como si fuera una duquesa a punto de asistir al baile de coronación.

–El peinado perfecto, la frente inmaculada y ni una sola mancha de salsa en el traje –manifestaba–. No sé cómo lo hizo, pero la salsa era pura delicia.

La modestia de Ava con respecto a sus habilidades culinarias no era fingida. Provenía de una familia numerosa que había sufrido durante la Depresión. Aún no había cumplido los diez años y ya preparaba comida para veinte personas sin que pareciera requerir esfuerzo.

Mary Baker Gardner puso a su hija el nombre de la abuela de ésta, Ava, que había muerto al dar a luz a su decimonovena hija, Lavinia. En su séptimo embarazo, Mary, a quien llamaban Mollie, llevaba diez días de retraso sobre la fecha prevista cuando la Nochebuena de 1922, en Brogden, a unas cincuenta millas de Raleigh, capital del estado de Carolina del Norte, el médico le practicó la cesárea. Mollie, que tenía cuarenta años, era robusta y apenas superaba el metro y medio de estatura. Su marido, Jonas Bailey Gardner, con quien llevaba casada veinte años, era un irlandés alto y delgado, de ojos verdes, cuyo padre había llegado a los Estados Unidos empujado por el hambre que entonces azotaba su Irlanda natal y se había instalado en Boon Hill.

La de Mollie Baker era una familia de baptistas escoceses de Virginia que había emigrado a los ricos campos de tabaco de Carolina del Norte. A pesar de que era católico, Jonas permitía que sus hijos asistieran a la iglesia baptista. El único libro que se podía leer en casa de los Baker era la Biblia.

Cuando Mollie y Jonas llevaban casados un año, el padre de Jonas murió y ellos se trasladaron a la casa de madera blanca, con cuatro dormitorios y trescientos acres de rica tierra de cultivo tabaquero, que aquél poseía en Boon Hill. Ése fue el primer hogar de Ava. Su hermana mayor era Bappie, de diecinueve años. Luego venían Elsie May, de dieciocho; Inez, de dieciséis; Melvin, de catorce; y Myra, de siete. Su otro hermano, Raymond, resultó muerto al explotar una escopeta cuando contaba dieciséis meses. Hubiera tenido quince años cuando Ava Lavinia nació.

Mollie era persona religiosa, madre extremadamente protectora y esposa posesiva. La familia respetaba estrictamente los principios victorianos que ella imponía. Por más tentaciones que tuviera, a Jonas le quedaba poco tiempo para abandonarse a ellas. Sin otra ayuda que la de su único hijo, se veía obligado a contratar a temporeros blancos, ya que sus prejuicios raciales le impedían contratar mano de obra más barata.

El primer recuerdo infantil de Ava era el aroma del tabaco, olor que le llenó el olfato al nacer. El color predominante en su vida era el «hoja brillante», un rojo amarillento. El escenario de sus juegos eran los campos de aquella tierra oscura y fangosa que al pisarla le rebosaba entre los dedos de los pies. Por hacerse con unas monedas que poder gastar en la tienda de dulces, Ava recogía larvas y gusanos de las hojas de tabaco que crecían a metro y medio del suelo. Sabía cuándo era momento de abonar y cuándo comenzaba la cosecha. Las flores rosadas, blancas y rojas que llevaba en el pelo eran de las plantas de tabaco. Ava lió su primer cigarrillo a los cinco años de edad y probó el tabaco a los ocho.

Según Ava iba creciendo, el número de colonos de Carolina del Norte aumentaba. A mediados de los años veinte había casi 300.000 cultivadores de tabaco. Los intrusos vivían en cabañas y agotaban la fertilidad del suelo. Con la Gran Depresión de 1929, los precios del tabaco cayeron en picado. Mientras Jonas luchaba por conservar la granja, Ava era testigo de la desintegración de su familia. Su hermana mayor, Bappie, fue la primera en casarse; luego lo hizo Elsie May, que se instaló en la cercana Smithfield. Inez fue la siguiente en dejar el hogar y por último lo hizo Jack, que quiso estudiar en la escuela secundaria de Winston-Salem, donde vivió con un tío suyo. La reunión familiar en la mesa a la hora de la cena y los domingos por la mañana en la iglesia menguó.

Mollie y Jonas discutían agriamente acerca de su futuro. Ella comenzó a trabajar en la escuela de Brogden, a la que Ava asistía. Jonas vendió la casa y las tierras por lo poco que pudo obtener y encontró empleo en un aserradero cercano. Myra se fue a vivir con su hermano en Winston-Salem y Mollie alquiló una casa de huéspedes en Newport News, Virginia.

Con ayuda de Ava, limpiaba las habitaciones y preparaba las comidas. A pesar de lo mucho que había que hacer, daban abasto; hasta que un día Jonas cayó enfermo de una infección en el pecho. Mollie insistió en que se quedara en la casa de huéspedes para que ella pudiera cuidarle. Cuando Jonas se vio obligado a guardar cama, Mollie pasó a encargarse exclusivamente de las habitaciones mientras Ava, con diez años de edad, asumía todo el trabajo de la cocina. Madre e hija se las arreglaron hasta la muerte de Jonas, ocurrida dos años después. Deseosa de estar más cerca de su familia, Mollie encontró trabajo en otra escuela, la de Rock Ridge, Carolina del Norte, a la que también asistía Ava.

«En Boon Hill no me dejaban ir al cine–, recordaba ésta–. Vi mi primera película en Newport News; era *Red Dust* (*Tierra de pasión*), con Clark Gable y Jean Harlow.» Veinte años después, interpretando el papel de la Harlow, Ava Gardner coprotagonizaría con «el rey» de Hollywood una nueva versión de dicha película: *Mogambo*.

Mollie se había vuelto excesivamente posesiva con su hija menor. Cierto día un huésped se propasó con Ava cuando ésta pasaba frente a su habitación. Mollie apareció corriendo al oír los gritos de su hija y echó a la calle al culpable. Este desafortunado incidente podría haber sido la causa de la soledad y el aburrimiento que presidieron la adolescencia de Ava, porque desde entonces su madre adquirió fama de comportarse de forma desagradable con cualquier joven que demostrara interés por su hija. Cuando alguno se atrevía a besar a Ava en el porche, Mollie salía de la casa con tal ímpetu que el chico echaba a correr, y Ava recibía un severo castigo. En otra ocasión, la señora Gardner, movida por una corazonada, llegó junto al lago Holt y encontró a su hija sentada con un joven en el coche de éste. Mollie sacó a Ava a rastras del asiento delantero, le dijo al muchacho un par de cosas que no admitían dudas y ordenó a su «nena» que volviera a casa con ella.

–Nadie quería salir conmigo –diría Ava años después–. Ningún chico me miraba siquiera.

A pesar de lo mucho que quería a su madre, a los dieciséis años Ava ansiaba cierta libertad. Sentía necesidad de ganarse la vida decentemente y de ayudar económicamente a Mollie. Decidió que sería secretaria y, con la ayuda de su hermano Jack, entró en el Atlantic Christian College de Wilson. Estudió comercio y secretariado, lo cual requería aprender taquigrafía, redacción de correspondencia comercial, procedimientos administrativos y nociones de contabilidad. Ava era buena estudiante, pero la escuela le desagradaba y pronto perdió interés. Podría haber sido distinto si los demás alumnos hubieran sido más amistosos con ella. Se reían de la forma en que pronunciaba su nombre, de su marcado acento de campesina sureña. No es de extrañar que al respecto comentara: «Mi única ambición en aquella época era poder estar muerta.» Pero bajo los vestidos de segunda mano arreglados y descoloridos había una alta y bella mujer de cintura brevísima y pechos generosos y erguidos. Lo único que Jonas había legado a su hija eran sus ojos verdes, su esbelta figura y un marcado hoyuelo en la barbilla. Estas características llegarían a ser muy valiosas algún día, pero por aquel entonces Ava, a quien no le estaba permitido maquillarse, no se sentía segura de su aspecto. Por eso no comprendía que los hombres la miraran y le silbaran por la calle. Mollie decía que sólo querían una cosa, y que el sexo era sucio. Su hija tenía órdenes de comer cada día en casa y de volver directamente al salir de la escuela.

A los diecisiete años Ava se sentía abrumada por los excesos protectores de su madre, y su único atisbo de esperanza era Bappie, que se había casado con Larry Tarr, un fotógrafo de Nueva York. Las dos hermanas se despidieron con sentimientos contradictorios, sonriendo y llorando al mismo tiempo.

–Ya vendrás a visitarnos –dijo Bappie al abrazar a Ava.

Pero su madre lo oyó y se puso furiosa:

–¡No tiene edad todavía! –gritó–. Ninguna joven que se precie iría sola a una gran ciudad. No le metas en la cabeza semejantes tonterías.

Pero Bappie, mujer optimista y resuelta, le dijo a su hermana que no se preocupara.

–Ya se me ocurrirá algo.

«Bappie era la auténtica estrella de la familia», comentó Ava años después. «Lo hacía todo mucho mejor que yo.»

Bappie no tenía hijos y adoraba a sus hermanos y hermanas, especialmente a Ava. Tanto la familia Gardner como sus amigos y vecinos se daban cuenta del dominio que Mollie ejercía sobre Ava. Todos daban por hecho que aquella guapa muchacha de piernas largas y expresión grave encontraría trabajo, se casaría con el primer chico que le diera un beso al despedirse e insistiría en que Mollie se fuera con ellos.

Según la propia Ava, un día se le permitió por fin asistir a la sesión matinal de una película de Bing Crosby con un guapo jugador de fútbol del instituto de Rock Ridge. Estar sentada junto a él la llenó de emoción.

–El corazón me latía tan rápido que pensé que me iba a estallar –recordaba.

Ava no tenía con quién hablar de sus instintos naturales. Había sido educada en la creencia de que aquéllos eran sentimientos perversos, lo cual explica la confusión que siempre dominó su tempestuosa vida. De ningún modo desafiaría a su madre; seguiría siendo virtuosa e intentaría concentrarse en sus estudios. «Cambié de opinión respecto a ser secretaria», manifestaba. «Era muy aburrido; de todos modos, llegaba a las ciento veinte palabras por minuto en taquigrafía. Me horrorizaba la idea de pasarme todo el día atada a una mesa, pero era lo único que había aprendido a hacer.

Cuando se convirtió en estrella de cine, los publicitarios de MGM escribieron que la señorita Gardner había sido elegida la chica más atractiva de la escuela, pero que la descalificaron por no residir en el internado. Naturalmente, Mollie no estaba dispuesta a permitir que su hija viviera fuera de casa, y el premio de belleza recayó en una advenediza. Aquélla, no obstante, era la menor de las preocupaciones de Ava.

Todos los hermanos Gardner contribuían con lo que podían a mantener a Mollie que, cercana a su septuagésimo cumpleaños, estaba vieja y cansada.

En verano de 1940 Bappie decidió que ya era hora de que Ava pasara unos días fuera de casa y comentó esta posibilidad a sus otras hermanas, que accedieron a cuidar de su madre. Mollie por fin dio su consentimiento, pero lo hizo preocupada por el viaje en tren desde Carolina del Norte a Nueva York. «Ava tendrá dieciocho años en diciembre», le dijo Bappie. «No le pasará nada, y cuando llegue a la ciudad, Larry y yo la vigilaremos.»

Para Ava era la ilusión de su vida. La tímida muchacha de Boon Hill se sentía como en el cielo en el minúsculo apartamento que Tarr tenía en la esquina de la calle Cuarenta y Nueve con la Quinta Avenida, encima de su estudio fotográfico. Bappie la llevó a ver *Lo que el viento se llevó*. La película le cautivó de tal modo que se gastó los pocos dólares que tenía en comprar la novela de Margaret Mitchell. «Fue el primer libro que leí», decía, «sin contar los de estudio y la Biblia.» Clark Gable la felicitaría años después: «Yo nunca conseguí acabar ese dichoso libro», le dijo.

Bappie procuró que Ava viera Nueva York. Y Larry, que estaba impresionado por la cara de su cuñada, le sacó fotos. Ella no tenía ni idea de cómo posar, pero, como decía Tarr, era una belleza natural. El pelo le brillaba con un saludable fulgor castaño; tenía la piel suave, blanca y tersa; tenía los dientes blancos y bien colocados y la sonrisa inocente.

Aunque Ava nunca confió en ver gran cosa aparte de Broadway, se sintió agradecida por haber podido pasar unos días rodeada de edificios altos y de neoyorquinos bien vestidos. Las brillantes luces que parpadeaban hasta el alba le apartaban la mente del recuerdo de su madre enferma. Al subir al tren de vuelta, no estaba decepcionada. Lo que más apreciaba era haber estado con Bappie, que le prometió solemnemente que pasaría las vacaciones de Navidad en Carolina del Norte.

Ava volvió al Atlantic Christian College. Su hermano Jack, que poseía un restaurante de poca monta en Smithfield, compartió los gastos. Mollie sufría un cáncer de pecho. Sólo el tiempo determinaría el momento de su muerte. De cualquier modo, Ava tenía que ayudar a cuidar a su madre.

DOS

La foto del escaparate

–¿Es la casa de los señores Tarr?
–Sí. ¿Quién es usted?
–Me llamo Duhan. Soy de MGM.
–¿MGM?
–Metro-Goldwyn-Mayer. Llamo por la foto que tienen en el escaparate del estudio.
–Soy la Sra. Tarr. ¿A qué fotografía se refiere, Sr. Duhan?
–A la de la joven del pelo recogido..., una morena con un hoyuelo en la barbilla.
–¿Qué quiere de ella? –preguntó Bappie.
–Quisiera hablarle. Como ya he dicho, soy de MGM.
–Mi hermana se ha vuelto a casa. Vive en Carolina del Norte, pero enviaré a buscarla.
–No hará falta –tartamudeó Duhan–. Le agradecería que me enviara al despacho unas cuantas fotos de su hermana y ya me pondré yo en contacto con ustedcs.
–¿No quiere saber cómo se llama?
–¡Desde luego!
–Ava Gardner.
Bappie apuntó la dirección de MGM en Nueva York, colgó el teléfono y bajó corriendo al estudio para contarle a su marido la emocionante noticia.
–El Sr. Duhan quiere que le envíes las fotos en seguida.
–¡Mejor aún! –exclamó Larry Tarr–. ¡Las llevaré a MGM esta tarde!
–Quizá valga más no decirle nada de esto a Ava. Podría llevarse un desengaño terrible si la cosa no va más allá.
–¿Quién es este Duhan?
–Un descubridor de nuevos valores, creo. Al menos me ha dado esa impresión –respondió Bappie.
Tarr llevó las fotografías de Ava a las oficinas de MGM, en la

calle Cincuenta y Dos, y pidió hablar personalmente con Duhan. La recepcionista le dijo que no estaba en su despacho.

–La modelo de estas fotografías vive fuera de aquí –le explicó Tarr–. Agradecería al Sr. Duhan que se pusiera en contacto conmigo o con mi mujer.

–No me olvidaré de darle su mensaje, Sr. Tarr –contestó ella con una sonrisa afectada.

Cuando Duhan volvió, la empleada le entregó el sobre.

–¿Otra vez el viejo truco, Barney?

Duhan miró las fotos y suspiró.

–Unas veces funciona y otras no. De todos modos, esta cría es una monada.

–¿Te suele salir bien?

–Cuatro veces de cada diez no está mal.

–¿De verdad caen con el cuento de hacerlas entrar en lo del cine?

–¿Qué pierden con intentarlo? –se rió él–. Las que aceptan siempre son muy agradables conmigo.

–¿Se ha enterado alguna de que eres recadero del departamento jurídico?

–¡No, demonios!

–¿Qué tienes pensado para ésta? –preguntó ella señalando la fotografía de Ava.

–Puede que haya perdido la oportunidad de pasármelo en grande, pero, de todos modos, se las voy a enseñar a Marvin Schenk. Es jefe del departamento de nuevos valores y si quiere conocerla, allá él.

Los Tarr fueron a pasar las vacaciones de Navidad a Carolina del Norte. En la fiesta del decimoctavo cumpleaños de Ava, el día de Nochebuena, Larry le habló de lo de la MGM.

–Están muy interesados por ti –le dijo orgulloso–. Uno de sus descubridores de nuevos valores vio la foto que puse en el escaparate del estudio y quiso localizarte.

Ava se quedó boquiabierta.

–¿Que pusiste una foto mía en el escaparate? ¿Por qué? –le preguntó.

–Porque eres muy fotogénica –contestó él con una sonrisa de satisfacción.

–¡No me parece nada bien! ¿Cómo es que Bappie te dejó?

Larry estaba desconcertado por la reacción de ella.

–¡La gente se paraba a mirarla! –exclamó–. Tendrías que alegrarte.

–Pues no me alegro.

Bappie le contó a su hermana lo de la llamada.

–El Sr. Duhan estuvo muy agradable –explicó–. Me ofrecí para enviar a buscarte...

–Es horrible eso de estar expuesta –dijo Ava–. Me parece vergonzoso. No le digas nada a madre porque no me dejará volver a visitaros.

–Creíamos que te morirías de ilusión al enterarte –dijo Bappie.

–Pues no.

A Ava le sentó mal que Larry invadiera su intimidad. Estaba furiosa. No se debía únicamente a su educación puritana, porque continuó expresando su enojo al respecto mucho después de aquel incidente decisivo en su vida.

Aparte de su mortificación, esta reacción ofrece otra perspectiva de la personalidad de la Ava adolescente. Ser estrella de cine le resultaba tan remoto como ir a la luna. Aparte de la aspiración de ganar lo suficiente para cubrir sus necesidades esenciales, Ava no tenía ilusiones. La salud de Mollie no mejoraba, pero todavía era muy pronto para que los médicos la desahuciaran. Si algo quería Ava era que su madre se recuperara por completo.

Bappie, sin embargo, no descartaba nada. Veía en Ava una rara sensualidad, además de una cara bonita y un cuerpo escultural. No estaba dispuesta a olvidar la llamada de Barney Duhan, que se había parado a admirar la fotografía de una chica que no llevaba maquillaje, a quien no se le había enseñado a posar y que no sabía nada de peluquerías ni peluqueros. Aunque Bappie ignoraba que Duhan era un simple recadero, probablemente habría seguido forjando planes.

El tema de MGM no volvió a salir a colación durante la estancia de los Tarr, pero cuando Ava acabó el curso, Bappie volvió a invitarla a Nueva York. Mollie le dio permiso, pero Ava se resistía a dejarla; finalmente, accedió cuando los demás miembros de la familia insistieron en que se tomara unas breves vacaciones antes de que su madre empeorara.

Cuando Ava llegó a Nueva York, Larry llamó a MGM y esta vez le pusieron en contacto con el auténtico encargado de la búsqueda de nuevos valores, Ben Jacobson, que no sabía nada de la foto del estudio ni de Ava Gardner. Larry le contó lo de Duhan.

–Lo siento –repuso Jacobson categórico–, pero ése es el método que usa Barney para ligar. Es recadero de nuestro departamento jurídico. Si su cuñada hubiera estado aquí, le habría pedido para salir con ella esa noche.

–Sin carabina, imposible –replicó Tarr intentado ocultar su decepción.

–Si no le es mucha molestia –añadió Jacobson–, ¿podría traer más fotos de...? ¿Cómo se llama?

–Ava. Ava Gardner. ¿Le parece bien esta tarde? No sé cuánto tiempo estará en Nueva York.

–Muy bien, Sr. Tarr.

Bappie se desilusionó al saber que Duhan no tenía influencia en la Metro, pero Larry le aseguró que Jacobson sí que era descubridor de nuevos valores.

–Yo mismo iré a llevar las fotos –dijo.

Ava aceptó con indiferencia volver a posar.

–Esto es una tontería –le dijo a Larry–. Las actrices de cine son guapas y exóticas, y yo no.

–Tu hermana y yo no pensamos lo mismo –dijo él mientras retocaba la iluminación de la cara.

–Bueno, si a Bappie le hace gracia, a mí ya me está bien –bostezó.

Las fotos de Ava impresionaron a Ben Jacobson. Se las enseñó al jefe de publicidad en Nueva York de MGM, Howard Dietz.

–Es lo bastante guapa como para que valga la pena hacerle una prueba –dijo éste–. Organízala, Ben.

Bappie se alegró enormemente al conocer la buena noticia.

–¡Vamos a ir a Saks de la Quinta Avenida a comprarte un vestido bien bonito!

–¿Para qué? –preguntó Ava con apatía.

–Para la prueba, cielo.

–No sé actuar.

–Es una oportunidad. Has de hacerla.

–¿Por qué?

–Porque no tienes nada que perder.

–¿Tanto dinero por un vestido que no me volveré a poner?

–De eso basta con que me preocupe yo sola –dijo Bappie amablemente, empujando a su hermana hacia la puerta de la calle y una vez allí, en dirección a Saks.

Ava recordaba que era un vestido «con los hombros salidos», pero de buen gusto. A medida que se acercaba el gran día se iba poniendo cada vez más nerviosa. Bappie y Larry le aconsejaron que dijera que había actuado en la escuela.

–Pero si no es verdad –dijo ella con desánimo.

–Te presentaste a pruebas de obras de teatro, ¿no?

Ava asintió.

–Pues eso ya es actuar un poco. –Larry sonrió.

Ben Jacobson no quedó decepcionado cuando conoció a Ava, pero sí atónito al oírle pronunciar su nombre y lo que dijo al preguntarle que por qué quería entrar en el cine («No lo sé»).

Con un respingo le entregó un guión.

–No entendía nada de lo que decía. Hablaba de una forma tan espesa que se podía cortar con cuchillo. Yo no tenía la menor idea de si sabía actuar. Le dije que le haríamos una prueba muda. Si envío a la Costa una cinta de alguien hablando como si tuviera la boca llena de pan me harían examinar la cabeza.

Jacobson consultó con Martin Schenk, que dirigía su departamento. Decidieron ponerle la mejor iluminación posible y sacar el máximo partido de aquella morena sensual con ese magnetismo animal que «sólo el Señor concede al nacer».

–Ava, levanta la vista. Ava, baja la vista. Ava, siéntate –decía el director de la prueba–. Cruza las piernas. Levántate y quédate de pie junto a la mesa. Coge las flores. Eso es. Ahora ponlas en el jarro.

Jacobson se llevó las manos a la cabeza cuando ella dejó caer el ramo con un golpe sordo. El director le dijo a Ava que volviera a sentarse y que «expresara emoción». Se la veía confusa, aburrida e inquieta.

–No tenía remedio. Era horrible –dijo Schenk–. Pero aun así vimos la prueba, y nos quedamos sin aliento. Era torpe y se movía envarada, pero todos deseamos irnos a la cama con ella. ¡Qué mujer!

Jacobson envió la copia a Hollywood con una nota: «¡Si no contratáis a esta damisela es que estáis chalados!»

Entretanto, Ava Gardner hizo la maleta y volvió a Carolina del Norte.

Al cabo de unos días la prueba muda llegó a Hollywood. El director George Sidney la vio y le pareció que Ava lo hacía fatal. «Pero tenía algo», le dijo al escritor Charles Higham en una excelente entrevista. «Recuerdo que fui y le dije a uno de mis ayudantes: ¡Diles a los de Nueva York que nos la envíen! ¡Es buen género!»

Bappie llamó a su hermana.

–El Sr. Jacobson dice que MGM te va a contratar por cincuenta dólares a la semana, pero que tienes que salir para Hollywood inmediatamente.

–No me lo creo.

–Es verdad, Ava. Tengo una entrevista con un agente de prensa de MGM que se llama Milton Weiss mañana. Irá contigo a California.

–Madre no me dejará.

–Déjame hablar con ella, Ava.

Mollie estaba demasiado enferma como para provocar una discusión. Accedió a dejar que su nena fuera a Hollywood si Bappie iba de carabina con ella. Salvado el último obstáculo, Ava debía haber llorado de alegría, pero no lo hizo. ¿Cómo podía dejar a su madre enferma? ¿Por qué se iniciaba en una profesión de la que nada sabía? Fue Bappie quien le dio las respuestas y le infundió seguridad. Fue Bappie quien le compró un guardarropa nuevo. Y fue Bappie quien asistió a las entrevistas previas en MGM de Nueva York.

Ben Jacobson fue el primero en felicitar a Ava, que le dijo:

–¿Así que pasé la prueba y me voy a Hollywood? ¡Pues si de verdad llego allí, me voy a casar con la mayor estrella del mundo!

–¿Y quién es, según tú? –le preguntó él.

–Clark Gable –contestó con una mueca–. ¿Quién si no?

–Más o menos lo es Mickey Rooney.

Ava se dejó caer en una silla y se alzó de hombros.

En el tren le dijo a Bappie:

–Quiero hacerlo bien, pero si no lo hago, siempre puedo trabajar de secretaria.

–¿No te emociona ir a Hollywood? –le preguntó su hermana–. ¡A mí sí!

–Las revistas dicen que es el paraíso. Si no, no iría.

Milton Weiss, que las acompañó a la Costa, comentaba:

–Creo que Ava estaba más ansiosa por ver Hollywood que por el hecho de entrar a trabajar en el cine.

TRES

Hollywood

Cuando Joan Crawford llegó a Hollywood, pensó que aquello era otro planeta. ¿De verdad se estaba a veintiún grados en enero? «No había visto nunca una palmera salvo en las películas», dijo. «Todo era bonito y alegre.»

Mirna Loy decía: «Hollywood era fabuloso. La primera vez siempre es fabuloso.»

Lauren Bacall recordaba: «Hollywood estaba limpísimo. Yo no sabía que hubiera ciudades tan pulcras. Precioso.»

Ava Gardner declaró: «Hollywood era un barrio de Los Ángeles monótono y tranquilo, con palmeras marchitas, edificios despintados, tiendas baratas y teatros llamativos, muy por debajo del maremágnum de Nueva York o incluso de la belleza rural de Carolina del Norte.»

Comparando los comentarios de las cuatro actrices se demuestra que la belleza está en el ojo del observador. Vemos sólo lo que queremos ver. Ava llegó a Hollywood como turista, teóricamente, y no como promesa ávida y ambiciosa. La mayoría de los actores y actrices que llegaban contratados a Cinelandia coincidían en que sus alojamientos eran más bien cochambrosos. Tras el trayecto en la lujosa limusina del estudio, los dejaban en un hotel barato.

Milton Weiss se dio cuenta de que Ava era distinta de las otras chicas a quienes había acompañado a California. La misión del agente consistía en velar por que las jóvenes hicieran correctamente el transbordo del Twentieth Century Limited al Super Chief en Chicago y protegerlas de los viajeros que buscaban plan. No es que los agentes de prensa fueran inmunes a tales cosas, desde luego, pero Weiss comentaba que con Bappie o sin ella, él no tenía la menor oportunidad con Ava. Con los hombres era fría e indiferente. Adoptaba un aire distante que insinuaba un tajante «manos quietas». «Los tres jugábamos al *pinochle* y cuando acabábamos, volvíamos a jugar», contaba Weiss, que intentaba impresionar a Ava explicándole que MGM era el estudio más prestigioso del mundo, «con más estrellas de las que hay en el cielo», pero ella no se inmutaba y volvía a repartir.

Llegaron a Hollywood el 23 de agosto de 1941 a primera hora de la mañana. En lugar de tomar una limusina, como la Crawford, o de ir a pie, como Gary Cooper, que quería saber «por dónde se va a Hollywood», la decepcionada Ava Gardner llegó a los estudios MGM en taxi. Tampoco prestó atención a los históricos edificios ni escudriñó el lugar en busca de alguien famoso, pero vio que cerca había un cementerio y le comentó a Weiss: «Buen comienzo.»

La llevaron al departamento de vestuario y le hicieron ponerse un traje largo sin tirantes. Desde allí, ella y Bappie pasaron a un pequeño camerino para que peinaran a Ava y le maquillaran la cara, los brazos y los hombros. Weiss la había preparado para esta segunda prueba. «Te preguntarán por tu población natal, tu familia, la escuela y cosas así», le explicó. «Tendrás que andar, como en Nueva York, sentarte, ponerte de pie, sonreír y posar.»

George Sidney dirigió la prueba de voz. Tuvo la misma reacción que Ben Jacobson: la aspirante era pésima. Hablaba otro idioma, pero Sidney y los demás, enterados de los puntos flacos de aquélla, soportaron la prueba concentrándose en el voluptuoso busto de Ava y en aquellos ojos almendrados que les decían que lo que el vestido negro ceñía no estaba a su disposición.

Uno de los técnicos comentó: «Lo tenía todo. Como la mayoría de las mujeres, Ava no tenía necesidad de flirtear, provocar o mostrarse seductora. Se esforzó por no tropezar con nada durante la prueba. Tuve la sensación de que ella sabía lo mal que lo hacía, pero no quería quedar como una tonta. Luego descubría que le importaba un comino tener éxito. Por aquí han pasado todas y yo las he visto darlo todo. Pero Ava no. Daba lo que llevaba dentro; era un esfuerzo sincero, sin añadir nada postizo.»

Cuando Ava terminó, Milton Weiss la llevó junto con Bappie a un hotel desvencijado, el Hollywood Wilcox, donde MGM había reservado una habitación. «Me pagaban sólo treinta y cinco dólares a la semana», contava Ava. «Yo creía que iba a cobrar cincuenta. Estábamos en un hotel destartalado, con una sola cama y una cocina pequeña. Las primeras tres semanas que estuve allí, no cobré nada de nada. Bappie tenía que ir a trabajar y yo había de tomar dos autobuses para llegar al estudio.»

El Hollywood Wilcox sigue abierto y es famoso por servirse del típico «Ava Gardner durmió aquí» como cebo.

Mientras ella y Bappie intentaban dar con la manera de instalarse cómodamente en su exigua habitación, Louis B. Mayer, presidente de MGM, el potentado más poderoso de Hollywood, tomaba asiento en una sala de proyección para visionar la prueba de Ava. Cuando la filmación terminó, dijo:

–Esa chica no sabe actuar, no sabe hablar, ¡pero es fabulosa! Que se pase un año con los profesores de dicción y luego le hacéis otra prueba. –Entonces se volvió hacia Weiss y le preguntó–: ¿Cómo diantres ha dicho que se llamaba?

–Ava Gardner.

–Perfecto. Se lo cambiaremos –ladró Mayer.

–Pero si acabas de decir...

–Por eso precisamente vamos a hacerlo pasar por invención nuestra, Milton. Improvisa algún rollo; ponle Mary Lou o Lucy Ann, ya sabes, el típico cuento de la belleza sureña. ¿Qué formación tiene?

–Estudios de secretariado –contestó Weiss.

–Eso no podemos ponerlo en las notas de prensa. No me lo creo ni yo.

–¿Recurrimos a lo de modelo de escultura?

–Eso está bien. Me encargaré que el departamento jurídico redacte el contrato. Mientras tanto ya le pueden ir sacando las fotos en traje de baño y demás.

–¿Quieres conocerla, L. B.?

–Cuando haya firmado los papeles necesarios, estaré encantado de darle la bienvenida a la familia MGM.

L. B. Mayer fue la persona más importante e influyente en la vida de Ava Gardner. Tenía cincuenta y cinco años cuando ella llegó a Hollywood. Su mujer, Mildred, era inválida, lo cual provocaba rumores de que Mayer flirteaba con las actrices de MGM. Joan Crawford decía que Mayer solía ingeniárselas para rozarle el pecho derecho, pero que no pasaba de ahí. Irving Shulman, biógrafo de Jean Harlow, afirma que Mayer la atrajo subrepticiamente a su casa de Malibú y le ofreció un abrigo de visón si se iba a la cama con él. Si es cierto, la Bomba Rubia fue la excepción. Los amigos y los enemigos de Mayer coinciden en que no tenía sofá para elegir a las actrices. Lo que sí hacía, de todos modos, era jugar con desconocidas en una habitación privada, próxima a su despacho. En los estrenos y las galas se le veía con sus preciadas posesiones, quizá con Jeanette McDonald o Greer Garson, dos de sus preferidas. En público siempre se hacía acompañar por otra pareja, para evitarle afrentas a su amada esposa.

Mayer se consideraba un padre para Lana Turner, Judy Garland, Hedy Lamarr, Elizabeth Taylor, Eleanor Powell, Esther Williams y Joan Crawford. Ava Gardner se convirtió en otra de sus protegidas, acicalada y preparada por los mejores peluqueros, diseñadores, maquilladores y profesores de dicción del mundo. Pero

Mayer no creó a estas legendarias beldades para que se dejaran manosear. Estaban por encima de eso. Y él también.

Aquel judío que fuera chatarrero se tomaba muy a pecho el bienestar de su «familia». «Me pondría de rodillas y besaría el suelo que pisan las estrellas», decía. También era capaz de destruir a quien se opusiera a sus deseos. Era amado, detestado o tolerado. Castigaba a sus actores y actrices con malos papeles y les premiaba con buenos. Disponía a su antojo en lo referente a sus matrimonios, divorcios, abortos, hipotecas y vacaciones. Proporcionó a sus actores un burdel para protegerlos de las enfermedades venéreas y del escándalo.

Aunque a Mayer se le veía rara vez en los platós, estaba enterado de todo, de quién tenía una aventura con quién y de quién engordaba demasiado. Por decisión suya, el pastel de manzana que se ofrecía en los comedores era de elaboración casera, y la sopa de pollo se preparaba según su receta personal. Si una estrella estaba a régimen, Mayer daba órdenes estrictas de que se le sirviera sólo consomé y galletitas sin sal con café solo. Siguiendo sus instrucciones, los médicos del estudio recetaban anfetaminas y somníferos a los actores y actrices sobrecargados de trabajo. Cuando Lionel Barrymore quedó inválido a causa de la artritis y se veía obligado a aparecer en la pantalla en silla de ruedas, Mayer le proporcionaba cocaína para calmarle el continuo dolor.

Mayer sabía que llevaba años crear a una estrella «de la noche a la mañana». Cuando le dijeron que Wallace Beery robaba accesorios del plató, Mayer dijo: «Sí, Beery es un hijo de puta, pero es el nuestro.»

Furioso a causa del idilio de Joan Crawford con Clark Gable, Mayer le dijo a aquélla: «Yo te hice y te puedo romper», lo cual significaba que si él quería, ni ella ni Gable volverían a trabajar en Hollywood.

Aunque Ava Gardner nunca habría sido descubierta de no ser por Larry Tarr y Ben Jacobson, fue L. B. Mayer quien la convirtió en estrella. Tenía verdadero instinto para saber lo que el público quería. Ella, sin embargo, no tenía ni idea de que cuando hubiera firmado el contrato con MGM, Mayer pasaría a ejercer un control absoluto sobre su vida. Era Mayer quien decidía cuánto tiempo y esfuerzo se invertiría en cada aspirante a estrella. A cada actriz se la dotaba de características propias –peinado, cejas, labios, trajes, diálogos y voz– que la convertían en una atracción única. Y cada desviación de la norma tenía que ser aprobada personalmente por Mayer. Protegía las imágenes que creaba y se aseguraba de que sólo hubiera una Turner, una Taylor, una Allyson, una Crawford y una Gardner.

Eran productos de la marca MGM.

Milton Weiss le explicó a Ava que el contrato por siete años que se le ofrecería contenía diversas opciones. Cada seis meses se evaluarían sus progresos y en virtud de sus posibilidades seguiría adelante o se prescindiría de ella.

–¿Quiere decir que me pueden echar sin que les pase nada? –preguntó ella.

–Así de fácil –contestó él chasqueando los dedos.

–¡El hotel es una chabola y todavía tienen el descaro de cobrar setenta y cinco dólares a la semana por una habitación que es un cuartucho! Para llegar al estudio tengo que tomar dos autobuses antes de que amanezca. ¿Cuándo me van a pagar?

–Se tarda varias semanas en tenerlo todo coordinado, Ava.

–¿Y de qué voy a vivir?

–¿Pretendes decirme que no quieres firmar el contrato? ¿Que te quieres volver?

–Bappie insiste en que aguantemos de momento. Está buscando trabajo.

–El contrato también contiene cláusulas morales –dijo Weiss–. Pero contigo no tengo que preocuparme por eso. Tampoco podrás salir de Los Ángeles sin permiso de los estudios y estarás obligada a aceptar cualquier papel, a posar en tantas sesiones fotográficas y a conceder tantas entrevistas como sean necesarias, y a llegar puntual a las clases de voz y dicción. En otras palabras, harás lo que te digan, Ava, por ridículo o poco importante que te parezca.

–Todo esto es un asco. Una de las chicas me dijo que al cabo de unas semanas no me reconocería a mí misma. ¿Por qué han de cambiar algo que ya les gusta de por sí?

–No siempre lo hacen. Los maquilladores realzarán lo bueno que tienes y disimularán lo malo. Te examinarán cada peca, te taparán cada imperfección, te medirán al milímetro la separación de los ojos, la longitud de la nariz si se te desvía hacia la derecha o la izquierda. Te pondrán fundas en los dientes y te modificarán las pestañas para conseguir el mismo efecto que crean las postizas. Luego un equipo de peluqueros decidirá de qué color tendrás que llevar el pelo y si te sienta mejor largo, corto o intermedio. Después...

–Ya he oído bastante –suspiró ella.

–Mayer persigue la perfección. No tiene que conformarse con menos.

–¿Cuándo voy a conocerle?

–Acostumbra a dar la bienvenida a todo nuevo miembro de su familia. Después de eso siempre tendrás su puerta abierta, Ava.

–No sé si me gusta eso.

–No tienes que preocuparte por L. B., mientras te atengas a las normas.

–He oído contar cosas.

–De Mayer no. En esta ciudad se dice que no se comería un rosco ni en una casa de putas.

Weiss se avergonzó y sonrió para disculparse, pero Ava echó la cabeza hacia atrás y se rió.

–¿Qué más tengo que saber del Gran Padre Blanco? –preguntó.

–Nunca digas nada malo de la madre de nadie, sobre todo de la tuya.

–Yo quiero mucho a mi madre.

–Díselo. Se conmoverá. Enséñale una foto suya si la tienes. Mayer es un devoto de la maternidad, de MGM y de su país. Cursi pero cierto.

–¿Y qué sentimientos le despiertan las hermanas? A lo mejor le encontraría un trabajo a Bappie.

–Veré lo que puedo hacer –dijo Weiss.

A los pocos días Bappie estaba vendiendo bolsos en I. Magnin, unos selectos almacenes de Beverly Hills.

Ava firmó el contrato y desde ese momento pasó a ser propiedad de Metro-Goldwyn-Mayer. Le divirtió descubrir que su «verdadero» nombre era Lucy Ann Johnson, que había abandonado su profesión de modelo para ser actriz de cine. Weiss le explicó que los estudios habían patrocinado un concurso en una revista de cine para encontrarle un nuevo nombre a Lucille LeSueur.

–El ganador propuso Joan Crawford –dijo–. A Joan le sonaba a cangrejo de río*. Fue la primera estrella que descubrió y lanzó MGM.

Se dirigían hacia el despacho de L. B. Mayer, situado en el tercer piso del edificio Irving Thalberg, que quienes trabajaban en los estudios llamaban el «pulmón de acero». Thalberg fue el genio precoz de MGM. Casado con Norma Shearer y muerto a la edad de treinta y seis años, era jefe de producción y a él se deben clásicos como *Rebelión a bordo* y *Ben-Hur* y muchos otros. A raíz de su temprana muerte, ocurrida a finales de los años treinta, Mayer levantó el blanco edificio junto al cementerio que Ava había visto al cruzar las imponentes verjas de MGM.

–L. B., que en esta ciudad lo controla todo –los periódicos, las revistas para devotos de Hollywood y el departamento de policía–, no consigue convencer al de la funeraria de que le venda el terreno.

El edificio Thalberg, sin embargo, estaba ocupado por los vivos. Cientos de empleados y secretarias recorrían apresuradamente los pasillos yendo de piso en piso y de oficina en oficina.

* *Crawfish* (N. del T.).

Había comedores particulares, un restaurante, salas de conferencias, cocinas y cuartos de baño. Además del ascensor público, había otros para uso exclusivo de los altos cargos.

El despacho de Mayer estaba rodeado de hileras y más hileras de mesas ocupadas por las secretarias y las secretarias de éstas. Era un hervidero, pero estaba bien organizado. Si Ava estaba impresionada con el personal de su jefe, aquella sensación no fue nada comparada con la que experimentó cuando la hicieron pasar a su despacho. Era una estancia espaciosa, con las paredes forradas de cuero blanco. Al fondo se encontraba la enorme mesa de Mayer, en forma de herradura, y tras ella, el gran sillón que el menudo y rechoncho potentado se había hecho construir especialmente para parecer más alto. Muchos actores y actrices de MGM decían que cruzar el despacho desde la puerta les había supuesto la caminata más larga de su vida. Mayer, a semejanza de los reyes o los faraones, tenía sus razones para haber dispuesto aquel enorme despacho de esta forma. A quienes llegaban a rendir pleitesía a su amo y señor se les hacía pasar a una gran habitación en cuyo extremo se alzaba el trono. En el caso de Mayer, lo que éste quería era ver de cuerpo entero a quienes entraban. Quizá fuera también una prueba de resistencia.

Aunque Ava todavía no estaba convencida de haber hecho bien condicionando su vida a la firma de un contrato, tenía que cumplirlo y Louis Burt Mayer era su patrono. Éste fue claro y conciso: hizo hincapié en las normas fundamentales que Ava tendría que cumplir y la previno de los peligros que encerraba el trasnochar y salir con hombres indiscriminadamente. «Si necesitas escolta, te la pondremos», le dijo. «De todos modos, preferiría que procuraras llegar puntual a los estudios cada mañana. Practica la dicción con constancia. Lee el periódico en voz alta cada mañana y harás progresos, ya lo verás. Y recuerda, Ava, en MGM siempre habrá alguien capaz de resolver tus problemas, de aclararte cualquier duda y de ayudarte en todo para que te sientas cómoda en Hollywood. Considérame tu padre. Nada de lo que hablemos aquí saldrá de este despacho.» Con orgullo le hizo saber que estaba en manos de los diseñadores y maquilladores más grandes del mundo, que sus profesores de dicción y arte dramático eran los mejores. Para terminar, Mayer le dijo a Ava que si fracasaba, la culpa sería exclusivamente de ella.

A continuación Ava conoció a Ida Koverman, secretaria-ayudante de Mayer y su íntima confidente. Era la única persona capaz de dominarle y cuando él estaba de viaje, ella atendía las quejas de las estrellas y escuchaba sus desgarradoras historias. Y en ocasiones se hallaba en mejor situación que él para apaciguarlas. «Tía Ida» convenció a su jefe de que hiciera una prueba a

Judy Garland. Y cierta vez que él estaba demasiado ocupado, ella decidió que Spangler Arlington Brugh se llamaría Robert Taylor.

Ese día Ava no tenía ni idea de la influencia que Mayer y Ida Koverman ejercerían en su vida. Y se quedó de una pieza cuando Weiss le explicó: «L. B. es la persona con el sueldo más alto de los Estados Unidos. Gana más de tres mil a la semana y obtiene el 6,7 por ciento de los beneficios de los estudios.» Ava no sabía que hubiera quien ganara más que el presidente de los Estados Unidos.

La realidad de Ava era vivir en el deprimente Hollywood Wilcox. Cada noche ella y Bappie intentaban cocinar pollo frito a la sureña en la minúscula cocina. Noche tras noche se quedaban en la sórdida habitación con sus alfombras manchadas y sus paredes sucias. Antes del amanecer, Bappie preparaba el desayuno y después Ava se marchaba al estudio. Teniendo que coger dos autobuses era muy fácil llegar tarde. Según Ava fue contando a lo largo de los años, era Bappie quien la animaba a seguir y quien tenía confianza en que finalmente triunfaría. Aunque Tarr se mostró paciente y comprensivo durante mucho tiempo, los largos períodos que él y Bappie pasaban separados provocarían la ruptura del matrimonio.

La jornada de Ava era invariable. Se presentaba al supervisor de maquillaje de MGM, Jack Dawn, creador de las muchas caracterizaciones de Lon Chaney y de ese personalísimo aire del rostro de Joan Crawford. Dawn determinaba el color del rímel que llevaría Ava, le depilaba las cejas y le rizaba las pestañas con moldeador para el pelo, le acentuaba los pómulos y le sombreaba el hoyuelo de la barbilla. La operación era un fastidio para Ava. A Dawn le divertían sus chistes y agradecía su despreocupado interés por las mascarillas faciales, las bases, los tonos de colorete y los polvos que él empleaba. Don nadies y leyendas vivas le habían maldecido. A Ava le traía sin cuidado.

Un día, sin embargo, la joven sacó el genio cuando un directivo de los estudios se propasó con ella. Ava le paró los pies con una retahíla de palabras de cuatro letras que dejó al hombre aturdido. A Dawn le agradaba el brío de Ava y procuró acentuar esta faceta de su carácter arqueándole las cejas y realzándole la forma almendrada de los ojos.

Sidney Guilaroff era el mejor peluquero de la industria del cine. A Ava decidió no cambiarle el color del pelo y se limitó a darle algún reflejo. Al igual que Jack Dawn, apreciaba la actitud realista de ella. Le apartó el cabello de la cara y, con una suave ondulación en la frente, le dio esa apariencia de tenerlo agitado por el viento. También se lo cortó por debajo de los hombros, lo cual le permitía a ella hacerlo ondear con sofisticación al echárselo hacia atrás con un movimiento de la cabeza. Ava detestaba la laca que tan generosamente empleaba Guilaroff para fijarle el peinado, pero es que tenía que soportar los rigores de un día entero de trabajo en MGM. Como principiante que era todavía, no podía contar con tener a su disposición a una doncella que la siguiera con el cepillo, el peine y los cosméticos en una bandeja de plata, ni con una maquilladora para darle retoques en cualquier momento, como era el caso de Norma Shearer. Ava Gardner, Kathryn Grayson, Donna Reed y Esther Williams tenían que desafiar el viento, el calor, ambiental y de los focos, y la humedad sin obligar a la maquinaria de los estudios a perder el tiempo porque ellas tuvieran que acicalarse.

La profesora de voz de Ava, Gertrude Vogeler, fue quien logró que abandonara el marcado acento sureño con que hablaba. «Te comes las ges y has de aprender a pronunciar las erres», le decía. Un día, por casualidad, oyó cantar a Ava y se dio cuenta de que lo hacía sin acento. El método de poner entonación musical a las palabras resultó decisivo para erradicar el acento de Ava.

Lillian Burns era la mejor profesora de arte dramático de MGM. Daba cuatro clases particulares semanales, pero los viernes los dedicaba a la lectura colectiva de obras populares. Era estricta pero paciente. Sabía criticar sin ser insultante. Con Ava se dedicó a potenciar aquellas cualidades naturales que mejorarían su forma de actuar. Fue Lillian Burns quien se dio cuenta del magnetismo animal que desprendían la actitud y los movimientos indolentes de Ava. Hablaba con voz profunda y en tono suave. Y tenía una risa ronca que era excitante y esquiva. La tarea más dificultosa que Lillian Burns tuvo que emprender fue la de convencer a Ava de que poseía estas cualidades. En Carolina del Norte aquello era desgana. En Hollywood era misterio. En MGM equivalía a tener... clase.

Ava esperaba impaciente la hora de asistir a las clases de Lillian Burns, a quien atribuía sus progresos durante aquellos laboriosos meses.

A las jóvenes aspirantes a actrices se les obligaba a asistir a clases de danza moderna y de ballet para que adquirieran porte y coordinación muscular. Asimismo, los estiramientos, las flexiones y los movimientos rítmicos del cuerpo les proporcionaban tono en las piernas y la cintura. Y casi tan importante para ellas era salir airosas de una velada en el Mocambo, ya tuvieran que bailar un vals, un fox-trot o un tango.

A causa de su buena figura, Ava fue una de las primeras de su grupo en posar durante horas y horas en traje de baño en la playa o junto a una piscina, lo cual no sólo era cansado sino que también podía resultar embarazoso dado que solía congregarse gente para contemplar al «bombón». Y luego estaban los largos días que había que pasar bajo los calurosos focos del departamento de fotografía.

–¿Es necesario que haga todo esto? –le preguntaba Ava a Anne Strauss, del departamento de publicidad–. Me parece repugnante.

–Ten paciencia –era el consejo habitual–. No te arrepentirás.

Lo que Ava no comprendió al principio era que, hasta que no aprendiera a actuar, todo lo que podía ofrecer era una cara bonita y una buena figura. Entretanto, sus fotografías se enviaban a los periódicos y a las revistas de aficionados para que su cara y su nombre llegaran a ser conocidos.

Años después declaró a la revista *Photoplay*: «Con mis fotografías se podría haber alfombrado Hollywood Boulevard de acera a acera. No recuerdo cuántos trajes de baño llegué a ponerme... sin acercarme siquiera al agua. Con la cantidad de miradas ardientes que llegué a lanzar en el estudio fotográfico de MGM se podría haber derretido el Polo Norte.»

Ava no soportó nunca las servidumbres de la «promoción»; en eso se mantuvo en la misma opinión siempre. Y encontró un aliado en la persona de Howard Strickling, jefe de publicidad de MGM, que no sólo era leal a Mayer y gozaba de su confianza, sino que mantenía con los miembros de la familia MGM una relación cálida y comprensiva. «De no haber sido por Howard», decía Clark Gable, «probablemente estaría conduciendo un camión.» Cuando el marido de la actriz Jean Harlow se suicidó, Mayer quiso destruir, antes de que llegara la policía, la nota que aquél había dejado a Jean, pero Strickling le convenció de que no lo hiciera.

Una vez que le llegó el retiro, Howard, con su habitual galantería, se negó a divulgar secretos de los estudios. Ni tampoco hablaba de la vida privada de las estrellas que promocionaba y protegía, labor cuyos comienzos se remontaban a los años veinte, con Greta Garbo. Strickling era la única persona capaz de ser fiel a Mayer y también a su temperamental galaxia de estrellas, sin verse en conflictos. Era de los que no abundan. A pesar de optar por la sinceridad en un mundo de puñaladas traperas, Howard era brillante, agudo y un profesional fuera de serie en un campo muy competitivo.

En 1941 Ava no pertenecía aún al grupo de Strickling, que se encargaba de las estrellas principales, cuyas juergas etílicas, peleas y accidentes de coche requerían intervenir con rapidez y habilidad. Solía acompañar a los actores y actrices en sus lunas de miel, para protegerlos de la prensa o intervenir durante una discusión ruidosa antes de que los vecinos llamaran a la policía.

A los empleados de Strickling, como Anne Strauss, se les asignaba la tarea de vigilar a las estrellas en potencia durante las entrevistas, porque la política, las palabrotas, los chismes y la religión era tabú. En los restaurantes y clubes nocturnos, el publicitario debía asegurarse de que las copas de cóctel, las botellas de alcohol y los paquetes de tabaco fueran retirados antes de que los reporteros gráficos empezaran a sacar fotografías. Las estrellas debían aparecer aseadas en todo momento. En ocasiones especiales se les permitía tomar prestada ropa del departamento de vestuario de MGM. «Tenía aspecto de estar forrada y en realidad estaba sin blanca», recordaba Ava riendo.

Nunca demostró especial interés por hacerse rica y poder vivir en una de las lujosas mansiones de Bel Air. Ni esperaba convertirse en otra Greta Garbo o Loretta Young. Ava quería hacerlo bien y tener dinero suficiente para vivir con comodidad. A lo que sí estaba resuelta, sin embargo, era a hacerse un nombre.

Pero el día que firmó su contrato con MGM, Ava Gardner sintió una soledad que deslució todo el brillo y el oropel. A pesar de su juventud e inocencia, Ava sabía que la única felicidad verdadera consistía en tener un hombre capaz de corresponder a todo el amor que ella tenía para dar.

CUATRO

Mickey

Fue durante su primera semana en la Metro cuando Ava Gardner conoció a Mickey Rooney. Milton Weiss le estaba enseñando los estudios y juntos se acercaron al plató de *Babes on Broadway*, donde Mickey estaba ensayando con Judy Garland. Iba disfrazado de Carmen Miranda, la bailarina brasileña. Llevaba un sombrero en forma de cesta de fruta, una blusa anudada en el vientre, con rellenos debajo, una falda larga de colores, zapatos de plataforma, colorete, lápiz de labios y pestañas postizas.

–Estaba muy guapo, si se me permite decirlo –comentaría posteriormente.

Babes on Broadway era un musical rodado con decorados recargados y de colores chillones, llenos del clamor provocado por los técnicos, las bailarinas, los bongos y las maracas. Ava estaba encandilada, como lo estaría cualquier visitante. Rooney se encandiló con ella. «Se me cortó la respiración y el corazón me dejó de latir», explicaba. «No habían pasado ni cinco segundos cuando me dije que acababa de ver a la mujer con quien me iba a casar. Era esbelta, orgullosa, elegante, tierna e infinitamente, infinitamente femenina. Era el amor.»

Milton describió con crudeza la reacción de Mickey: «Le bastó una sola mirada a Ave para ponerse más caliente que el demonio. Tenía que poseerla.»

Después de las presentaciones y de los comentarios banales, Mickey le dijo si quería cenar con él aquella noche. «No, Sr. Rooney, esta noche estoy ocupada», le contestó con su marcado acento sureño.

Mickey no se desanimó ni un ápice. Era el «rey de la taquilla», una de las posesiones más rentables de Hollywood. A pesar de no medir más que un metro sesenta, tenía la confianza en sí mismo de un gigante. Rooney tenía tanto poder en los estudios como Gable y la Garbo. No iba a permitir que la simple diferencia de altura le impidiera perseguir a una preciosa campesina de Carolina del Norte.

Ese mismo día Mickey estaba comiendo en el restaurante con su séquito cuando Ava entró en el comedor sola. Él envió a un amigo a preguntarle si quería unirse a ellos. Pero cuando Rooney se levantó para saludarla, Ava se quedó pasmada. «Dios mío», comentó más tarde, «por un momento creí que se había encogido, pero luego recordé que llevaba esos zapatos de plataforma.»

Durante la comida ella prestó poca atención a Mickey, que hizo un número en honor a ella. Ava estaba más interesada en la comida. Apenas le sonrió y mientras los demás se desternillaban de risa con sus chistes, ella no parecía muy impresionada. Cuando se marchó, Mickey comenzó a hablar de ella sin parar. Los demás le insinuaron que a ella no le interesaba él, que lo olvidara. «¡Me voy a casar con ella aunque me cueste la vida!», exclamó Rooney.

Ava comentó que Mickey la había invitado a cenar y se sorprendió al enterarse de que las demás *starlets* habrían aceptado sin pensárselo dos veces. A la mayoría de las mujeres les atraía el que fuera una gran estrella. Weiss se mostró imparcial, pero opinaba lo mismo al respecto.

–A Mickey no le hace falta rogar para tener con quien salir –dijo–. Las chicas le siguen y ellas mismas le seducen.

–Yo no soy para una noche –insistió Ava.

No hacía más que recibir flores y notas de Mickey. Cada día le enviaba un regalo o le telefoneaba. Ella mantenía la distancia y su respuesta seguía siendo: «No, gracias, Sr. Rooney. Esta noche estoy ocupada.»

Mickey suponía que salía con otros hombres, pero Ava pasaba cada noche en su diminuta habitación con Bappie. Se atenían a un estricto presupuesto. Necesitaban un coche y, sobre todo, otro sitio donde vivir. Durante aquellas semanas de escasez era Bappie quien convencía a su hermana de que el trabajo duro y los sacrificios valían la pena.

Howard Strickling recordaba detalles concretos de Ava que la distinguían de las demás principiantes. «Abordó la preparación básica con renuencia, pero nadie podía discutirle su absoluta determinación. Le molestaba la rigidez del horario, que tildaba de absurda, pero Ava ponía el corazón en todo. Al cabo de un mes más o menos ya quería ser una estrella, pero no lo reconocía. Al menos delante mío. Lo que recuerdo especialmente de sus primeros meses en MGM era su enorme apetito. Mientras a las otras actrices sólo se les permitía comer queso y fruta, Ava se zampaba una buena comida, con dos vasos de leche y pastel de manzana de postre. Y por la tarde se tomaba un gran *banana split*. Entretanto,

Greer Garson y Judy Garland bebían té con limón. Eran muy pocas las que, como Ava, podían comer tres veces al día en abundancia y no engordar ni un gramo.»

Durante los fines de semana jugaba a tenis, a golf y a otros deportes al aire libre. «Podía escoger entre hacer gimnasia en los estudios o hacer ejercicio respirando aire fresco», contaba. De todos modos, los siete días de la semana tenía que estar disponible por si la Metro la necesitaba para hacer de extra.

Cuando llevaban tres meses en Hollywood, Ava y Bappie encontraron un apartamento en la avenida Franklin, no lejos del estudio. A pesar de que se trataba de un edificio de segunda clase en un barrio de segunda clase, las dos hermanas se alegraron de salir del cochambroso hotel Hollywood Wilcox. Su nueva vivienda consistía en una habitación con dos sofás que servían de cama y una pequeña cocina.

Era un paso adelante, pero apenas podían permitirse salir a cenar una noche a un restaurante barato. ¿Por qué?, se preguntaba Mickey Rooney. Y todavía le intrigó más averiguar que no salía con nadie. Los ramos de flores y las llamadas se incrementaron, y sus amigos le entregaban notas suyas a Ava, comentándole de paso: «Estás chalada. Que te vieran con Rooney sería un espaldarazo para tu carrera.» Exactamente con quién del departamento de publicidad de MGM habló no se sabe, pero la cuestión es que Ava entró en las oficinas y se dirigió a uno de los agentes.

–Mickey no es mi tipo, pero no se da por vencido. ¿Qué tengo que hacer?

–Sal con él –obtuvo por respuesta–. Te servirá de mucho.

Indecisa todavía, Ava siguió manteniendo la distancia. No lo hacía por timidez ni, como insisten en creer algunos, para hacerse rogar. Rooney sólo tenía veintiún años, pero llevaba casi toda la vida en el mundo del espectáculo y conocía las artimañas de las mujeres. «A Ava le importaba un comino quién fuera yo, o lo que fuera, o lo que pudiera hacer con ella o cuánto dinero ganara», manifestó.

Cuando veía a Mickey en los estudios, ella solía saludarle con un movimiento de la cabeza y seguir su camino. Poco a poco él consiguió entablar alguna conversación con ella. Si Ava sonreía, él se aferraba a la oportunidad y le hacía bromas sobre la posibilidad de cenar juntos. Fue todo un logro que Ava le dijera que «a lo mejor saldría con él alguna vez». Y él, como un adolescente enamorado, les contó a sus amigos que no podía creérselo.

La idea que Ava tenía del hombre de sus sueños era la típica. Sería alto, moreno y guapo. Mickey era bajo, rubio y monín. Ella los prefería callados. Mickey no paraba en todo el rato. Ella soñaba con un apasionado idilio. Mickey se acercaba. Lo que le faltaba de estatura lo suplía con encanto y perseverancia, características que aumentaron cuando Ava dio señales de ceder.

Finalmente, una noche que él, una vez más, le pidió para salir, ella le dijo:

–Me gustaría, pero le he prometido a mi hermana que cenaría con ella.

–¡Que venga también! –exclamó él intentando contener su excitación.

Fueron a Chasen's, restaurante favorito de los notables de Hollywood. Mickey reservó una de las mesas con asiento de banqueta tapizado de cuero rojo y adosado a una pared recubierta de paneles de madera de pino. Fue recibido personalmente por Dave Chasen, propietario del local. Le tenían preparado el mejor champaña y de aperitivo le sirvieron el caviar más caro. Mickey, con Ava de la mano, fue de mesa en mesa para presumir. «Conocí a más estrellas en esa noche que en los cuatro meses que llevaba en Hollywood», contaba.

Rooney pidió *crêpes suzette* de postre. Ava repitió. Se convirtió en uno de sus platos favoritos. Mientras ella comía con avidez, Mickey hizo sus imitaciones de Cary Grant, Lionel Barrymore y James Cagney. «Interesante», dijo ella con amabilidad. Mickey se mostró en todo momento agradable y divertido.

Después de la cena fueron a bailar. Él le puso la cabeza en el hombro, pero Ava empezaba a disfrutar de la atención que les prestaban. ¿Y qué si ella le pasaba casi toda la cabeza a Mickey? Aquélla era la primera oportunidad que tenía de vislumbrar el fantástico, emocionante y fastuoso mundo sobre el que había leído en las revistas –relucientes trajes largos y exquisitos abrigos de piel rozando el suelo, esmeraldas, perlas y rubíes centelleando en bustos bronceados–. Aquellas damas elegantemente ataviadas y sus acompañantes vestidos de smoking saludaban a Mickey con efusivos besos y apretones de manos. Pero él, pronunciando su nombre en voz alta y clara al presentarla, se esforzaba porque aquélla fuera la noche de Ava.

Los fotógrafos estaban ansiosos por sacar instantáneas de la pareja. Los reporteros le pedían a Mickey que les deletreara el nombre de ella. Y él los complacía y le sostenía la mano posesivamente.

Subió al descapotable rojo de Mickey sintiéndose Cenicienta. Él no se dio prisa para volver a la avenida Franklin. Cuando llegaron al vestíbulo del edificio, Ava siguió sin detenerse hacia su apartamento.

–Gracias por haberme hecho pasar una noche encantadora, Mickey. Buenas noches.

Él la siguió y soltó:
–¿Te casarás conmigo?
Ella se volvió y le miró de soslayo:
–¿Estás chalado?
–No, hablo en serio, Ava.
–¡Buenas noches! –exclamó ella.
Al día siguiente él la llamó:
–No tienes coche, ¿verdad?
–No tengo dinero para comprármelo.
–Tiene que ser pesadísimo el trayecto hasta los estudios.
–No tanto.
–¿Me dejas que te lleve cada día?
–Oh, supongo que sí –respondió ella con muy poco entusiasmo.

Mickey la recogía por la mañana y la dejaba en casa por la tarde. Pero aquéllos no eran meros trayectos en coche, sino auténticos espectáculos de vodevil sobre ruedas. Rooney la entretenía con sus chismes y sus anécdotas. Ava empezaba a encontrarle divertido. Mickey supo que estaba haciendo progresos cuando la oyó reírse dos veces del mismo chiste. E inició un cortejo en toda regla: cena en Romanoff, baile en el Mocambo, cócteles en Don the Beachcomber. En los estrenos cedía a Ava el protagonismo, como pudo comprobarse cuando sus fotos aparecieron en las revistas.

Pero no le entregó su corazón ni su cuerpo.

Mickey decidió que si cedía la conducción del Lincoln a su chófer, tendría las manos libres. Ava le mantuvo a distancia y le cerró la portezuela en las narices. Temiendo perderla tras aquella pugna en el asiento trasero, Mickey le envió cien rosas. Y le regalaba ramos de orquídeas sin motivo. Auqnue él no rodara, enviaba el coche a buscarla igualmente. Cuando Ava salía de los estudios, el chófer la llevaba a casa de Mickey, en Encino, donde vivía con su madre y su padrastro. Era todo muy formal, pero para todo Hollywood su relación era un idilio.

Les Peterson, el publicitario de MGM asignado a Mickey, le propuso que saliera también con otras chicas, lo cual podía interpretarse como una advertencia indirecta (¡o directa!) de L.B. Mayer. La familia de Rooney apreciaba a Ava, pero opinaban que Mickey era aún muy joven para casarse. Y éste decía que todo el mundo estaba contra él, incluso la chica a quien amaba. Con los inconvenientes y los rechazos aumentaban su energía y su determinación. Para él no representaba nada gastar más de cien dólares –una buena cantidad de dinero en 1941– en una sola noche. A veces, habiendo salido con Errol Flynn o Peter Lawford y su correspondiente pareja, se daba importancia pagando él todas las cuentas. A Mickey no le importaba lo que pudiera tardar o tuviera que gastar para conseguir a Ava.

Mayer se inquietaba cada vez más.

–Conozco a Rooney –le dijo a Howard Strickling– y lo único que quiere es poderle quitar las bragas. ¡Que no se case con ella para conseguirlo!

–No puedo amenazarle.

–Ese crío me tiene agarrado de las pelotas. Las películas de Andy Hardy valen millones.

–El público adolescente podría perder interés en él si se casa. Quizá convendría insistir en esa posibilidad.

–Esperaremos –dijo Mayer con el ceño fruncido–. Por lo que he oído contar, la Gardner no pica. Si le diera lo que él quiere, no habría de qué preocuparse. Supongamos...

–No se te ocurra jugarte la vida –dijo Strickling riendo–. Tengo la impresión de que no se iría a la cama con Mickey, aunque la amenazaras con no renovarle la opción.

–Eso es lo que digo. ¡Los *dos* me tienen agarrado de las pelotas!

A mediados de noviembre de 1941 Ava ya no eludía las persistentes proposiciones de matrimonio de Mickey con los habituales «¡No seas tonto!», o «No volvamos a hablar de eso», sino que comenzó a tomárselas en serio. «Con el matrimonio no se bromea», decía pensativa. «No se me ocurriría pensar en casarme con nadie a menos que creyera que iba a funcionar.»

Ava abordaba el tema en términos generales, pero personalmente no lo hizo hasta que no se permitió relajarse y disfrutar de la vida nocturna, de la bebida, de acostarse tarde o de codearse con celebridades a las que ya tuteaba. Iba a cumplir diecinueve años y, sin embargo, Mickey era el único hombre con el que había salido sola. Sea lo que fuere lo que ocurrió en el asiento trasero del Lincoln, fue la primera experiencia de Ava, por inocente que fuera.

–¿Cómo sería nuestro matrimonio? –le preguntaba ella.

–Actuaríamos los dos. Serías una gran estrella como yo. Nos divertiríamos.

–Aparte de todo eso. Yo me refiero a nuestra vida hogareña.

–También sería divertida.

Él le prometía todo tipo de lujos: coches, pieles, una casa, vacaciones. «Le ofrecí el mundo», dijo Rooney. «Yo no hacía más que hablar y hacerle promesas. No le recuerdo ni la mitad de ellas porque si me decía que si hubiera hecho cualquier cosa, le hubiera comprado cualquier cosa.»

Una noche de comienzos de diciembre él se lo volvió a preguntar en el asiento trasero de su coche.

–De acuerdo, Mickey, me casaré contigo.

Él la besó una y otra vez.

–¿Cuándo? –le preguntó él mientras sus labios aún se tocaban.

–¿No tienes que consultar con los estudios?

–Al diablo con ellos. ¿Qué te parece mañana?

–Por favor, Mickey, seamos sensatos en esto.

Al día siguiente él le regaló un anillo de compromiso y llamó a la cronista de sociedad Louella Parsons para darle la gran noticia.

L. B. Mayer habló primero con Ava.

–Mickey sólo quiere una cosa –le dijo–. Cuando la consiga y se quede satisfecho, empezará a aburrirse y saldrá a hacer otra conquista. Le conozco mejor que tú.

Ella se estremeció y mantuvo la boca cerrada. Ida Koverman salió con Ava del despacho de Mayer e intentó prevenirla.

–Espero que sepas en lo que te está metiendo –le dijo a Ava, que tampoco respondió.

Mayer le dijo a Mickey que cometía un error casándose con una *starlet* desconocida.

–Estamos enamorados –le dijo Rooney.

–Sólo pienso en vuestra felicidad.

–Entonces perfecto, porque es la única mujer que me interesa.

–Por motivos equivocados –señaló Mayer–. Te tiene tan salido que ni siquiera puedes pensar.

–Es la única chica a la que he amado y, como sabes, he conocido a unas cuantas.

–Me rompes el corazón, Mickey.

Los artistas de MGM afirmaban que L. B. Mayer era el mejor actor de todos. Ese día lloró para demostrar su preocupación. Las lágrimas le resbalaban por las mejillas.

–Por favor, Mickey, no lo hagas. Es un error. No tienes nada en común con esa chica.

Pero Rooney no tragaba. Sabía que Mayer estaba preocupado por su imagen como Andy Hardy. ¿Cómo iba a tener esposa el típico muchacho de ciudad pequeña americana, compañero de Judy Garland, con quien bebía Coca-Colas, representaba obras de teatro en la escuela y se cogía de la mano al final de la película? ¿Andy Hardy casado? ¿Con una 36-20-36 que le pasaba diez centímetros?

Mayer se enjugó las lágrimas, se sonó, se derrumbó en su sillón y explicó apenado:

–Se lo advertí a Judy Garland. Se casó con David Rose de todos modos. No durará, Mickey. También se lo advertí a Lana, pero se fugó con Artie Shaw. Veintiún años y ya está divorciada. Vosotros los jóvenes no pensáis. No estás preparado para el matrimonio. Por favor, dime que esperarás un tiempo..., que lo pensarás.

–En realidad –dijo Mickey–, iba a pedir vacaciones para pasar la luna de miel.

Mayer se puso rojo como un tomate.

–No te pago mil dólares a la semana y veinticinco mil por película para satisfacer tus jodidas fantasías. Si no consigo impedir que te cases, lo harás a mi manera: discretamente y sin fanfarria. Peterson se encargará de todo.

–¿Cuándo?

–Después de las vacaciones –contestó Mayer ceñudo–. Ya te avisaré.

–*Inmediatamente* después de las vacaciones –recalcó Mickey.

A pesar de la conmoción que causó Pearl Harbor, el 7 de diciembre de 1941 el elenco de estrellas masculinas de MGM se reunió en uno de los vastos comedores de los estudios para celebrar la despedida de soltero de Rooney. Mayer ofició de anfitrión de Robert Taylor, Clark Gable, Spencer Tracy y Lionel Barrymore entre otros, los cuales le explicaron la manera de seguir felizmente casado sin privarse de engañar a su mujer. Corrieron la bebida y los consejos. Rooney recordaba en particular la historia de las piedrecitas en el lavabo. El primer año, cada vez que hiciera el amor con su mujer tenía que poner una piedrecita en el lavabo. Y transcurrido el año, siempre que hiciera el amor con su mujer tenía que sacar una piedrecita del lavabo. Nunca llegaría a vaciarlo.

–¿Lápiz de labios en el cuello? ¿Otra mujer? ¡Bobadas! ¡Son marcas de lápiz rojo!

–Tómatelo con calma en la cama. Si te partes la espalda, los periodistas querrán saber detalles.

–Cuidado con los rodillazos en la entrepierna cuando os peleéis.

–Dale mordisquitos en la oreja, chaval.

Mickey agradeció a sus amigos la fiesta, los regalos y sus buenos deseos.

–Me han gustado mucho vuestras bromas, pandilla de salidos –dijo–, pero al primero que vea echándole el ojo a la Sra. Rooney se gana un derechazo en la boca.

Mickey Rooney, cuyo verdadero nombre era Joe Yule, Jr., nació el 23 de septiembre de 1922 en una pensión de Brooklyn. Su madre, Nell Carter, era una corista de Kansas City. Joe padre había nacido en Escocia, pero se crió en Nueva York, donde conoció a Nell y se casó con ella. Formando pareja, iban de ciudad en ciudad actuando en los espectáculos de vodevil.

Mickey pasó sus primeros meses entre bastidores en los teatros donde los Yule actuaban. Cuando tenía un año y medio, cierto día siguió a los miembros de la orquesta hasta el foso, se subió a un tambor y empezó a hacer como que tocaba. El público no hizo el menor caso al cómico que ofrecía su número en el escenario. Nell confeccionó un smoking para su hijo y éste tocaba el tambor en cada espectáculo. Pero Mickey acabó cansándose del foso de la orquesta. Una noche salió al escenario y le dijo al artista que lo ocupaba: «Yo canto "Pal" o "My Cradle Days" mejor que usted.» Y así inició Mickey Rooney su trayectoria en el mundo del espectáculo.

A mediados de los años veinte los Yule se separaron. Nell marchó a Hollywood con su hijo. Había leído que Hal Roach buscaba actores infantiles. Nunca llegó a ver a Roach, pero consiguió que a su hijo Joe le hicieran una prueba para la versión cinematográfica de la serie Toonerville Trolley, de Fontaine Fox. Al pequeño Yule, elegido para actuar en las películas de Mickey McGuire, le tiñeron el pelo de negro para que se pareciera más al descarado protagonista de las historietas originales. Actuó en cincuenta de aquellos cortometrajes.

Cuando fue contratado por la Universal, a Nell se le ocurrió que a su hijo se le podía anunciar con el nombre de Mickey McGuire, pero surgieron impedimentos legales y el joven actor acabó dándose a conocer con el de Mickey Rooney. En 1933 Metro-Goldwyn-Mayer le ofreció un contrato sujeto a renovaciones semanales. En 1934 Mickey apareció en *Manhattan Melodrama El enemigo público n.º 1*, representando a Clark Gable siendo niño.

Fue cedido a Warner Brothers para interpretar a Puck en la versión cinematográfica del *Sueño de una noche de verano*. Finalmente, MGM le contrató por 500 dólares semanales, con posteriores aumentos. En 1935 su aparición en *Ah, Wilderness* (*Ayer como hoy*), le supuso el reconocimiento unánime de su madera de estrella, pero el auténtico gran éxito no le llegaría hasta dos años más tarde, con *Family Affair* (*El honor de la familia*), encarnando al desmañado y vital Andy Hardy.

Mickey asistía a la escuela de Ma Lawlor para niños artistas y allí conoció a Frances Gumm, que con el tiempo se convertiría en Judy Garland. En el instituto Hollywood High conoció a Lana Turner y salió con ella durante varios meses. Tenían ambos diecisiete años.

En 1937 Nell se casó en segundas nupcias con Fred Pankey, de profesión contable. Mickey le apreciaba, pero hacía caso omiso de sus consejos sobre cuestiones económicas. Renovado su contrato con MGM, que comenzó siendo de 750 dólares semanales, para ascender gradualmente hasta 2.500, Mickey se compró una casa en el valle de San Fernando. Le costó 75.000 dólares, pero, en comparación con las mansiones de Beverly Hills, no era ostentosa. Estaba orgulloso de su primer hogar auténtico. Rodeada por un terreno de cinco acres, con piscina, limoneros, gardenias y nogales, la casa estaba construida en piedra y tenía doce habitaciones, nueve teléfonos y grifería de plata de ley en los cuartos de baño. «Lo que mi madre, Fred y yo queríamos era un hogar confortable», declaró. Aquella casa fue quizá la mejor inversión que Rooney hizo en toda su vida. No pensaba en absoluto en el dinero y con el tiempo llegaría a arrepentirse de ello. Fred Pankey hizo lo que pudo para controlar los gastos de Mickey, ocasionados principalmente por su afición al juego y sus sucesivos matrimonios. «Esto no durará siempre», le decía a su hijastro. «Ahorra algo para los malos tiempos.»

Pero los malos tiempos no existían para Mickey Rooney. Siempre estaba dispuesto a todo. Tenía confianza en sí mismo, sin ser engreído. Sabía actuar, cantar y bailar, y tenía una energía infinita. Las mujeres le seguían; las podía escoger. A las que salían con él las invitaba a cenar y a bailar, para acabar con lo que suele ocurrir a continuación en el dormitorio de la joven y un «ya te llamaré, cielo». Mickey salía a menudo con Judy, a la que consideraba su mejor amiga. Nell tenía esperanzas de que se casaran, pero no estaban enamorados. Era buena publicidad que le vieran acompañando a Lana, y Mickey estaba loco por ella. Cuando se compró su primer coche, era Lana quien le acompañaba en el asiento delantero.

Mickey mantenía contacto con su padre, Joe Yule, Sr., y le hizo ir a visitarle a Hollywood. «Me alegré de que por fin pudiéramos ser amigos», comentó Rooney.

En 1940 se hallaba en la cima de su carrera y no le faltaba nada. Era una estrella de primera magnitud cuyas ganancias sumaban ya el primer millón; le encantaba beber, jugar y hacer el payaso delante de la cámara; y había compartido mesa con el presidente de los Estados Unidos y con Henry Ford. No buscaba esposa ni necesitaba amor. Pero Mickey Rooney quería más. Era incansable, ambicioso, curioso y rico. De él se ha dicho a menudo que no era dinero lo que buscaba en los hipódromos o en las partidas de póquer, sino el ganar. Téngase en cuenta que había conquistado el mundo sin haber cumplido aún los veintiún años. ¿Qué más podía pedir?

En el plató de *Babes on Broadway* lo encontró. Siempre rodeado de chicas guapas, rara vez prestaba atención a las recién llegadas a MGM que daban una vuelta por el estudio tras firmar el contrato: otra preciosidad...

Pero una mirada a Ava Gardner bastó para que las demás mujeres dejaran de existir. Nada más importaba. Ella coronaría su sueño. Ya tenía con quien compartir la cima.

CINCO

Amor para siempre

Puesto que no podía impedir que Mickey Rooney se casara con Ava Gardner, L. B. Mayer ejerció un control absoluto sobre la vida de la pareja desde el día de su compromiso. Les Peterson, agente de prensa, fue llamado al despacho del magnate, para recibir instrucciones concretas. «No quiero publicidad hasta que haya acabado», dictó Mayer. «Busca una iglesia fuera de la ciudad y encárgate de que la prensa local consiga una exclusiva después de la boda. No quiero que los reporteros y los fisgones profesionales se lo puedan oler. Strickling se encargará del resto. De ninguna manera ha de saber nadie dónde pasarán la luna de miel. Busca un hotel cerca y cuando no estén en la habitación, no los dejes ni un instante. Hasta el día de la boda Mickey va a estar muy ocupado rodando, así que consíguele tú el anillo. Pregúntale qué inscripción quiere, pero es muy importante que nadie sepa quién lo compra. Luego hay que encontrarles una casa para vivir. Asegúrate de que quede fuera dc las zonas de siempre. ¡Nada de Bel Air ni de Beverly Hills! Un apartamento de dos habitaciones en un edificio bonito, pero que no sea muy caro porque Mickey está pagando la hipoteca de su casa de Encino. Cuando te parezca que hayas encontrado un sitio apropiado, que él lo vea y si lo aprueba, ocúpate del contrato de arrendamiento.»

–¿Y la licencia de matrimonio?

–Eso es muy delicado –dijo Mayer–. Ya me encargaré yo. Esta operación tiene que ser discreta, Les.

Ava quería una boda por todo lo alto.

–Siempre me he imaginado vestida de blanco y andando por el pasillo.

–Eso es para los demás –le explicó Mickey–. Nosotros no podemos, cielo. No querrás que una nube de fanáticos y de periodistas nos estropeen el día, ¿verdad?

–No, claro...

–Será una boda discreta; sólo estará presente la familia. Es más romántico.

–Bueno...

Ava pensó en la posibilidad de comprarse un vestido blanco de todos modos, pero no podía permitírselo y le avergonzaba pedirle el dinero a Mickey. Su mayor decepción fue enterarse de que su madre estaba demasiado enferma para poder asistir a la ceremonia. Bappie procuró distraer a su hermana ayudándole a buscar el ajuar: una bata blanca hasta los pies, chinelas a juego, un sencillo traje de chaqueta azul marino y zapatos. De MGM obtuvo un anticipo que se gastó en estos pocos artículos. Su única participación en los preparativos de la boda consistió en hacerse la maleta.

Les Peterson pasó varias semanas buscando día y noche. En Ballard, población situada entre Los Ángeles y San Francisco, encontró una iglesita presbiteriana blanca. Garantizó a los periódicos locales la exclusiva del reportaje gráfico si mantenían el secreto. Con nombre falso reservó habitaciones para una luna de miel de cuatro días en el hotel Del Monte de la vecina localidad de Carmel.

Encontró un apartamento en Wilshire Boulevard, cerca de Westwood, en un edificio propiedad de Red Skelton y del director Frank Borzage. Tenía dos habitaciones y las paredes pintadas de blanco, y estaba alfombrado, pero no por ello dejaba de ser un sombrío escondrijo situado en la planta baja.

La boda se fijó para el domingo 10 de enero de 1942.

A primera hora de esa mañana, Ava, Mickey y Les Peterson salieron de Los Ángeles en coche hacia el norte, en dirección a Santa Bárbara. Apiñados en el segundo coche iban Joe Yule, Sr., Nell y su segundo marido, Bappie y un fotógrafo de MGM. Se detuvieron en Carpenteria, en los alrededores de Santa Bárbara, para recoger la licencia de matrimonio expedida por J. E. Lewis, secretario del condado, que, extremando las precauciones, esperaba a Mickey en su casa.

A las once llegaron a la iglesita presbiteriana situada a los pies de las montañas de Santa Inés. El que Ava fuera baptista y Mickey perteneciera a la comunidad de la Ciencia Cristiana carecía de importancia. El reverendo Glenn H. Lutz ofició la breve ceremonia. La Sra. Lutz interpretó «I Love You Truly» y la marcha nupcial de Mendelssohn en un piano vertical.

La novia llevaba un ramillete de orquídeas prendido en el traje. Mickey había decidido ponerse un traje gris oscuro, una corbata de topos, un clavel blanco en el ojal y un pañuelo blanco sobresaliéndole del bolsillo superior de la chaqueta. Estaba tan nervioso que el anillo estuvo a punto de escurrírsele de entre los dedos antes de ponérselo a Ava.

Después de la ceremonia, Peterson corrió a un teléfono y llamó a MGM. La prensa local, ausente a petición de los estudios, recibió las primeras fotos del Sr. y la Sra. Rooney. Hedda Hopper tuvo tiempo de incluir la noticia en su columna de la edición matutina, pero eran muy pocos los que conocían el paradero de la famosa pareja.

Los Yule y Bappie volvieron a Los Ángeles. Mickey, Ava y Les fueron a Carmel y se registraron en el hotel Del Monte. Cuando los recién casados estuvieron a buen recaudo en su habitación, Peterson los dejó solos.

Mickey tardó veinte minutos en ponerse el pijama y, además, se lo puso del revés. «Pretendía meter las piernas por las mangas», explicaba riendo, «y no encontraba la manera de pasarme los pantalones por la cabeza. Estaba temblando. Me moría por estar con Ava y ahí la tenía, tumbada en la cama con una preciosa bata blanca, como una diosa griega.»

Ava estaba aterrada. Estaba a punto de hacer eso que su madre tanto escarnecía y ridiculizaba. ¿Se trataba de la deseada consumación del amor o del deber que la novia tenía que cumplir en la noche de bodas?

Rooney, que tenía experiencia con las mujeres, reconocería que aquella noche se condujo de manera torpe y desmañada, pero Ava, cuando perdió la timidez, se mostró cariñosa y acogedora. Si Mickey había creído que su máximo logro había tenido como escenario la pequeña iglesia blanca, estaba equivocado, porque fue el primer hombre en poseer a Ava Gardner. «Estaba orgulloso», dijo años después.

A la mañana siguiente ella se despertó dispuesta a seguir disfrutando de la intimidad y la molicie del lecho nupcial. Qué agradable desayunar en la habitación y pasar el rato tumbados y en brazos del otro... y quizá nadar un rato si el agua no estaba muy fría, tomar una copa juntos, cenar solos y de vuelta a la cama para decirse cosas cariñosas y hacer el amor.

–Un día precioso, cariño –suspiró ella.

–Desde luego. Perfecto para jugar al golf.

–¿Golf?

Mickey le dio un beso y saltó de la cama.

–¿Has visto el campo de golf que hay aquí? –le preguntó mientras se metía apresuradamente en la ducha.

–No –bostezó ella.

–¡Te encantará! –gritó él desde el cuarto de baño.

Los palos de golf formaban parte del ajuar de Mickey. Estaba muy orgulloso de sus maderas y sus hierros.

–He jugado en los setenta –comentó animado mientras se dirigía hacia el *green* seguido de Ava, que seguramente estaba perpleja.

Ella pasó el resto de la luna de miel en el hotel con Peterson, a quien los recién casados encontraban en el comedor cuando iban a desayunar, comer o cenar. A Mickey le gustaba estar con gente y aunque no sentía excesiva simpatía por Les, con tres la cosa era más distraída que con dos. «En mi luna de miel vi más a Peterson que a mi marido», declaró Ava.

Mickey se lo pasaba estupendamente. Llamaba a su familia y a sus amigos para explicarles no sólo que estaba jugando excelentemente al golf, sino también que su mujer se había casado virgen.

Ava no exteriorizó la rabia y el dolor que sintió en Carmel. Únicamente estaba sola con Mickey los ratos que pasaban en la cama. Él bromeaba diciéndole a Peterson que se les uniera puesto que les acompañaba constantemente. Los periodistas y admiradores acechaban el hotel, sin embargo, y sin la ayuda del agente de prensa los cuatro días podían haber resultado aún peor, en caso de que eso fuera posible.

Que Rooney cometiera un tremendo error al desentenderse de su mujer durante la luna de miel no quita que creyera firmemente que el hombre era el que mandaba. Él hacía lo que quería y su mujer hacía lo que él quería. Ava compartía con él esta anticuada concepción del matrimonio y creía también que el hombre era el que mandaba, el que tenía que traer dinero y el que tomaba las decisiones. Rooney se aprovechó de ello, según admitió más adelante. «No creo que Ava llegara a perdonarme», dijo, «y no sé si yo me he perdonado a mí mismo.»

Desde Carmel el terceto se dirigió a San Francisco, donde inició una gira de promoción de las películas de Andy Hardy. Se alojaron en el hotel Palace y visitaron la ciudad antes de tomar el Santa Fe Super Chief con destino a Nueva York. La súbita muerte de Carole Lombard en un accidente aéreo ocurrido el 16 de enero de aquel año puso la nota negra en el ya de por sí tedioso viaje. Mickey intentó llamar a Gable para expresarle sus condolencias, pero Clark estaba en Las Vegas con un grupo de rescate intentando encontrar los restos del avión.

En el hotel New Yorker los Rooney celebraron una rueda de prensa. Ava ocupaba un sillón bajo en cuyo brazo se sentaba Mickey, para que la diferencia de altura no fuera tan evidente. Bappie se les unió para asistir en Washington a la celebración del cumpleaños del presidente Roosevelt. Mientras Mickey actuaba para la guarnición de Fort Bragg, en Carolina del Norte, Ava fue a visitar a su familia a Smithfield. El momento cumbre del viaje fue la comida que compartieron en privado con el presidente Roosevelt, pero el largo viaje desde Carmel, las ruedas de prensa y las fiestas y celebraciones a que asistieron antes de volver a California les resultaron agotadoras. Que Mickey fuera el centro de atención a Ava no le importaba. Estaba acostumbrada, pero sus esperanzas de compartir la vida con él se habían desvanecido. Su madre se moría y, a excepción de Bappie, no tenía a nadie más que Mickey, que todavía no había encontrado el momento de sentarse a solas con ella y mantener una conversación normal. En su interior se iban acumulando semanas de resentimiento, soledad y amargura. ¿Sería capaz de olvidarse de ellas e iniciar en Westwood su vida en común con ilusión? No estaba segura.

En Carmel había tenido que competir con el campo de golf y las interminables llamadas de Mickey a sus amigos de Los Ángeles. Y en Hollywood estaban el hipódromo, las partidas de póquer y la exitosa carrera de su marido. Ella, mientras, seguía posando y asistiendo a clases de arte dramático. De su acento sureño no quedaba más que un leve rastro. Seguía la rutina y reanudó sus clases de baile, y cuando llegaba a casa se quitaba los zapatos, preparaba la cena y se desplomaba derrengada. Mickey era tan intenso que llegaba ansiando acción. A veces llamaba para decir que llegaría tarde y que cenara sin él. En otras ocasiones no se molestaba en telefonear. Ava pasaba la velada sola y rabiando.

Una noche ella invitó a una amiga a cenar y Mickey tuvo el detalle de volver a casa ese día. «Eran como críos», explicaba la invitada. «Se pasaron todo el rato riendo, retozando por el suelo y persiguiéndose. Yo me limité a observarlos, hasta que no pude aguantar más y me marché. Cuando se divertían, no existía nadie más, pero era una escena ridícula: dos adultos jugueteando y haciéndose cosquillas. Puede que todo eso acabara en la cama. No lo sé. Ava sólo me dijo que sexualmente eran compatibles.»

Por fin Ava fue elegida para aparecer en *We Were Dancing* (*Sucedió bailando*). Vestida con unos pantalones y una blusa de seda, su debut consistió en cruzar el vestíbulo de un hotel mientras Melvyn Douglas la observaba con interés. En el plató Mickey le explicó cómo tenía que andar, que mover los brazos, que llevar la cabeza. Ella repitió la escena varias veces, hasta que quedó perfecta. Bappie se tomó el día libre para prestarle apoyo, pero Ava no estaba nerviosa. Después de la última toma, Mickey volvió a su plató. Las dos hermanas, por su parte, decidieron esperar a que llegara la estrella de *Sucedió bailando*, la legendaria Norma Shearer, que lo hizo acompañada de su doncella, su peluquera, su maquillador, su agente, su publicitario y su ayuda de cámara. Todo el mundo rindió homenaje a aquella reina del cine que sólo rodaría una película más. Quizá si no se hubiera rehusado protagonizador *Mrs. Miniver* (*Señora Miniver*), habría podido salvar su carrera. Pero en ese importante día en la vida de Ava, Norma Shearer se erigió para ella en epitome de lo que representaba ser una estrella del cine en una época que poco a poco se acercaba a su fin.

–Algún día yo también tendré a una multitud así esperando mi llegada –le dijo Ava a Bappie. Y en actitud reverente observaron cómo mimaban, empolvaban y daban instrucciones a la gran Shearer para empezar a rodar su primera escena.

En febrero de 1942 Ava fue ingresada de urgencia en el hospital con un ataque de apendicitis. Mickey llegó cuando ella despertaba de la anestesia. Estaba frenético.

–¿Por qué has esperado tanto? –le preguntó.

–Tengo dolores de estómago desde que era pequeña –respondió ella–. Cuando me disgusto...

–Mientras ahora te encuentres bien –dijo él apretándole la mano.

–Cuando me siento desdichada me entra dolor de estómago –repitió ella.

–¿Y cuándo te has disgustado, cariño?

–Mientras esperaba a que llegaras a casa. Se me hace un nudo.

Él bromeó y le contó chistes y ella se rió.

–De ahora en adelante me ocuparé de ti –le dijo Mickey con un beso.

Ava volvió a casa a los pocos días y Rooney estuvo atento con ella durante un tiempo. Procuraba volver a casa desde el estudio con ella, se ponía ropa vieja y juntos pasaban una velada tranquila sin hacer nada. Ella ponía discos y escribía cartas a su familia. Mickey deambulaba por el salón, llamaba a sus amigos e intentaba entablar conversación con Ava. «No hablaba mucho», comentaba él. «Escuchaba con atención y al acabar yo, en la habitación reinaba un silencio de muerte. Ella volvía su revista o seguía escribiendo cartas. Yo me volvía loco. Tenía que tener gente a mi alrededor, acción. No soportaba aquellas largas noches en casa.»

En las fiestas la situación no era distinta. Mickey captaba la atención de todos miemtras Ava se quedaba en un rincón enfurruñada. Le había visto hacer lo mismo cientos de veces. A ella le aburrían las conversaciones sobre caballos o sobre golf y le tenía sin cuidado lo que hubiera ganado o perdido en una partida de póquer. Lo gracioso era que a Mickey no le gustaba que su mujer permaneciera apartada en las fiestas, pero si se mezclaba con los invitados él se encolerizaba. Una noche ella bailó con el actor Tom Drake varias veces en una fiesta en los estudios y Mickey se puso hecho una furia, pero en aquella ocasión Ava le plantó cara. Le llamó renacuajo y enano, y acto seguido abandonó la fiesta airadamente y se marchó al apartamento de Bappie. Él la siguió e hicieron las paces, pero al mismo tiempo Mickey se dio cuenta de que estaba surgiendo una nueva Ava. Cuando ella se ofreció voluntariamente para ayudar en la cantina militar de Hollywood, él hizo otro tanto. De ningún modo iba a dejarla sola con un montón de militares.

Mickey utilizaba su influencia en el estudio para conseguirle a su mujer mejores papeles. Era de opinión de que si ella tenía algo que hacer, la tensión entre ambos disminuiría. En *Two Girls and a Sailor* encarnaba a una camarera que se quedaba dormida mientras bailaba. En *Reunion in France*, con Joan Crawford y John Wayne, Ava era un modelo de alta costura. Si ava intervenía en una película, Mickey, por más trabajo que tuviera, siempre encontraba tiempo para estar con ella. «Se lo debo todo», decía ella. «Si alguna vez llego a ser alguien... si consigo hacer algo, será sólo gracias a Mickey.»

Convertida ya en estrella, Ava comentó: «Mickey nunca llegó a comprender lo que era el matrimonio, pero vaya si comprendía el mundo del espectáculo.»

En primavera de 1942 se le concedió un papel secundario en *Kid Glove Killer*, con Marsha Hunt y Lee Bowman. Ava interpretaba a una camarera de un restaurante de comida para consumir en el coche. Si ella estaba contenta, Mickey no cabía en sí de gozo. Actor formado en el teatro de variedades y muy consciente que había llegado adónde estaba gracias a que siendo niño había hecho todo lo posible por que se fijaran en él, quizo inculcarle a ava que ya hiciera de camarera o de reina, tenía que hacerlo bien. Eran muy pocos los que tenían la suerte de ser descubiertos de la noche a la mañana. «La presencia es muy importante», le decía. La mayoría de las actrices jóvenes se preocupaban ante todo de su rostro y su figura, pero Mickey pretendía ir más allá. No se trataba tanto de que Ava tuviera los ojos bonitos sino de lo que hacía con ellos, de mirar aquí o de mirar allá. La cámara no existe, pero recuerda siempre dónde está. Arriba la barbilla. Anda más despacio, pero sin retrasarte. Mantén la cabeza alta. La barbilla, siempre paralela al suelo. Pausa. Esa pausa, esa ligera vacilación, es muy importante.

Ava hacía lo que se le decía, pero seguía siendo una desconocida. «Yo no esperaba otra cosa», le dijo Rooney con una sonrisa. «Lleva tiempo.»

Y, sin embargo, Mayer seguía renovándole a las opciones del

contrato y le aumentó el sueldo hasta 150 dólares semanales. Esto no era producto de la influencia de Mickey. Todo lo contrario. L.B. no tenía necesidad de preguntar a sus espías por el matrimonio Rooney. Se tambaleaba, como era de esperar. Andy Hardy había realizado la transición, gracias a la discreción del departamento de publicidad de MGM, pero el divorcio tendría consecuencias nefastas para la serie, que era enormemente rentable. Mayer observaba y aguardaba.

Ava buscaba refugio a menudo en casa de Bappie cuando se enfadaba, se sentía sola o se deprimía. A veces volvía con Mickey la misma noche, pero era más habitual que no lo hiciera. En otoño de 1942 los Rooney se separaron de manera oficiosa. Ava no pudo seguir soportando las largas noches de soledad. Los estudios podrían haber dejado que la pareja resolviera por sí sola sus problemas, pero Mickey había actuado en *The Courtship of Andy Hardy* sin brillantes y con apatía. Y tenía unas orejas casi tan pronunciadas como las de su padre, el juez Hardy. La gracia de Rooney, aparte del talento que tenía, era ese entusiasmo saltarín con que actuaba. Al visionar las primeras copias al término de una jornada de rodaje. Los empleados de la Metro notaron el drástico cambio no sólo en el físico de Mickey, sino también en su actuación. A petición de Mayer, Carey Wilson, productor de las películas de Andy Hardy, sostuvo una larga conversación con los Rooney. Bappie estaba presente e instó a su hermana a que se reconciliara con Mickey. Ava pensó que quizá podía volverlo a intentar, pero estaba cansada del apartamento de Westwood, cansada de tirar comida a la basura cada noche, y exigió una ama de llaves.

Rooney encontró una acogedora casa en Stone Canyon Drive, en la zona de Bel Air, y Mayer, disimuladamente, recompensó a Ava con un papel en (*La casa encantada*), con los Dead End Kids, de Monogram, filial de Allied Artists que producía las películas de serie B. Eran los estudios de menor envergadura de Hollywood, que una de las razones por las que en Allied Artits no querían que el nombre de la compañía figurara en sus películas. Pero los Dead End Kids eran populares y Ava se desenvolvía muy bien en el ámbito de la comedia.

En la Metro insistieron en que los Rooney se dejaran ver en los clubes nocturnos, para dar pruebas de que seguían juntos. Mickey disfrutaba durante esas noches en la ciudad, pero Ava ya no estaba dispuesta a aguantar más tonterías.

–¿Quieres hacerme un favor? –le dijo una noche cuando volvían del Mocambo.

–Claro, cariño. ¿Qué favor?

–Cerrar la boca.

Mickey no hacía caso y seguía con sus ganas de divertirse, descuidando a Ava en las fiestas y saliendo por las noches hasta altas horas con sus amigos. Una noche volvió a casa borracho y ella el arrojó un tintero a la cabeza.

Rooney pensó que un hijo salvaría el matrimonio, pero Ava tenía terror al embarazo. Él nunca llegó a saber por qué. En sus memorias, escritas veinte años después todavía preguntaba: «¿Por qué, Ava? ¿Por qué?»

Ella afirmaba que Mickey no quería tener hijos, pero él recuerda que una noche, después de hacer el amor, ella se levantó de la cama y al llegar a la puerta del cuarto de baño, se volvió hacia él y le dijo: «Mickey, si alguna vez me quedo embarazada, te mato.»

Ava nunca quiso hablar de la razón de su miedo. Es posible que Mollie le hubiera contado los horrores que ella había pasado en los partos y la hubiera predispuesto contra la solitaria responsabilidad de la maternidad. O tal vez Ava no quería perder su figura, Rooney no estaba seguro, pero sabía que su mujer no era la misma chica que bebía batidos de chocolate durante su luna de miel mientras él jugaba al golf. En lugar de buscar tiempo para hablar de sus problemas comunes, él siguió saliendo hasta la madrugada. No debería haberse sorprendido cuando una noche, al volver a casa, descubrió que Ava había destrozado el mobiliario y las cortinas a cuchilladas.

Después de aquel incidente, ella comenzó a aceptar cuando alguna amiga la llamaba para salir. Lana Turner había vuelto a la circulación tras haberse divorciado de Artie Shaw. Ella y Ava se consolaban mutuamente acudiendo a los clubes nocturnos sin acompañantes.

Cunado Mickey, empujado por los celos, le armó un escándalo, ella le gritó que se marchara. Él se fue a la casa de Encino y Ava se trasladó al apartamento de Westwood, que los estudios seguían teniendo alquilado.

Mayer, preocupado por la mala publicidad y por el bienestar de Rooney, envió a éste a Connecticut para rodar los exteriores de *A Yank at Eton*. Estando allí, Mickey le envió a Ava un abrigo de visón de 10.000 dólares y joyas. Ante la duda de si él podía volver inesperadamente, Ava le pidió a Leatrice Carney, hija del actor de cine mudo John Gilbert, que se trasladara a vivir con ella. Disfrutaban organizando fiestas íntimas para Fran y Van Heflin, la agente Minna Wallis, que había introducido a Clark Gable en el cine, Jerry Rosenthal, abogado de Ava, y su mujer, y Donna Reed y su marido, Tony Owen.

Con ocasión de una de estas cenas, cuando el pollo frito de Ava aún crepitaba en el horno, Mickey llamó a la puerta con sonoros golpes y exigió verla. Ella se negó a dejarle entrar y entonces él echó la puerta abajo y tuvo que ser sujetado por los invitados.

Ava advirtió a Howard Strickling que si Mickey intentaba verla, contaría su sórdida historia común a la prensa. A pesar de que el culpable de que el matrimonio no hubiera dado resultado era Rooney (según él mismo admitía), por desgracia seguía enamorado de Ava. Según Leatrice Carney, la frustración de no poder dormir con ella le volvía loco.

Mickey obedeció cuando desde los estudios le ordenaron que dejara en paz a su mujer, porque en aquellos momentos necesitaba a Mayer más que nunca.

–Acabo de recibir la orden de reclutamiento y ahora no puedo ir, L. B., ahora no.

Mayer se echó a llorar.

–Sé cómo te sientes, hijo.

–Estoy destrozado.

–No te dé vergüenza admitir que tienes miedo.

–Me muero de miedo –dijo Mickey esforzándose por contener las lágrimas.

–A lo mejor puedo hacer algo. Al fin y al cabo, las películas de Andy Hardy benefician la moral pública.

–¿Podrías? –preguntó Mickey.

–Me alegro de que recurras a mí, hijo –sollozó Mayer–. Me enorgullece que hayamos sido capaces de hablarlo, de que hayas sido lo bastante hombre para admitir tu miedo.

Mickey se desmoronó.

–Si me tengo que ir ahora, nunca podré conseguir que Ava vuelva. ¡Nunca!

Rooney no era ningún cobarde. Estaba dispuesto a incorporarse a filas, pero el llamamiento le había llegado en el momento menos indicado. Quería luchar por Ava primero y hacerlo *después* contra el enemigo. A Mayer no le preocupaba el porqué. Apeló, pero a la junta de reclutamiento no le importaba tanto Andy Hardy.

Aquélla fue la primera vez que la Metro intentó evitarle a una de sus estrellas la incorporación a filas. Mayer pensaba en los millones que se perderían en las taquillas, pero era cierto que le disgustaba que Mickey se viera obligado a incorporarse.

El 2 de mayo de 1943 Ava presentó una demanda de divorcio en el Tribunal de Justicia de Los Ángeles, acusando a Rooney de «extrema crueldad mental» y de causarle «sufrimiento mental intenso». Vestida con su traje de chaqueta azul oscuro, compareció ante el juez Thurmond Clarke el 21 de mayo y declaró que su marido no quería llevar una vida hogareña. A la pregunta de si la dejaba sola muchas veces, Ava respondió: «Sí. Se ausentaba de casa a menudo. En dos ocasiones se ausentó durante un período largo. Pasó un mes con su madre y cuando yo protesté, me dijo que no quería estar conmigo.» Bappie corroboró el testimonio de Ava.

El juez Clarke le concedió el divorcio. En lugar de exigir la mitad de los bienes de Mickey, Ava solicitó 25.000 dólares, un coche y las pieles y joyas que le había regalado.

MGM había intervenido cuando Rooney le había puesto a Ava el anillo de compromiso e intervino cuando ésta se lo quitó. Mayer convenció a Ava de que no exprimiera a Mickey y se conformara con menos, y le prometió a cambio hacer progresar su carrera en MGM. También le indicó que si se negaba, le rescindirían el contrato. No tuvo que recordarle que, en tal caso, no podría trabajar para ningún otro estudio de Hollywood.

Al día siguiente de haber acudido al tribunal, Ava recibió la noticia de que su madre había muerto. Tomó un avión para asistir al funeral. Aunque Mickey Rooney no estaba presente, la muchedumbre se congregó igualmente para ver a la hija de Mollie, cuya visita fue anunciada en primera plana por el *Smithfield Journal.*

SEIS

Fama y libertad

Bappie fue a vivir al apartamento de Westwood, con Ava, quien desde ese momento se concentró sólo en su carrera. Apareció en películas fácilmente olvidables como *DuBarry was a Lady*, *Young Ideas*, *Lost Angel*, *Spring Fever* y *Music for Millions* (*Al compás del corazón*). Se esperaba de ella que se dejara ver en el circuito de los clubs nocturnos, y Ava satisfizo tales expectativas saliendo con Peter Lawford, Fernando Lamas y Turhan Bey.

Mayer hizo que apareciera repetidamente en la pantalla antes de darle un papel en *Three Men in White*, una de las populares películas del Dr. Gillespie, que eran casi tan famosas como la serie de Andy Hardy. Lionel Barrymore, que encarnaba al viejo doctor, era conocido en todos los hogares norteamericanos.

En la película Ava interpretaba el papel de una chica que es utilizada por el doctor Gillespie para que intente seducir a Van Johnson, un joven interno que quiere convertirse en ayudante de Gillespie. Su fuerza de carácter es puesta a prueba. Ava consiguió figurar por primera vez en los títulos de crédito con *Three Men in White*, y aunque el director Willis Goldbeck la ayudaba pacientemente, Ava acudió a Mickey antes de que empezara la producción. Él estuvo más que encantado de ayudarla y permaneció en el plató hasta que la película hubo terminado. La prensa les sorprendió en un restaurante y les preguntaron sobre una posible reconciliación.

–No podía vivir sin Mickey y supongo que a él le ocurría lo mismo –comentó Ava.

–Todavía sigo enamorado de Ava y espero que podamos volver a estar juntos. Los dos somos jóvenes y tenemos mucho que aprender –dijo Rooney con una sonrisa radiante y sin soltarle la mano.

–Fue un período muy confuso en la vida de Ava –recordó un amigo de los dos–. La muerte de su madre fue un golpe terrible.

Habían estado muy unidas y Ava lamentó no haber estado con ella en sus últimos momentos. Perder simultáneamente a la madre y al marido fue muy duro para ella. Cuando le dieron su primera gran oportunidad en la película de Gillespie, sintió que necesitaba a Mickey. Así de sencillo. Cuando ella dijo: «No puedo vivir sin Mickey», se refería al hecho de enfrentarse a la cámara. Quizá se estaba engañando a sí misma de nuevo, creyendo que podrían intentarlo otra vez. Todo lo que sé es que cuando la película se acabó, también se acabaron las posibilidades de reconciliación.

El preestreno de *Three Men in White* tuvo lugar en el Cine Village de Westwood y fue un gran éxito. *The Hollywood Reporter* dijo: «Marilyn Maxwell y Ava Gardner, dos jóvenes y nuevas bellezas, están magníficas y sus cualidades interpretativas deberían hacer que el estudio se sintiera muy satisfecho de ellas.» Otros críticos también la alabaron. Pero Bosley Crowther, del *The New York Times*, escribió que Ava era «guapa pero muy sosa».

La MGM estaba complacida con el resultado de su trabajo y le dio un papel en *Maisie Goes to Reno*. Ann Sothern encarnó a la obstinada buscadora de ora Maisie en diez comedias dramáticas de la MGM. Ava hizo el papel de la esposa millonaria de Tom Drake. Sus escenas requerían poco más que un porte distinguido, lo que sacó a la luz su altiva elegancia natural.

A pesar del éxito, la opinión que le merecía Hollywood no había cambiado: seguía siendo una ciudad aburrida con palmeras marchitas, insulsos edificios de colores rosa y blanco llenos de personas que fingían ser lo que no eran y pomposos cines que apestaban a pasado.

Pensaba que sus papeles eran insulsos y aburridos. En algunas ocasiones habló de volver a Carolina del Norte y convertirse en secretaria. Qué sencillo y agradable sería conocer a un chico agradable que trabajara de nueve a cinco, casarse y cuidar de los niños... Bappie sabía que ya era demasiado tarde para que ocurriera algo semejante.

Mickey cenó con Ava una noche antes de viajar en un tren del ejército con rumbo a Fort Riley, Kansas. Quería que ella le fuera a despedir por la mañana.

–¿Por favor, irás? –le suplicó.

–No lo sé –respondió Ava–, pero te estaré esperando, Mickey.

–¿Qué?

–Te estaré esperando cuando salgas del ejército –repitió Ava.

Ava no acudió a la estación el 15 de junio de 1944. Quizá fuera mejor así. Los observadores dijeron que resultaba muy gracioso ver a Mickey llevando una bolsa de lona de un metro y medio, casi del mismo tamaño que él, pero Rooney era el más feliz de los quinientos reclutas que tomaban el tren ese día. ¡Ava había prometido que le esperaría! ¿Cómo iba a saber que Ava había tomado prestada esa frase de cualquier guión escogido al azar entre cien películas de guerra?

Mickey le escribió todos los días y ella contestó cada carta. Según fueron pasando las semanas, él recibió alguna carta suelta y después nada en absoluto.

–Escribí, escribí y escribí –dijo él.

Y entonces llegó la llamada telefónica que le destrozó el corazón.

–No quiero que me escribas más –le dijo ella.

–Hola, Ava, cariño. ¿Qué has dicho?

–No me escribas más. Se acabó. Adiós, Mickey.

–¡Dijiste que me esperarías! –exclamó él–. Te quiero. Yo...

–Adiós, Mickey.

Mickey se echó a llorar. Repasó los recuerdos, tanto los buenos como los malos. Luego, por primera vez en su vida, buscó el consuelo de la botella.

Ava Gardner declaró que tras su divorcio con Rooney se sentía la chica más sola de este mundo. Casi todas sus citas tenían como único propósito conseguir que su nombre apareciera en las columnas de chismes de las revistas, que era lo que la MGM esperaba. El abogado Greg Bautzer pudo haber sido una excepción. Era un apuesto soltero y muy conocido en la ciudad. Lana Turner se enamoró locamente de Greg y éste le regaló un pequeño diamante en prueba de su amistad. En aquel momento ella sólo tenía 19 años y cuando conoció al maduro y elegante abogado era virgen. Lana oyó el repicar de las campanas de boda hasta que Joan Crawford las hizo callar. Ella también había estado saliendo con Greg. Mantuvieron un apasionado romance de adultos que duró varios años. Greg hasta se rompió una pierna al caerse del rosal por el que había trepado intentando llegar a su dormitorio.

–Dios, qué romántico... –le dijo Joan a un amigo.

La señorita Crawford le llevaba quince años de ventaja a Lana y pensó que sería mejor tener unas palabras con ella para evitar malos entendidos. La Turner, despechada, se casó con Artie Shaw.

Ava fue vista en compañía del cantante y bailarín Billy Daniels y del actor John Carroll. Pero esos devaneos significaban muy poco para ella. Por las noches se sentía bien en casa con Bappie, pese a que le costaba dormir. El insomnio sería uno de sus grandes problemas, aunque con el tiempo lo curaría no acostándose en toda la noche.

Sus amigos del estudio querían concertarle citas. Ava no estaba interesada, hasta una tarde en que se sintió particularmente sola.

–¿Dónde y a qué hora? –le preguntó a una amiga.

–En mi casa. Nos iremos juntas desde aquí.

Como por arte de magia, la casa estaba dispuesta para una cena cuando ellas llegaron. El acompañante sorpresa de Ava era justo lo contrario de Mickey Rooney. Era un hombre moreno, muy alto y delgado, callado y vestía con sencillez. Mantuvieron una breve pero interesante conversación y él se marchó después de los postres.

–Howard se quedó muy impresionado contigo –le dijo su amiga.

–¿Howard qué? –preguntó Ava.

–¡Howard Hughes!

–¿El millonario?

–Cuando accediste a cenar en mi casa, llamé a Howard y él se encargó de hacer todos los preparativos porque tenía muchas ganas de conocerte.

–¿Por qué no llamó él mismo para concertar la cita? –preguntó Ava.

–La primera vez siempre se lo pide a otra persona –contestó su amiga.

Howard telefoneó a Ava para salir a cenar unos días más tarde. Ella eligió un ajustado vestido de noche para la ocasión. Howard fue a recogerla vestido de manera informal. Su viejo Chevrolet estaba aparcado en la esquina. Hughes era un hombre que no se molestaba en explicar su preferencia por los «Steakhouses» apartados y las hamburgueserías. Su idea de una velada agradable era ver una película en su sala de proyección privada y tomar una cena ligera.

Lana Turner, que entraba y salía en la vida de Ava, le había echado el ojo a Howard. En una entrevista con el reportero James Bacon, Hughes no negó la historia de que Lana estaba segura de que se casaría con él: Lana había hecho bordar las iniciales HH en sus sábanas de seda. Pero Hughes afirmó que no tenía intención de casarse.

–¿Por qué no te casas con alguien que se llame Huntington Hartford? –le dijo Hughes cuando ella volvió a sacar el tema de las sábanas.

Howard, que también había nacido la noche de Navidad, tenía cuarenta años cuando conoció a Ava. Se sintió atraída hacia él nada más conocerle. No sólo era alto, moreno y guapo, sino que su timidez despertaba los instintos maternales de Ava. El hecho de que Hughes fuese millonario era lo que menos la impresionaba, pero su dinero sirvió para proporcionarle la libertad y el aislamiento que Ava tanto anhelaba. Pero Hughes era muy posesivo, y esto condujo a muchas discusiones y separaciones.

A Howard se le asoció con muchas mujeres famosas de su tiempo: Billie Dove, Katherine Hepburn, Olivia de Havilland, Ginger Rogers, Ida Lupino, Carole Lombard, Constance Bennett y Bette Davis, por nombrar algunas. La altivez de la Hepburn y la Gardner, que rechazaron sus propuestas de matrimonio mientras había todo un harén de chicas que estaban deseando que les hiciera tal propuesta, le tenía bastante intrigado.

A Hughes le obsesionaban los pechos grandes y Ava los tenía. Por extraño que parezca, Hughes nunca tuvo ninguna relación íntima con Jean Harlow y Jane Russell, sus dos descubrimientos famosos por su busto, porque no le gustaba mezclar los negocios con el placer. Después de *Hell's Angels* (*Los ángeles del infierno*) Howard vendió a Jean a la MGM por sólo 60.000 dólares, pero fichó a la Russell por veinte años y 1.000 dólares a la semana, salario que cobraría tanto si trabajaba como si no. Howard se fijó en ella cuando trabajaba como recepcionista en la consulta de su dentista: las extraordinarias dimensiones de su busto hicieron que la convirtiera en la protagonista en *The Outlaw*. Supervisó personalmente su carrera y fue durante el rodaje de *Macao* (*Una aventurera en Macao*) cuando Hughes escribió su famoso memorándum sobre el sostén:

«La línea del vestido alrededor del busto de Jane Russell no está bien diseñada y produce la impresión, no lo quiera Dios, de que lleva un relleno en los pechos o de que son artificiales. Parece como si no se encontraran en un contorno natural. Le da el mismo aspecto que si llevara un sostén hecho de un material muy rígido, que no se adaptara al contorno de sus pechos.

»No estoy recomendando que vaya sin sostén: ya sé que es una parte imprescindible de su vestuario. Pero he pensado que quizá podríamos encontrar un medio sostén que sostuviera sus pechos levantándolos hacia arriba y que no fuese visible a través del vestido o, como solución alternativa, que podríamos usar, un sostén muy fino hecho de un material extremadamente delgado para que el contorno natural de sus pechos apareciera a través del vestido, lo cual resultaría mucho más eficaz.

»Dejando aparte el problema del sostén, quizá haga falta arreglar el busto del vestido para que se adapte de una forma más natural a los contornos que debe realzar.

»También sería de extremada utilidad que el sostén, o el vestido, llevara incorporada alguna clase de punta en la parte del pezón, porque sé que en el caso de Jane Russell éste no destaca de una forma natural. En ese punto concreto sus pechos siempre producen la impresión de ser redondos o achatados y, por lo tanto, creo que sería altamente deseable que se llevara a cabo tal incorporación sin destruir la línea del resto de sus pechos.

»Además, y siempre que sea posible, quiero que lleve vestidos con mucho escote para que los espectadores puedan echarle una buena mirada a la parte de Jane Russell que pagan para ver y quiero que esa parte no esté cubierta con tela, metal o cualquier otra sustancia.»

»Por lo demás, tanto Jane Russell como Joyce MacKenzie estaban mascando chicle. Lo rechazo firmemente, pues estoy convencido de que puede resultar atractiva mientras realiza tal acto.»

–Howard creía que diseñar un sostén era tan fácil como diseñar un avión –comentó la Russell–. Lo intentó, pero nunca usé su sostén. Howard sabía diseñar aviones, pero no cabe duda de que no era el señor Playtex. Usé mi propio sostén. Nunca notó la diferencia.

Howard Hughes nació el 24 de diciembre de 1905 en Houston, Texas. Su padre creó el taladro petrolífero que convirtió la Compañía de Herramientas Hughes en una leyenda. Los perforadores acudieron a él por docenas, pero Howard padre no estaba dispuesto a vender sus taladros. Decidió alquilarlos, y esa decisión le proporcionó millones de dólares.

El pequeño Howard fue enviado a la Fessenden School en West Newton, Massachusetts, que le prepararía para ingresar en Harvard. El ambiente de esa escuela era bastante rígido y Howard no se sentía a gusto en ella, por lo que su padre le matriculó en la Thatcher School de Ojai, California. Su tío Rupert Hughes, un novelista que acabó escribiendo para la pantalla, le enviaba una limusina los fines de semana, lo cual resultaba muy emocionante para un muchacho de diecisiete años que nunca había visto tantas chicas bonitas. Sus visitas a los estudios también eran fascinantes y en los platós Howard no sólo observó a las actrices ligeras de ropa, sino que también le prestó atención a los complejos misterios de la técnica cinematográfica.

En 1922 su madre murió en el quirófano mientras se le practicaba una operación de abdomen. Dos años más tarde su padre tuvo un ataque de corazón que resultó mortal.

Howard Hughes sólo tenía dieciocho años cuando compró los intereses de la familia por la módica suma de 325.000 dólares. En junio de 1925 se casó con una debutante de Houston llamada Ella Rice «para probar que soy un hombre responsable», diría. Hughes tenía diecinueve años. Ella tenía veintiuno.

Hughes no tardó en hartarse de la compañía y el matrimonio se trasladó a Hollywood, instalándose en el Hotel Ambassador. Howard necesitó tres años para rodar *Hell's Angels (Los ángeles del infierno)*, que empezó siendo una película muda. La volvió a rodar con sonido y la estrenó en 1930. Howard no asistió al estreno y Ella tampoco. Se divorció de Hughes recibiendo una indemnización de 1.250.000 dólares.

El dinero para sus proyectos cinematográficos y los pagos de la pensión alimenticia salía del salario y los dividendos que le pagaba la compañía de Herramientas Hughes. Después de abandonar Houston Howard nunca volvió a poner los pies en las oficinas de la compañía fundada por su padre.

Hughes se enamoró de la actriz Billie Dove y le ofreció 325.000 dólares a su marido para que se divorciara de ella, pero nunca llegó a casarse con Billie.

Después de separarse, tuvo una intensa relación con Katherine Hepburn. Hughes le enseñó a pilotar aviones y durante algunos años su romance fue ampliamente aireado por la prensa. En 1938 Hughes dio la vuelta al mundo en noventa y una horas de vuelo, instaurando un nuevo récord. Hughes despegó del aeropuerto Bennett de Brooklyn y se desvió hacia el oeste para inclinar sus alas sobre la casa de la Hepburn, en Connecticut. Sólo se mantuvo en contacto con ella y con el hombre encargado del cuartel general de su campo de aviación.

La independiente Katherine no tenía muchas ganas de casarse, pero llevó a Howard a casa para que conociera a sus padres. Por parte de Hughes la elección resultaba bastante curiosa, porque ella no era el tipo de voluptuosa belleza que le solía gustar. Aun así, su romance con Katherine fue uno de los más largos y serios que tuvo pero Howard acabó cansándose de esperar y empezó a salir con Olivia de Havilland.

–Por suerte no llegamos a casarnos –dijo ella después.

La relación de Hughes con Bette Davis fue, según ella, más terapéutica que romántica. Hughes se consideraba poco atractivo y el problema llegó a ser tan grave que en 1938 sufrió varios episodios de impotencia. Bette le ayudó a superar su problema en casa, pero no sabía que su celoso marido había instalado micrófonos ocultos. Ham Nelson chantajeó a Howard pidiéndole 75.000 dólares. Hughes contrató a un gángster para que matara a Nelson, quien a su vez informó a la policía de que si era asesinado Hughes sería el responsable. Howard pagó el dinero del chantaje para evitar la publicidad. Bette pidió un préstamo y le devolvió el dinero. Se dice que él le enviaba una flor cada año en la fecha del pago.

Ese cabrón aceptó su dinero –dijeron los chismosos de Hollywood–. ¿Quién demonios necesita una flor para que le recuerde un incidente tan desagradable?

En 1944 Hughes controlaba los intereses de la Trans World Airlines y cuatro años más tarde compró la productora RKO Pictures. Hughes cerraba sus tratos comerciales en coches o en cuartos de baño con el grifo abierto para librarse de los oídos indiscretos. Tres accidentes de aviación le afectaron física y psíquicamente, aunque la lesión más perceptible que sufría cuando conoció a Ava Gardner era una sordera parcial.

Hughes estaba interesado en las mujeres recién divorciadas: las «cubiertas mojadas», como él las llamaba. Fue detrás de Ava cuando ésta dejó a Rooney, tal y como había perseguido a Lana Turner después de su divorcio de Artie Shaw y a Susan Hayward cuando rompió con Jess Barker. Hughes tenía una considerable reputación de virilidad, pero se ha discutido bastante sobre sus auténticas habilidades en la cama. Hughes tenía miedo de que si invertía una parte excesiva de sí mismo en el amor acabaría consumiéndose. Con la mayoría de sus mujeres se trataba de cobrar la presa y salir corriendo, pero si se concentraba en una chica por un período largo de tiempo, era un magnífico amante. Mantenerse fiel a una sola mujer le resultaba muy difícil pero Howard tenía la intención de poseer a Ava y ella no se resistió. La hacía vigilar por guardaespaldas mormones las veinticuatro horas del día. Aunque Hughes alquiló una casa para ella en Hollywood, Ava solía quedarse con Bappie en Westwood, y asistía al estudio cada mañana.

Howard y Ava volaban a Méjico frecuentemente en su Boeing Stratoliner privado, con un dormitorio en la parte trasera, bar, cómodos sillones y sofás. Como Howard no bebía, nunca tenía licores a bordo. Desde luego, Ava nunca había conocido a nadie como Hughes...

–Te lo pone muy fácil. Basta con apretar un botón y aparece un avión para llevarte a donde sea –decía Ava–. Otro botón y ahí tienes la suite de un hotel esperándote. Si quieres tranquilidad y estar sola, él se encarga de que lo estés. Es el tipo ideal para una chica de Carolina del Norte.

Hughes le hizo regalos caros, incluido un Cadillac. La llamaba todos los días, pero sus citas eran privadas. La única foto donde aparecen los dos fue tomada durante un combate de boxeo del peso pesado Joe Louis, aunque su romance no fue ningún secreto. La relación se prolongaría con intervalos durante más de una década. Los dos poseían una gran energía sexual y preferían las noches tranquilas en casa, pero Hughes se dedicaba a los negocios con tanta intensidad como a las mujeres, quizá todavía más, y sus largas ausencias dejaban a Ava tan sola como el día en que lo conoció. Era muy consciente de la presencia de los guardaespaldas y le costó un tiempo dar con un truco que le permitiera salir de la casa sin ser vista. En diciembre de 1944 Hughes estaba en Nueva York y Ava fue al Mocambo acompañada por unos amigos entre los que había un torero mejicano. Después de pasar la noche bailando y bebiendo acabaron en la casa que Hughes había alquilado para Ava. Instaló al torero en un dormitorio del piso de arriba y se acostó en el sofá. Por la mañana el torero la llamó a gritos y Ava fue corriendo al dormitorio. El torero estaba hecho una furia porque Ava no había dormido con él.

–Te prepararé el desayuno y luego te sentirás mejor –le dijo Ava sin perder la calma.

El torero le dio un empujón y Ava cayó rodando por las escaleras. Se hizo la muerta, él se asustó y corrió hacia la puerta, cruzándose con Hughes mientras se marchaba.

Howard se enfadó muchísimo y quiso echarla de la casa.

–¿Cómo has podido traer otro hombre a esta casa? ¡Vete ahora mismo!

La acusó de beber demasiado y ella soltó una retahíla de tacos. Hughes giró sobre sí mismo y la abofeteó con tanta fuerza que le dislocó la mandíbula. Cuando él se volvió para marcharse, Ava cogió el primer objeto metálico que encontró y la golpeó con fuerza. Los guardaespaldas de Howard la llevaron al coche y al día siguiente Ava y sus cosas acabaron en el apartamento de Westwood.

Howard le envió cientos de rosas y gardenias. Le ofreció el mundo entero, y cuando ella consintió en verle, la llevó a Tijuana en avión: había reservado todo un restaurante exclusivamente para ellos. Aunque Hughes conducía coches viejos, ordenó un Cadillac nuevo para regalárselo a ella como obsequio de Navidad. Le dijo que podía pedirle lo que quisiera para su cumpleaños. Sabiendo que su petición era imposible pero deseándola de todas maneras, le dijo: «¡Quiero un barril lleno de helado de naranja!» Dos horas más tarde una gran limusina se paró delante del apartamento de Westwood y un chófer le entregó a Ava un enorme barril de helado de naranja acompañado por una nota donde se leía: «Con amor, Howard.»

Cuando su Cadillac necesitó ser reparado Howard le dijo que lo llevara a la Hughes Aircraft y que él lo revisaría personalmente. Volvieron a discutir por cosas triviales. Antes de reconciliarse Ava recibió la llamada de que su coche estaba listo. Lo recogió, condujo dos kilómetros y el motor se estropeó.

–Ese hijo de puta me dijo que estaba arreglado –le comentó a unos amigos.

Para fastidiarle insistió en que la llevara a la fiesta de fin de año del productor Sam Spiegel.

La fiesta estaba llena de celebridades, pero nadie estaba demasiado absorbido u ocupado para dejar de notar quién coqueteaba o seducía a quién. Películas y chismorreos eran las principales ocupaciones de Hollywood. Ava Gardner llegó acompañada de Howard Hughes pero en cuanto se dio media vuelta, Howard empezó a prestarle atención a una chica recién llegada a la ciudad. Shelley Winters había comido demasiado y le pidió que desabrochara la parte de atrás de su vestido. Hughes trató de ser amable, pero la cremallera se enganchó en el chal. Cuando llegó la medianoche ella se echó en sus brazos y le besó deseándole un feliz año nuevo.

Ava estaba en uno de los dormitorios que había sido reservado como tocador y guardarropa de las señoras para la fiesta. Ella y una aburrida Rita Hayworth se durmieron debajo de una pila de abrigos de visón y de marta que había encima de la cama, mientras esperaban que llegara una limusina que las llevara a casa.

Howard dio por supuesto que Ava se había ido a otra fiesta, por lo que se concentró en Shelley.

Para Ava todas las fiestas de Hollywood eran iguales. Las esposas se peleaban con las amantes mientras los maridos hacían negocios y buscaban escotes más abundantes. Siempre había alguien que se tiraba a la piscina completamente vestido. Nuevos amores nacían mientras que otros se desintegraban. La fiesta de Spiegel acabó después del desayuno.

El soldado Mickey Rooney seguía en el campamento Seibert, cerca de Birmingham, Alabama, intentando no dejarse afectar por los artículos acerca de su ex esposa y el millonario.

–Estaba dolido y me sentía muy solo, extendí los brazos y encontré consuelo –dijo.

El 30 de septiembre de 1944 se casó con Betty Jane Rase. Cuando nació su hijo, Mickey estaba fuera del país. Rooney no recuerda gran cosa del noviazgo (que sólo duró siete días) porque en aquella época estaba bebiendo mucho.

–Había tomado la determinación de casarme con alguien –dijo.

Fue licenciado del ejército en 1945, volvió a casa ¡y descubrió que su esposa de diecisiete años había crecido cuatro dedos! Rooney trató de que el matrimonio funcionara, pero todavía estaba enamorado de Ava.

Tres años más tarde Rooney pagó un precio muy caro por el divorcio: 12.500 dólares como manutención anual durante diez años, 25.000 por una nueva casa para Betty Jane y 5.000 al año para mantener al niño.

Durante dos años Ava salió exclusivamente con Hughes.

–Howard no era mi sueño dorado –diría cuatro décadas después–. No estaba enamorada de él.

–Retrospectivamente quizá tuviera razón, pero en 1945 Ava sólo había tenido relaciones íntimas con dos hombres: Rooney y Hughes. Inmadura y poco sofisticada, no tenía ni idea de lo que era el amor. ¿Era ponerse de tiros largos para ir de copiloto de Howard y volar hacia un destino desconocido? ¿Era la bandeja cargada de diamantes y perlas con la que había aparecido en alguna ocasión? «Escoge», le decía. Según Noah Dietrich, vicepresidente de la Compñaía de Herramientas Hughes, para su jefe Ava no era más que un gran par de tetas y un buen polvo. Pero su indiferencia y su fuerte temperamento atraían a Howard y Ava encontraba atractiva la brillantez y buena presencia de Hughes.

Pasaron muchas noches en su casa de Bel Air, donde el criado se encargaba de servirles una cena sencilla. Ava se zambullía en su piscina cubierta, se retiraba temprano y se despertaba al alba para ir al estudio. A pesar de todo, Ava llevaba las de perder en esta peculiar relación. Aunque necesitaba a alguien como Hughes, generoso y capaz de protegerla, Howard resultaba demasiado posesivo. Ambos necesitaban su libertad. Él estaba muy ocupado con sus negocios, sus aviones y sus películas. Ella tenía su válvula de escape en los clubs nocturnos, lugares difíciles de frecuentar mientras fuera seguida por los guardaespaldas mormones de Howard.

Cuatro años en Hollywood le trajeron a Ava poca felicidad. Estaba encadenada a la Metro y liada con un magnate, pero a nadie le importaban sus sentimientos. Le habían dado papeles pequeños en la Metro. Sus interpretaciones estaban mejorando, pero no lo bastante para conseguir papeles de protagonista. Los meses pasaban y Hughes estaba más y más absorbido en su avión XF-11 de reconocimiento fotográfico, un proyecto que le habían encargado las Fuerzas Aéreas. Ava también quería alas y se iba a Ciro o al Mocambo, sola o con Lana Turner. Cuando llegaba la hora de cerrar su grupo daba una fiesta en casa de alguno de ellos hasta el amanecer. Mientras los demás se quedaban dormidos o salían corriendo para ir a trabajar, Ava se sentía completamente despierta y fresca.

Nada de cuanto hacía llegaba a rozar el escándalo o el mal comportamiento. Ava bebía, pero no se emborrachaba. Tampoco salía corriendo en medio de la noche con ningún hombre. Ava y sus amigos intercambiaban chistes, reían y bailaban. L. B. Mayer tenía poco de qué quejarse salvo el hecho de que Ava «se exhibía por la ciudad» sin un acompañante. Probablemente a Ava Gardner eso le importaba un comino. Cuando comprendió que sus intentos de que la MGM valorase sus cualidades estaban condenados al fracaso la opinión que el estudio pudiera tener de su vida privada dejó de importarle. Sentía lo mismo con respecto a Hughes. Si él se quedaba en casa Ava también se quedaba. Pero tanto Howard como el estudio estaban molestos con el comportamiento de Ava. La Metro la puso en la lista de artistas contratados para ceder a otras productoras, lo que significaba que Ava estaba disponible para trabajar en otros estudios, por un determinado precio, sin que hubiera necesidad de obtener su consentimiento. El siguiente paso era no renovar su contrato.

Hughes quería mantener a Ava, pero ella rehusó. ¿Cuántas chicas tenía escondidas esperando a que él las llamara? Howard pagaba sus gastos y si la dejaba cenar fuera de casa sus guardaespaldas cumplían la función de acompañantes. Aquellas chicas tomaban clases de interpretación, de baile y de canto, pero nunca se les ofrecía una prueba. Cuando compró la RKO Hughes no les ofreció ningún contrato. A finales de los años cuarenta Gina Lollobrigida fue una de sus víctimas. Se la mantenía encerrada como si fuese una prisionera y no le dejaban ver a nadie. Gina, que estaba casada con un dentista italiano y era feliz en su matrimonio, acabó escapándose y volvió a casa.

El contrato de Ava con la MGM evitó que Howard causara escándalos. Irónicamente, la clara atención que le prestaba a la ex señora Rooney complacía al estudio e hizo que su nombre siguiera saliendo en los periódicos. Para el público su relación era seria, espectacular y atractiva. La Metro enfatizó las propuestas de matrimonio de Howard y los rechazos de Ava. Cuando iba sola a los clubs nocturnos, el estudio se las arreglaba para que la fotografiaran con algún soltero popular que también trabajaba para la Metro.

Estando una noche en el Mocambo, se le acercó Philip Yordan, que estaba escribiendo un guión para la United Artists, *Whistle Stop*. Le preguntó si le interesaba interpretar el papel protagonista junto a George Raft. Ava no había sido su primera elección para la película, ya que varias actrices habían rechazado el papel y la MGM sólo quería 5.000 dólares por prestarla a otro estudio. Interpretaría a Mary, una mujer de oscuro y misterioso pasado que vuelve a una pequeña ciudad industrial de Illinois con un apeadero donde el tren apenas se detiene unos instantes y en donde vive su amante (George Raft), que se ha convertido en un holgazán y un borracho. El dueño del único bar-hotel de la localidad se siente fuertemente atraído hacia Mary, y su desanimado amante casi se ve forzado al robo y al asesinato por un empleado del bar.

El director de la película, Leonide Moguy, en seguida se dio cuenta de que Ava era un producto de Lillian Burns, profesora de interpretación de la MGM, pero confiaba en conseguir una actuación natural de ella: ensayaría pacientemente con Ava hasta que se relajara. Esto le llevó a Moguy más tiempo del que pensaba, porque sin enterarse de nada, Ava consultaba con la Burns cada mañana antes de llegar al plató sin que él lo supiera. Moguy tenía el encanto suficiente para calmar a Ava y conseguir que fuera ella misma. Admitió que Lillian Burns era una gran profesora de arte dramático pero una actriz debía asumir el control de sí misma para dejar que sus cualidades naturales salieran a la luz. Claro que eso no era tarea fácil... Para Ava era como mezclar agua y aceite tenía que encajar las ideas que hervían en su cabeza con todo lo que le habían enseñado. Moguy no se dejó amilanar. Hubo que repetir muchas tomas y aunque Ava empezó a «sentir» el personaje de Mary, estaba muy tensa y nerviosa. Hubo noches en blanco, dudas, y miedo al fracaso.

Yordan insinuó que ni Ava Gardner ni George Raft sabían actuar. Eran tan malos que acabó viéndose obligado a reescribir toda la escena inicial, cuando Ava está inmóvil en el apeadero llevando un abrigo de visón y un anillo de diamantes.

–No lograban pronunciar el diálogo –dijo Yordan–, así que nos las arreglamos con unas escuetas preguntas y respuestas:

Raft: ¿Qué es eso?

Ava: Un anillo.

Raft: ¿Dónde lo conseguiste?

Ava: En Chicago.

Raft: ¿Quién te lo dio?

Ava: Un hombre.

Raft: ¿Qué hombre?

Whistle Stop se terminó en seis semanas. La United Artists decidió preestrenarla sin mucha publicidad en un cine de Pomona. Ava entró a hurtadillas en la sala con gafas de sol y un pañuelo en la cabeza. Estaba horrorizada. Su interpretación era rígida y carecía de garra, pero cuando besó a Raft con la boca abierta el público masculino reaccionó en seguida. «¡Qué señora!» o «¡Dios mío, es soberbia!». Ava esperaba lo peor, pero a lo largo de la proyección vio cómo los hombres se iban irguiendo en sus butacas, fascinados por lo que veían en la pantalla. Se dio cuenta de que no era sólo su interpretación lo que hacía vender entradas en la taquilla. Ava les daba lo que querían, hablara o no. Por fin comprendió a Moguy y lo que intentaba conseguir. Ava quería ser algo más que un mero objeto sexual, pero sabía que si quería seguir en Hollywood tendría que resignarse a ello.

Para sorpresa de todos, las críticas fueron buenas. *Motion Picture Herald* dijo: «Con la dinámica de Gardner y Raft dentro, *Whistle Stop* no resulta nada aburrida.» *Variety* escribió: «Ava

Gardner realiza su mejor trabajo hasta la fecha como la chica que desea recuperar su amor.»

Ava volvió a la Metro con la cabeza muy alta, pero siguió estando en la lista de intérpretes prestados.

–Nunca les interesé demasiado –se lamentó–, pero no creo que la culpa fuera toda suya.

SIETE

Artie

David Arshawsky nació en Nueva York, en el barrio del Bronx y creció en la parte baja del lado este de la ciudad. A los veinte años ya era uno de los mejores directores de orquesta y clarinetistas de toda Norteamérica. Alto, moreno y elegante, de gran cultura y capaz de triunfar en casi todo lo que se propuso, llegó a casarse y divorciarse siete veces antes de cumplir los cincuenta años. Artie Shaw también era un donjuán irresistible. Hechizó y sedujo con facilidad a algunas de las mujeres más bellas de Hollywood. Pero tenía un ego tan descomunal como su atractivo, y podía llegar a portarse de manera realmente tiránica. Cuando hablaba por primera vez con una mujer siempre le soltaba la misma frase: «Eres perfecta en todo salvo en una cosa.»

Judy Garland le conoció y se enamoró de él antes de trabajar en *The Wizard of Oz (El mago de Oz)*. Mientras la Dorothy de diecisiete años de la MGM avanzaba dando saltitos por el sendero de ladrillos amarillos acompañada por un hombre de hojalata, un león y un espantapájaros, Artie empezó un romance con Betty Grable, quien planeaba casarse con él después de divorciarse de Jackie Coogan. Para desgracia de Betty (o, quizá, por suerte) tuvo que esperar un año a que el divorcio fuera definitivo. Mientras tanto actuó en Broadway representando *DuBarry was a lady*, a cinco mil kilómetros de Judy, que estaba haciendo manitas con Mickey Rooney en *Babes in arms (Los hijos de la farándula)*.

En otro plató de la MGM, Lana Turner estaba rodando *Dancing Co-ed*, donde actuaban Artie Shaw y su orquesta. Cuando éste se quejó a los reporteros diciendo que Hollywood le daba asco, el equipo técnico y los intérpretes de la película llegaron a la conclusión de que era un pretencioso egoísta. Lana también le odiaba. Shaw no se dejó afectar por tantas emociones: se fue a Méjico al terminar *Dancing Co-ed*, volvió y empezó a buscar a Lana, que ya se encontraba rodando otra película. Lana le examinó con más detenimiento y consintió en prestarle un poco de atención, ya que Artie era tan encantador y considerado. Lana, que apenas tenía diecinueve años, se sintió atraída hacia aquel hombre inteligente y sensible cuyo único deseo era tener hijos y formar un hogar. Divorciado dos veces, Shaw estaba dispuesto a probar suerte de nuevo.

Artie concertó una cita con Lana. Se fueron a pasear en coche cerca del mar cogidos de la mano. Unas horas más tarde fletaron un avión con rumbo a Las Vegas. Artie le dio un beso. El 9 de febrero de 1940 los titulares de los periódicos decían: ARTIE SHAW SE CASA CON LANA TURNER.

Betty Grable dio un alarido: «¡Ese hijo de perra! ¿Quién se cree que es para hacerme esto?» La futura chica de las portadas de revista tuvo su primer aborto no mucho después de este acontecimiento.

Judy Garland lloró.

El matrimonio Shaw no llegó a durar un año. Durante la separación, Lana llamó a Artie para decirle que iba a tener un hijo. Artie afirmó que no era suyo. Lana, como Betty, tuvo *su* primer aborto.

Después de su divorcio de Turner, Artie contrajo granulocitofenia, una rara enfermedad de la sangre que debilita las células blancas y que suele ser fatal. Luchó contra ella y se recuperó justo a tiempo para la segunda guerra mundial. Todavía débil, se alistó en la Marina y recorrió las bases militares de los mares del Sur y Australia acompañado por su orquesta. En 1944 Artie se derrumbó tanto mental como físicamente y fue licenciado por motivos de salud.

–Me encontraba en un estado desastroso –dijo–. Era como si me hubiese perdido a mí mismo.

Desesperado, acudió a la psicoanalista May Romm, a quien visitaba tres veces por semana. No cabe duda de que la insolencia y el amor propio de Shaw le servían de alimento a su orgullo. Formó otra orquesta y empezó a ordenar su vida con la ayuda de Romm.

La relación de Artie con las mujeres era muy compleja. Exigía perfección, pero siempre se las arreglaba para encontrar una falta. «El verde tampoco es tu color», le decía con tono jovial a una chica que llevaba puesto algo rosa. ¿Era un comentario o un insulto? Cualquier mujer con un gramo de curiosidad sentiría deseos de averiguarlo. Aparte de su expresiva apostura Shaw tenía una gran presencia física, como Gable y Flynn. Cuando entraba en un lugar la gente se le quedaba mirando, pero a diferencia de lo que ocurría con Gable y Flynn, Artie era capaz de reforzar el impacto de su atractivo con una gramática impecable y un buen conocimiento de la historia y los asuntos de actualidad. Cuando hablaba o escuchaba, tenías la impresión de que sus pensamientos iban mucho más lejos del limitado alcance reservado a la mayoría.

Que su subconsciente pretendiera cambiar a todas las mujeres a causa del poco afecto que sentía por su madre, viuda, de ascendencia judía, es una conjetura que sólo su psicoanalista puede confirmar o desmentir. Una vez la señora Arshawsky amenazó con tirarse por la ventana en el curso de una discusión. Artie dijo que bajaría a la calle para ver cómo lo hacía. En otra ocasión, bromeando, le dijo a Betty Grable que tirara a su madre por la ventana de un hotel. A la señora Grable, que era una auténtica madre de artista, la sugerencia no le hizo ninguna gracia y le cogió una considerable manía a Shaw. Betty, sin embargo, le dijo a un amigo que después de la sugerencia de Artie había sentido un impulso casi irresistible de matar a su madre.

Cuando le presentaron a Ava en 1945, Shaw todavía no se había recuperado de sus desórdenes nerviosos, aunque estaba empezando a salir del bache, tanto en lo mental como en el terreno financiero y profesional. El inflexible Artie se consideraba un hombre a prueba de calamidades y si él tenía necesidad de analizarse, el resto del mundo lo necesitaba todavía más que él.

Ava era una fan de Shaw. En su colección había discos suyos tan inolvidables como «Dancing in the dark», «Copenhagen», «The Back Bay Shuffle», y «Beguin the beguine». Iba a ver sus actuaciones, escuchaba y bailaba su música... Era una de las miles de chicas que se sentían atraídas hacia el alto y moreno director de orquesta.

Artie fue presentado a Ava en el Mocambo y se enamoró de su belleza. Ella se quedó subyugada por su presencia. Después de varias citas, Ava se mudó a la casa de Shaw en Bedford Drive, cerca de Sunset Boulevard. Sus amigos decían que había sucumbido completamente a su encanto. Bappie hizo todo lo que pudo para disuadir a su hermana de tan escandalosa decisión. El estudio se enfureció, pero el departamento de publicidad convenció a los columnistas de chismes que no publicaran la verdad porque «es algo transitorio». L. B. Mayer hubiera rescindido su contrato si no hubiera estado casada con Mickey Rooney, lo cual era una buena razón para mantener su reputación sin mancha. En ese momento la MGM no le ofrecía papeles, ni buenos ni malos. Ava iba cada día al estudio y cada día le costaba más presentarse allí. Estaba entregada a Shaw, quien pensaba que el sistema de los estudios era una institución degradante. Convenció a Ava de que ahí se encontraba el origen de su inseguridad, e insistió en que debía visitar a su terapeuta May Romm. Dispuso citas para Ava tres veces a la semana. «Eso acabó de liarme», diría Ava más tarde. Pero en ese momento ella creía que Artie estaba enderezando su vida al cultivar su mente con buenos libros y música clásica. Hasta llegó a considerar seriamente dejar la interpretación.

Shaw se sorprendió al descubrir que Ava sólo había leído un libro: *Lo que el viento se llevó*. Le dio a leer obras de Sinclair Lewis y de Aldous Huxley. Ava las encontró aborrecibles. Artie, desesperado, le sugirió que probara con Hemingway. Era la forma de Shaw de mejorar la perfección, pues pensaba que Ava era una de las mujeres más bellas que había visto en toda su vida.

Celebraban veladas a las que asistían los intelectuales amigos de Shaw, gente como William Saroyan, S. J. Perelman y John O'Hara. Las conversaciones del grupo quedaron grabadas en la mente de Ava. No cabe duda de que verse incluida en el grupo la impresionaba y le parecía todo un honor. Mientras los demás discutían de política y literatura, ella permanecía en silencio, porque Artie prefería que estuviese con la boca cerrada. Al principio Ava le dijo que era una situación embarazosa, pero él respondió que una mujer tan encantadora como Ava no tenía que ponerse nerviosa por nada.

No obstante, Shaw insistió para que se matriculara en un curso de literatura inglesa y economía en la Universidad de Los Ángeles. Aunque la MGM no quería que uno de sus artistas contratados se mezclara con la gente, Mayer no protestó. En vez de ello, se aseguró de que en la biografía oficial de Ava Gardner constara que había estudiado en la Universidad de Los Ángeles. A pesar de los esfuerzos de Shaw por crear una belleza intelectual, los libros, la terapia y los cursos de la universidad le resultaban cada vez más pesados.

Desgraciadamente, Artie tenía poca paciencia. Insistía en que no andara descalza delante de otras personas. Para Ava no usar zapatos en casa era una especie de instinto y verla descalza hacía que Artie perdiera los estribos. «¡No es de gente civilizada! ¡Ahora ya no estás en las plantaciones de tabaco!», bramaba mientras sus amigos se iban poniendo nerviosos.

Ava hacía lo que podía, pero eso no era bastante para Artie. Ella no aguantaba sus enseñanzas y tampoco las asimilaba. No podía estar sentada el tiempo suficiente para leer ni tan siquiera una página de un libro. Lo que le gustaba era beber, bailar y reír. Le encantaba poner los pies encima de algo y charlar de los últimos chismes del cine, quién se acostaba con quién, quién era marica y quién estaba esperando el momento adecuado para anunciar su divorcio. Le gustaban las revistas de cine, pero las escondía en el estudio o en cualquier otro sitio donde Artie no pudiera encontrar «semejante basura».

Aunque su relación era cada vez más tensa, Ava no volvió a su apartamento de Westwood. La MGM estaba preocupada por la presión que ejercían la columnista de chismes Luella Parsons y Hedda Hopper, quienes preguntaban repetidamente: «¿Cuándo anuncian la fecha?» Traducción: «No podemos esconder la verdad por más tiempo.»

Los magnates de Hollywood todavía estaban atormentados por un artículo de *Photography* de 1938 titulado «Las parejas sin casar de Hollywood», refiriéndose a las parejas tan famosas como Barbara Stanwyck y Robert Taylor, Paulette Goddard y Charlie Chaplin, Constance Bennett y Gilbert Roland, y Carole Lombard y Clark Gable.

«...para el público no son más que amigos, aunque no hay ningún sitio donde la vida doméstica haya tomado un cariz tan extraordinario como en este grupo de personas carentes de convencionalismos. Se las podría definir como parejas sin casar. Ninguna anfitriona les invitaría por separado. Resuelven sus problemas y sus asuntos de negocios entre ellos, se distraen con las mismas aficiones..., hasta que aconsejan qué ropa deben llevar. Pero para el mundo su posición oficial es la de "sólo amigos". Nada más.

» Robert Taylor y Barbara Stanwyck se podrían casar si realmente lo quisieran. Carole Lombard y Clark Gable, como otras tantas parejas estables, podrían decidirse si pusieran un poco de empeño.

»Nadie todavía, ni siquiera los prodigiosos hombres de Hollywood han inventado algo mejor que la vieja y gratificante institución sagrada del matrimonio; y hasta que aparezca algo mejor, la manera ideal de encontrar la felicidad en Hollywood, así como en cualquier otra parte, es con un cura, una licencia de matrimonio y un puñado de arroz.»

Aunque este artículo sorprendió al público y a Hollywood en 1938, las cláusulas morales en los contratos de cine de 1945 no eran muy diferentes. Los estudios esperaban que las estrellas fueran un ejemplo de verdad y rectitud. Si se divorciaban, la publicidad lo adornaba con corazones destrozados y remordimientos. Las actrices sollozaban en el estrado de los testigos. «Mi marido llegaba tarde a casa. No me hacía caso. Le ponía obstáculos a mi carrera. Quería ser libre.»

Se aceptaba el divorcio, pero no que las celebridades «viviesen en pecado». L. B. Mayer, que después del artículo mandó rápidamente al altar a la pareja Stanwyck-Taylor y negoció el divorcio de Gable para que el actor se pudiera casar con Carole Lombard antes de *Sone With the Wind (Lo que el viento se llevó)*, nunca lo olvidó. Por primera vez una revista de cine se atrevía a desafiar a los todopoderosos magnates de los estudios y, por primera vez, la élite de Hollywood quedaba al descubierto en lugar de ser protegida.

Taylor confesó que prácticamente le sacaron a rastras del plató y le llevaron a San Diego, donde se casó con la Stanwyck. «Todo lo que tuve que decir al respecto fue: Sí, quiero.»

Aunque Gable fue la primera elección para hacer el papel de Rhett Butler, era con la condición de que una de dos: o convertía a Lombard en su esposa o rompía con ella. Todas las estrellas que aparecieran en *Lo que el viento se llevó* tenían que estar libres de escándalo. A Vivien Leigh no se le permitía que fuera vista con su amante, Laurence Olivier. Los dos estaban casados, pendientes de sus respectivos divorcios en Inglaterra. Pero sus antecedentes eran desconocidos para el público americano.

La pureza de los actores compensaba los millones gastados en la producción de *Lo que el viento se llevó* (siete años más tarde, *todas* las películas costaban mucho dinero). Puede que el público fuera un poco más liberal, pero los estudios no estaban dispuestos a correr riesgos, dado que el espectador medio también era un asiduo visitante de la iglesia. Las mentes liberales de Nueva York, Chicago o Los Ángeles eran una minoría. La taquilla vivía del señor y la señora Jones, que residían en el corazón de los Estados Unidos.

Warner Brothers, Paramount, Columbia y 20th Century Fox no eran tan estrictos con sus estrellas. En la creación de diosas virginales y héroes galantes nadie fue tan lejos como la MGM, el estudio por antonomasia.

L. B. Mayer podía haber despedido a Ava por romper la cláusula moral, pero decidió no hacerlo. No sólo estaba protegiendo a Mickey Rooney, sino también a Lana Turner, cuyo fugaz matrimonio con Shaw había hecho enfurecer a Mayer. Lana era la «nueva novia de América» y en 1945 mucho más prometedora como actriz que la Gardner.

Todo Hollywood pensaba que el asunto de Ava con el director de orquesta estaba llegando a su fin. Algunos amigos invitados a sus fiestas fueron testigos de peleas bastante embarazosas: lo normal era que fuese Shaw quien atacaba verbalmente a su amante por no llevar zapatos o poner los pies encima del sofá. Ava se acobardaba y solía marcharse llorando a su habitación. Los observadores se preguntaban por qué, no le pegaba a Artie con algo en la cabeza y le dejaba seco, tal como había hecho con Howard Hughes. La gran diferencia era que amaba a Shaw.

Sus amigos suponían que volvería a casa para refugiarse en los brazos de Bappie. En lugar de esto Ava le anunció a su hermana: «Artie y yo nos casamos la tarde del diecisiete de octubre.» Bappie se quedó pasmada.

La ceremonia se celebró en la casa del juez Stanley Mosk en el 1112 de South Peck Drive, en Beverly Hills. Frances Heflin fue la dama de honor y Hy Craft el padrino. Ava llevó el mismo traje azul oscuro que se puso para su boda con Mickey Rooney.

El que la boda se llevara a cabo sorprendió a todos, porque tanto el novio como la novia se habían pasado el día telefoneando a sus amistades para hacerles partícipes de sus dudas. Artie dijo que sabía que casarse con Ava era un error, pero que no podía hacer nada al respecto. Ava se casó con un hombre que era dominante y no tenía paciencia con su falta de encanto social y su poca cultura. Ser moldeada por el estudio parecía más que suficiente para Ava.

Howard Strickling no estaba dispuesto a admitir que la MGM había sido la instigadora de la boda, pero sus palabras hablan por sí solas: «Fue lo único que pudieron hacer. Todo el mundo sabía que vivían juntos. Si Ava se hubiera quedado con su hermana, el matrimonio quizá no hubiera sido la única solución.»

La boda se celebró en un ambiente algo tenso. Artie pensaba que todo aquello era una ridiculez, pero, como a Mickey, el cuerpo de Ava y su extraordinaria belleza le tenían fascinado. Ella pensó que el matrimonio los acercaría más.

–No teníamos ningún interés común –diría Ava muchos años más tarde–, pero estaba loca por Artie, tanto como lo había estado por Mickey. Pensaba que el amor podía curarlo todo.

El matrimonio Shaw pasó su luna de miel en Nueva York porque Artie tenía que actuar con su orquesta en el Teatro Paramount. Ava tenía mucho tiempo libre para pasear y quería impresionar a su marido, por lo que se dedicó a visitar librerías. Eligió el «best-seller» de Kathleen Windsord, *Por siempre Ámbar*. Artie enloqueció de ira. «¡Si vuelvo a pillarte leyendo una mierda semejante te echo a la calle!»

Irónicamente, la autora Kathleen Windsord sería la siguiente señora Shaw.

Cuando Ava volvió a Hollywood habló con el productor Mark Hellinger sobre la posibilidad de interpretar el papel protagonista en la película basada en el famoso relato de Hemingway *Los asesinos*. Hellinger había visto *Whistle Stop* y pensaba que Ava estaría perfecta como Kitty, una hermosa y traicionera novia de un gángster. Burt Lancaster, un recién llegado que haría su primera aparición en la pantalla, interpretaría el papel del «Sueco», a quien dos hombres van a matar, en una pequeña ciudad de Nueva Jersey.

Hellinger odiaba la idea de tenerle que pedir a Ava que hiciera una prueba con Burt Lancaster, pero ella aceptó encantada. Se fue a casa corriendo con el guión en la mano para darle la buena noticia a Artie.

–Leeremos juntos el relato de Hemingway, y luego te ayudaré a interpretar el diálogo. Kitty no es una fulana corriente, también es una mentirosa muy lista. Afortunadamente tienes un excelente director.

–¿Cómo lo sabes? –le preguntó ella.

–Robert Siodmak es muy buen amigo mío –dijo Artie mientras examinaba el guión–. ¿Cómo demonios te crees que has conseguido el papel?

–Pensé que Walter Wanger y su esposa Joan Bennett le pidieron al señor Hellinger que fuera a ver *Whistle Stop*.

Shaw sonrió.

–Hablé con Robert acerca de ti porque la Universal necesitaba caras nuevas para *The Killers* (*Forajidos*).

–Todavía no he conseguido el papel –dijo ella.

–Naturalmente, tú crees que los Wanger han sido los responsables.

–¿Importa eso? –le preguntó ella.

–A mí sí me importa. ¡Me importa mucho!

–Te creo.

Al día siguiente, Ava y Burt Lancaster hicieron la prueba. Hellinger les paró a la mitad porque supo inmediatamente que ella era perfecta para el personaje. Cuando la Universal dio su aprobación, Ava se puso tan contenta que empezó a abrazar a todos los que estaban presentes en el plató.

–Puede que mi suerte esté cambiando –dijo–. He aprobado mi examen de literatura inglesa ¡y ahora esto!

Pero la Metro se negó a prestarla a otro estudio. Ava se puso furiosa, aunque es poco probable que llegara hasta las oficinas de Mayer. De todas maneras se aseguró de que el enfado que sentía llegara a sus oídos, gritando y quejándose ante cualquiera que quisiera escucharla, ya fuese en la sala de maquillaje, en el vestuario, posando para fotografías bajo el calor de los focos o en descansos de sus clases de interpretación. «¡Cabrones!», siseaba, mientras sus ojos se llenaban de lágrimas.

Hellinger sabía que sólo era una cuestión de dólares. Convenció a los ejecutivos de la Universal para que le ofrecieran mil a la semana a la MGM por cederles a Ava, quien sólo cobraría 350. El trato fue cerrado. Para Ava esta oportunidad era mejor que cien años de psicoanálisis. Su actitud hacia la interpretación cambió de la noche a la mañana. Sabía que Hellinger la había escogido para el papel de Kitty porque tenía fe en su interpretación. Siodmack respetaba a Ava porque creía que era capaz de conseguir algo mucho mejor que sus mediocres interpretaciones anteriores.

Ambos ignoraron su imagen erótica. Ava no necesitaba proyectar algo que a los dos les parecía obvio y trataron de darle confianza con elogios y paciencia. Obraron con ella como si fuese la astuta Kitty, que no podía permitirse el delatarse a sí misma, y le dijeron que no exagerara sus expresiones faciales. Estaba interpretando a una mujer a quien no se le pasaba nada por alto. Sus ojos siempre estaban abiertos y no se andaba con remilgos. Las raras excepciones eran el miedo y el terror. Ava se acordó de cuando Mickey la ayudaba y lo que le había dicho sobre el utilizar los ojos.

Ava, Burt y Edmund O'Brien llegaban cada mañana llenos de entusiasmo para encontrarse con Siodmak, quien les trataba como a estrellas, no como a neófitos. Si sobreactuaban, les explicaba con calma que la cámara era un cristal de aumento y que no había necesidad de exagerar las emociones. Siodmak no metía prisa a los actores. Era amable hasta cuando tenía que ser duro. Al final de la película Ava estaba teniendo dificultades para interpretar a una Kitty histérica que no se parecía en nada al personaje que había bordado hasta ahora. Durante cinco semanas, Siodmak atormentó a Ava día tras día a causa de la devastadora escena en la que disparan a Albert Dekker. Kitty le suplica que diga que es inocente, pero el gángster moribundo es incapaz de mentir a la policía.

–El desmoronamiento de Kitty era el desmoronamiento de Ava, porque realmente quedó extenuada. Quedó rendida, agotada. Estuvo magnífica –observó Siodmak.

Forajidos fue aplaudida por la crítica que elogió la interpretación de Kitty hecha por Ava. Consiguió el premio de la revista *Look* a la actriz más prometedora de 1947 y Ernest Hemingway dijo que era la primera película basada en una de sus obras por la que sentía una auténtica admiración. Ava actuaría en otras dos películas más basadas en novelas de Hemingway. Ava y el escritor llegaron a ser íntimos amigos y aunque a él le fascinaba su extraordinaria belleza, nunca fueron amantes.

Ava volvió a la MGM con la sensación de haber conseguido un gran triunfo, pero Mayer opinaba que *Forajidos* era una película de segunda categoría. Sin embargo, las cartas de admiradores que le habían mandado de la Universal no podían ser ignoradas. Ya no era una *starlet*, pero tampoco era todavía una estrella. No podía cantar, ni bailar y tampoco era la vecinita de enfrente. A pesar de esto, la nueva popularidad que le había proporcionado *Forajidos* hizo que Mayer decidiera invertir dinero en ella. Hizo saber que estaba disponible para un buen papel en la MGM.

Mientras tanto, Ava reposaba en sus laureles. Asistió a clases en la Universidad de Los Ángeles y bostezó durante su terapia.

Artie trabajaba de noche y ella tenía que presentarse en el estudio de día. Se veían muy poco. En el verano de 1946 Ava ya no compartía la cama con su marido.

Cuando tenían el mismo horario, él se molestaba por su falta de responsabilidades como esposa. Al contrario de sus nobles intentos durante su matrimonio con Mickey, ella franqueaba la puerta de la casa al final del día preguntando alegremente: «¿Qué hay para cenar?» Artie aguantó esto durante unos cuantos meses hasta que un día la llamó al orden y le dijo:

–Mira, yo hago algunas cosas por ti, ¿no es cierto?

–¡Cariño! –dijo ella, muy efusiva–. ¡Lo haces todo!

–Pago el alquiler, la luz, el agua, al jardinero, los criados, compro la comida, tus vestidos, me ocupo de los negocios...

–Cariño, ya sé que lo haces...

–Ava, ¿qué es lo que haces tú por mí?

–¡Quererte! –dijo ella dándole un beso.

–Yo también te quiero, pero ¿qué más haces?

–Quererte –repitió ella.

–¿No crees que por lo menos podrías ser *tú* quien *me* dijera qué es lo que tenemos para cenar?

El matrimonio no duró lo bastante para que Artie llegara a descubrirlo. Aunque Ava se quedaba con Bappie de vez en cuando, se marchó definitivamente de casa de Shaw el 8 de julio de 1946, un día después de que Howard Hughes tuviera un serio accidente de aviación. Los médicos pronosticaron que no sobreviviría a esa noche. Según sus amigos más íntimos Ava había estado viendo a Hughes. Cuando Howard salió del quirófano y recuperó el conocimiento, pidió que le dejaran ser visitado por algunas amistades suyas y Ava estuvo entre ellas. Algunas veces coincidía en la habitación con Lana Turner, quien probablemente tenía mucho que decir acerca de Artie. En sus memorias, escribió que no tenía ni idea de los anteriores matrimonios de Artie. La esposa número uno había sido June Carns, de Ashtabula, Ohio. Se casó tan joven que en 1932 sus padres consiguieron anular el matrimonio. La esposa número dos había sido una enfermera de Nueva York, Margaret Allen, que se divorció de Artie en 1937 por infidelidad.

Después de Lana, se casó con Elizabeth Kern, hija del famoso compositor Jerome Kern. Esa unión duró dos años y medio y tuvieron un hijo. Elizabeth se divorció de Artie en 1944 y exigió pensión alimenticia para ella y para su hijo. Todo aquel asunto le hizo pasar mucho tiempo en los tribunales. Se cree que Shaw tuvo dos hijos en el curso de sus ocho matrimonios, pero poco se sabe de ellos. «No me llevaba bien con las madres, así que, ¿por qué me tenía que llevar bien con los chicos?», observó. Treinta años después de divorciarse de Ava le preguntaran acerca de sus esposas.

–Miren –replicó Shaw–, empecé a casarme cuando apenas tenía veintiún años y ahora tengo sesenta y siete. Durante todo ese tiempo puede que conociera a diez mujeres. Si me paro a pensar en ello no parecen muchas. El único problema es que me casé con la mayoría de ellas.

La siguiente pregunta de la breve entrevista fue cómo se las arregló para casarse con unas mujeres tan hermosas.

–Se lo pedí –respondió Artie–. En aquella época yo era un joven semental bien parecido, así que me limité a pedírselo y ellas dijeron sí o no. Son las únicas dos respuestas posibles a esa pregunta.

–¿Cómo se divorciaba?

–Primero llamas a un taxi y luego sales corriendo.

Aunque sus otras esposas acabaron odiándole y exigieron una pensión alimenticia, Ava no lo hizo. El matrimonio nunca se hubiera llevado a cabo si ella no hubiese estado bajo contrato con la MGM, siempre obsesionada por la publicidad. Sin embargo, ella nunca llegó a decir que su profundo amor por Artie no fuese verdadero. Su decepción ante la poca predisposición de Ava a asimilar las artes aumentó la distancia que había entre ellos. Ava decía que deseaba tener un hogar e hijos, pero también deseaba triunfar como actriz. Artie la animaba en esto, pero también esperaba que Ava se comportara como una esposa. Shaw había vivido con Lana, que era la típica reina de la Metro mimada y consentida, por lo que todos esos símbolos irreales le daban asco. Ava nunca perdió su humildad de los comienzos y jamás anheló una corona en la MGM. Pero estaba experimentando la emoción de ser reconocida en la calle y empezó a ponerse gafas oscuras y pañuelo en la cabeza, el uniforme típico de las estrellas de Hollywood. Artie consideraba que tal atención era degradante. Artie creía que para ser merecedora de esa admiración debajo del disfraz tendría que haber una mente cultivada, no solamente una cara bonita.

Shaw estaba harto de Hollywood. Después de la guerra y de su crisis nerviosa perdió interés por el clarinete. Prefería la música clásica y quería convertirse en escritor. Buscaba la perfección en sí mismo tanto como en los demás.

–La felicidad no es un estado al que se llega como se llega a Rhode Island o a Vermont –diría después.

El 16 de agosto de 1946 Ava presentó una demanda de divorcio ante el Tribunal Superior. Acusó a Artie de crueldad y de haberle causado un «grave sufrimiento mental» y pidió recuperar su apellido de soltera. No hizo demandas sobre propiedades.

–Sólo quiero lo que me pertenece –dijo.

Artie puso en venta su casa. El precio era de 95.000 dólares con muebles incluidos. Cuando los abogados del comprador examinaron el inventario notaron que faltaba un frutero de metal.

–Ava se lo llevó al marcharse –dijo Artie–. No pensarán anular un trato de 95.000 dólares por un frutero, ¿verdad?.

Los abogados dijeron que eso era justamente lo que pensaban hacer y Artie les mandó un cheque por quince dólares.

–Se cuenta que la pensión que le ha dado consistía en un frutero de metal –comentó un amigo suyo riéndose.

Con el tiempo, Ava logró tomarse a broma todo aquello pero en ese momento se sentía muy desgraciada. Siguieron siendo amigos y Ava le consultó con frecuencia por cuestiones de negocios. Me consta que Ava pensaba que Artie era una de las personas más brillantes que había conocido. Su matrimonio fue un error desde el principio y ellos lo sabían. Ava quería un marido y un hogar. Estaba satisfecha de que sus capacidades interpretativas hubiesen mejorado y de que la MGM quisiera que protagonizase una película, pero eso no era bastante. «La fama y el dinero no dan la felicidad», le decía a todo el mundo. «Si no tienes un hogar feliz no significan nada.» Aquellas palabras no habían sido escritas por un agente de publicidad. Ava decía lo que sentía en lo más hondo de su corazón. No creo que pensara que haber tenido dos maridos famosos había hecho que su nombre llegara a ser conocido. Bastaba con verla en la pantalla para comprender el porqué los hombres se enamoraban locamente de ella. Aunque Ava sólo se casó por amor, Mickey y Artie tuvieron mucho que ver en que su nombre saliera en letreros luminosos. Pero era típico de Ava el lamentarlo.

El 24 de octubre la señora Shaw declaró ante el tribunal: «Después de un mes de matrimonio la actitud de mi marido empezó a cambiar. Se ponía de mal humor por nada, se mostraba temperamental y actuaba de una forma terriblemente egoísta. Desatendía mis deseos en las cosas más nimias..., qué tomaríamos para cenar, a quién visitaríamos, la hora en que deberíamos salir y la hora en que deberíamos volver.

»Siempre me repetía que todo debía hacerse según su voluntad. No quería ver a mis amigos y esperaba que me pasara todo el tiempo viendo a los suyos. Si no me sentía bien o con ganas de salir, se iba solo. Si teníamos amigos en casa, me humillaba constantemente delante de ellos diciéndome que me callara, si intervenía en la conversación me decía que no tenía ni idea de qué estaban hablando.

»Acabé sintiéndome tan nerviosa y acomplejada que no abría la boca para nada. Entonces, cuando no podía articular palabra, me decía: "¿Por qué no hablas? ¿No quieres intervenir en la conversación?" Yo me sentía muy avergonzada y la situación resultaba muy tensa para todo el mundo.»

Fran Heflyn prestó testimonio ante el tribunal confirmando lo dicho por Ava.

–¿Qué hacía Shaw para avergonzarla? –le preguntó el juez Harry R. Archibald.

–Lo peor era su forma de intervenir en sus conversaciones –respondió Heflyn–. Recuerdo que una noche dijo: «¡Cállate! No sabes de qué estás hablando. ¡No sé por qué abres la boca!»

El juez Archibald le concedió el divorcio.

Mientras tanto, Artie salía con Kathleen Windsor, la autora de veintisiete años cuyo libro *Por siempre Ámbar* había calificado de basura. El hecho de que ella estuviera casada con Robert Herwig no importaba porque según la Windsor: «...me mantengo a mí misma y Artie no interfiere en mis asuntos privados.» Artie conoció a la escritora el 7 de octubre. Llevaba tres meses separado de Ava. Después de algunas citas para almorzar con Shaw, Kathleen le dijo a Herwig que quería el divorcio y que se fuera de *su* casa. A cambio le dio 10.000 dólares. Después de la partida de Herwig, Artie empezó a salir con Windsor regularmente. Dos semanas más tarde salió a relucir el tema del matrimonio. Mientras Ava declaraba ante el tribunal, Artie y Kathleen partían rumbo a El Paso, donde se inscribieron en un hotel con el nombre de señor y señora Sanders para despistar a la prensa. El 26 de octubre, dos días después de que el divorcio fuera definitivo, Shaw se llevó a la Windsor a Juárez, donde firmaron declaraciones en la oficina de un abogado para obtener rápidos divorcios de sus respectivos esposos (la ley de California exige un año de período de espera). Después Artie y Kathleen se casaron.

Windsor llamó en seguida a su editor George Brett. La conexión telefónica debía ser bastante mala, porque esto es lo que Brett le dijo a sus empleados: «¡Me ha dado una noticia espléndida! Esto significa que también podremos contar con él para la editorial. ¡Después de todo, Irwin Shaw es un gran escritor!»

Ava se enteró de la noticia pero sólo había una cosa que la disgustara: no haber podido leer *Por siempre Ámbar*. «¡Ese hijo de puta!», exclamó.

Artie le dijo a su sexta esposa la verdad. Nunca había leído su novela.

–Es demasiado larga –dijo cuando ella le regaló un ejemplar.

–También lo es *Guerra y Paz* respondió Kathleen.

Cuando el matrimonio terminó en divorcio dos años más tarde, Windsor comentó: «Por mucho que exprima mi imaginación o investigue en cualquier biblioteca, nada puede superar el conocimiento que me ha proporcionado ser la esposa de Artie

Shaw. Me decía qué libros tenía que leer y yo los leía, qué vestidos me tenía que poner y yo me los ponía. Me dijo que tenía que pensar sobre cualquier tema imaginable y no toleraba diferencias de opinión.»

–Artie fue toda mi educación universal –comentó Lana con sarcasmo.

–Me marché antes de que tuviera la oportunidad de anularme –dijo Ava.

OCHO

Vida de soltera

Descansando incómodamente en el Hospital del Buen Samaritano, Howard Hughes sobrevivió a un pecho aplastado, nueve costillas rotas, el pulmón izquierdo que se llenó de sangre, quemaduras por todo su cuerpo (tres de ellas de tercer grado) y una fractura de nariz. Su corazón había sido empujado a un lado de la cavidad de su pecho y se encontraba bajo los efectos de un fuerte «shock». Su recuperación fue milagrosa, pero Howard nunca volvería a ser el mismo. Ahí comenzó su adicción a la codeína, que le fue recomendada como calmante después de que los médicos le suprimiesen la morfina.

Se dejó crecer el bigote para ocultar las cicatrices del labio superior.

Hughes rehusó ver a su tía, Annette Lummis, que había venido en un avión desde Houston después de enterarse del accidente de aviación. Pero permitió que Ava y Lana entraran en la habitación del hospital. Es interesante hacer notar que cuando Hughes murió en 1976 la señora Lummis era su pariente vivo más cercano. Su tía murió cuatro años más tarde y sus herederos se repartieron la inmensa fortuna de Howard.

Que sus parientes ocupaban el último lugar en su vida no es ningún secreto. Que Hugues coleccionaba mujeres tampoco es ningún secreto. En cuanto a la fiabilidad de sus propuestas de matrimonio, las distintas fuentes consultadas no se ponen de acuerdo. En 1946 ayudó a que la actriz Gene Tierney se divorciara de su marido, Oleg Cassini para poderse casar con ella. Howard le ofreció a Elizabeth Taylor un millón de dólares para que se casara con él en 1951, cuando Liz se separó de Nicky Hilton. Liz Taylor le consideraba empalagoso y aburrido y prefirió casarse con Michael Wilding. Por esa misma época Hughes iba a la caza de la actriz Terry Moore, que se enamoró de él. Fiel a su estilo Howard desapareció y ella se casó con Glenn Davis, la estrella de fútbol de

West Point. Hughes rompió ese matrimonio e hizo de Moore una estrella en la RKO. Ella afirmó que se casaron a bordo de un yate en alta mar en 1949, pero los documentos fueron arrojados por la borda. Posteriormente, Moore demandó a Hughes y recibió como compensación una cantidad de seis cifras cuya cuantía exacta nunca fue revelada. Fuese cierto o no, Howard era conocido por «casarse» con chicas bonitas en la playa o en su nido de amor en Mulholland Drive en las colinas de Hollywood. Hughes creía que bastaba con intercambiar promesas a la luz de la luna para que se le abriese la puerta del dormitorio. Si la chica era crédula y Howard estaba muy colado por ella seguía adelante. Ava, sin embargo, no se quedó impresionada por Hughes o por sus persistentes promesas de matrimonio. Probablemente esto le intrigó tanto como la mujer en sí.

Seis semanas después del casi fatal accidente de aviación, Howard salió del Hospital del Buen Samaritano sin el consentimiento de su médico. Ava y él reanudaron su tórrido romance, pero Howard sólo pensaba en el XF-11 y en cómo conseguir otra prueba de vuelo. Mientras consultaba con la Fuerza Aérea de Washington, Ava se divertía. David Niven, que había enviudado recientemente, fue uno de sus más divertidos interludios. Simpático y elegante, el irresistible actor inglés tuvo historias románticas con muchas bellas actrices de Hollywood, una ciudad a la que llamaba «el cuarto de juegos». Su delicioso sentido del humor y su discreción atraían a las mujeres y Ava no fue una excepción.

El director John Huston era otro íntimo amigo y acompañante de Ava. Hijo de Walter Huston y aclamado por *The Maltese Falcon* (*El halcón maltés*), John había escrito a escondidas el guión de *Forajidos* mientras servía como comandante en el ejército durante la guerra. El alto, flaco y eternamente encorvado director cuarentón con bolsas bajo los ojos llevó a la actriz Evelyn Keyes al estreno de *Forajidos* después de unas cuantas citas. Ella le llamó tres días más tarde a su casa del valle de San Fernando en medio del febril rodaje de una película.

–Voy a terminar pronto –le dijo, esperando conseguir que Huston la invitara a su casa.

–¡Estupendo! –exclamó Huston al otro extremo de la línea telefónica–. Ven cuando quieras, pero más vale que te des prisa. ¡Ava Gardner está aquí!

En su memorias, Keyes dice que no tenía intención de competir con Ava. En lugar de ir se fue al cine, pero pensó mucho acerca de lo que podía estar pasando en casa de John. Sin embargo, al día siguiente, él la invitó a cenar a Romanoff. Ambos cuentan la misma historia, por lo que debe ser cierta:

–¿Por qué no nos casamos? –pregunta ella.

–Demonios, Evelyn, apenas nos conocemos.

–¿Conoces alguna manera mejor de que lleguemos a intimar?

Esa noche volaron hacia Las Vegas y Huston contrajo su tercer matrimonio. A la mañana siguiente él se fue a la Warner Bros y ella a la Columbia Pictures. Esa tarde Evelyn le llamó.

–Ya he acabado de trabajar, John. Ven a buscarme.

Hubo una larga pausa antes de que él respondiera.

–Eh..., ¿quién eres? –le dijo.

La noche de su boda Huston había bebido muchísimo y estaba pensando en pedir la anulación «...pero, qué demonios», exclamó encogiéndose de hombros. «¿Qué tengo que perder?» Cuatro años más tarde la respuesta fue: todo.

Huston, director brillante y hombre impredecible, era un bebedor rebelde que no tenía problemas para mantener el frenético ritmo de vida llevada por Ava. Huston sería el responsable de elegirla y dirigirla en *Night of the Iguana* (*La noche de la iguana*) y *The Bible* (*La Biblia*). En una de sus salidas había visitado el plató de *Forajidos* y allí conoció a Ava. A partir de ahí fueron íntimos. Huston fue visto cenando con Ava durante su matrimonio con Evelyn Keyes y según decían los reporteros avispados, Ava era invitada a su casa del valle de San Fernando donde nadaban en la piscina y retozaban por el césped. Más allá de su íntima relación con el director, ella confiaba en él, lo que era algo bastante raro en Hollywood.

Ava también estuvo unida a Fernando Lamas, hombre de mundo de tipo latino al que encontró imposible resistir. También fue vista con Peter Lawford, que salía con la mayoría de las *starlets* de la Metro. Lawford era un caballero deslumbrante, con un elegante acento británico y todas las jovencitas americanas estaban locas por él. Puede que Mayer concertara sus salidas con Ava para crear una imagen encantadora de cara al público, pero no cabía duda de que en cuanto Ava y Peter se quedaban solos sabían arreglárselas muy bien sin ayuda de nadie.

El cantante Mel Torme se veía con Ava en diciembre de 1946, pero ella no pudo salir con él la noche de fin de año porque tenía una cita con Lawford. Mel se encontró por casualidad y se derritió nada más verla: «Llevaba un traje que realzaba todo el esplendor de su físico. Bastaba mirarla para que se te acelerase el pulso», escribió en sus memorias. Ella le llamó a las dos y media de la madrugada y le invitó a su apartamento. Lawford le abrió la puerta.

–Estaba a punto de marcharme –le dijo con cordialidad.

Ningún hombre podía resistirse al atractivo sexual de Ava. En ella no había ni un gramo de falsedad. Una vez un ejecutivo de la MGM entró en su camerino sin llamar. Ava estaba desnuda de cintura para arriba y soltó un taco. El ejecutivo se apresuró a salir, pero el recuerdo de Ava quedó grabado en su mente para siempre.

–Nunca había visto nada tan hermoso –dijo.

Después también estaban aquellas divertidas excursiones con Lana y las chicas. Se iban a sitios recónditos donde podían bailar y flirtear sin ser reconocidas. Charlaban acerca de los últimos chismes de la MGM, comparaban qué tal habían sido sus diferentes citas con los mismos hombres y se mezclaban libremente entre la gente. Pero cuando se estaba acercando el año 1947, Lana se vio profundamente envuelta en el amor de su vida, Tyrone Power, y Ava empezó a estar demasiado ocupada haciendo películas.

Clark Gable se alistó en las fuerzas aéreas después de la muerte de su esposa Carole Lombard en un accidente de aviación en 1942. Dos años más tarde, con pelo gris en las sienes y conservando todo su atractivo, volvió a Hollywood convertido en un hombre turbado y solitario. La MGM tuvo que ocultar el que Gable había estado conduciendo en dirección prohibida por Sunset Boulevard y que acabó estrellándose contra un árbol. Afortunadamente el accidente ocurrió en una propiedad que pertenecía a Harry Friedman, vicepresidente de la Sociedad Americana de Música, quien llamó a Howard Strickling y éste se presentó en diez minutos. La historia contada a los periódicos describe a un desmañado Clark haciendo lo imposible para evitar a un coche que venía en dirección contraria. Strickling llevó a Gable al Hospital de los Cedros del Líbano y se marchó con su ropa para que la estrella no intentara escapar del hospital. La MGM quería la simpatía del público, pero había algo aún más importante: debían evitar que la prensa descubriera que Gable estaba borracho. El accidente se exageró demasiado. La única solución era ponerle a trabajar, pero encontrar el vehículo adecuado no era tarea fácil. Mayer se encargó del asunto y le puso de protagonista frente a Greer Garson en (*Aventura*).

Aunque los fans de Clark fueron fieles, la película resultó ser un desastre y la publicidad del estudio no fue demasiado afortunada: «... Gable ha vuelto y Garson le ha atrapado.» Los críticos añadieron: «... y se merecen el uno al otro.»

Gable estaba furioso, avergonzado y hecho polo. Mayer le sugirió que leyera la novela de gran éxito de Frederic Wakeman *The Hucksters* que la MGM se preparaba para llevar al cine. Gable y Mayer no podían verse ni en pintura y acabaron teniendo una fuerte discusión sobre el proyecto.

–El personaje que quieres que interprete es un ser despreciable exclamó Clark–, y la novela es repugnante.
–¿Qué más? –gruñó Mayer.
–La protagonista femenina. No pienso interpretar a un tipo que tiene un lío con una mujer casada.
–Sólo en la vida real, ¿eh? ¿Qué más?
–El tipo que interpreto es hipersexual, es un sátiro.
–Eres capaz de interpretar ese papel sin mirar el guión.
Gable apretó los dientes.
–Conviértela en una mujer soltera, dale más carácter a mi personaje y trato hecho.
Mayer mandó reescribir el guión y le pidió a Gable que hiciera una prueba con la actriz inglesa Deborah Kerr, quien interpretaría a la viuda elegante y con Ava Gardner en el papel de la sensual cantante que pierde a su hombre por la saludable Deborah.
Si a Gable le disgustó *The Hucksters*, Ava la detestó. Se sintió ofendida por interpretar a una chica de buen fondo que nunca es lo bastante buena para el héroe y estaba dispuesta a todo con tal de no hacer la película, incluso a que el estudio dejara de pagarle el sueldo.
Clark llamó a Ava personalmente.
–Espero que cambies de parecer –le dijo.
–Estoy harta.
–Nena, podrás decir eso cuando lleves en este negocio tanto tiempo como yo.
–La única razón por la que hago la jodida película es porque tú trabajas en ella.
–Es la mejor razón del mundo –exclamó él–. Lo pasaremos bien juntos, ya lo verás.
Ava se rió.
–Tengo que decirte una cosa. Cuando llegué por primera vez a esta mierda de ciudad, te vi conduciendo por Sunset Boulevard y casi me doy con el coche que tenía delante.
–Entonces haz la película conmigo, Ava. Eres joven y aún te queda mucho tiempo para encontrar un buen guión. Yo no tengo tanta suerte, pequeña.
–De acuerdo, me has convencido –dijo Ava después de soltar un profundo suspiro.
Clark y Ava se sintieron atraídos el uno hacia el otro nada más verse. Clark prefería las rubias y se le había oído decir algo tan fuerte como «No me gustan las morenas porque me parecen sucias», hizo una excepción con Ava, que decía tantos tacos como Carole Lombard, luchaba contra Mayer y no estaba segura de pertenecer al mundo del cine. Gable notó su nerviosismo y permaneció a su lado en el plató de *The Hucksters*. Ava veía la tragedia en sus ojos y suponía que el temblor de sus manos y de su ca-

beza se debía a las resacas. Gable le dijo que era la dexedrina que estaba tomando para perder peso, ya que había engordado por beber demasiado.

Ambos se sentían inseguros en el rodaje y con frecuencia decían mal sus frases. Ella se echaba la culpa porque las escenas de amor con Gable la ponían nerviosa. Pero él se disculpaba. «Lo siento. No estaba pensando con claridad porque estaba todo el tiempo preocupado por ti. Sé que piensas que no eres una actriz. Bueno yo tampoco estoy seguro de ser un actor.»

Un agente de prensa jubilado de la MGM comentó: «Si alguien dice que Clark y Ava no tuvieron un escarceo, es que está loco. Decir eso sería como creer en la cigüeña. Gable era todo un hombre y tenía cientos de mujeres, pero Lombard no bromeaba cuando dijo que era malo en la cama. De hecho él mismo lo confesó. Ava era una mujer muy apasionada. Podía excitar a un hombre sin proponérselo. Lo que mucha gente no comprendía era el hecho de que los dos fueran un par de solitarios a la deriva. Nadie estaba más triste que Gable en ese momento. Ava era mejor en cuanto a ocultar sus problemas, igual que Lombard. No importaba lo mal que fueran las cosas, ambos se ponían a contar chistes y a soltar ocurrencias divertidas. Esto alegraba a Gable. Le encantaba. También le sorprendía el que, pese a su falta de experiencia, Ava fuera capaz de ayudarle en los momentos difíciles, como cuando la cabeza le temblaba tanto que era incapaz de dar un beso. Ella tenía que guiarle: podía decirse que tomó las riendas. Para Ava, trabajar al lado de Gable era como un sueño convertido en realidad. Quedaban muy bien juntos. Realmente, hacían buena pareja. Ella era una chica que no se andaba con tonterías y a él le encantaba eso.»

Ava admitió que estaba loca por Gable.

–En la película tenía que cantar una canción para él –recordó–. Clark solía dejar el plató a las cinco, pero ese día se quedó y así pude cantarle a él en vez de a un doble. Cogió una silla y se sentó fuera del campo de la cámara. De vez en cuando yo pensaba, «¡Es Clark Gable!», y me derretía.

Puede que Gable se marchara del plató a la hora fijada por su contrato, pero raramente se iba a casa. Para el «Rey» era una cuestión de principios. Cuando era un don nadie y actuaba junto a Greta Garbo en *Susan Lenox*, ella se marchaba a las seis en punto y Gable se juró que algún día él también tendría ese privilegio. Lo consiguió y se aprovechó de la cláusula, porque odiaba la MGM y se negaba a trabajar un minuto más de lo estipulado. Aunque también se le podía encontrar con una botella en su camerino y, quizás, acompañado por su oponente femenina... Le encantaba presumir de sus muchas conquistas. En una ocasión estaba contemplando una foto de un grupo de actrices de la Metro y, sonriendo, dijo:

–¿Verdad que son guapas? ¡Pues me he acostado con todas!

Al final del rodaje de *The Hucksters*, la Universal le mandó un SOS a la MGM. La protagonista de *Singapore* (*Una vida y un amor*) se había puesto enferma. ¿Podían prestarle a Ava Gardner? La Metro accedió a prestársela por 5.000 dólares. Ava pasó de un Gable elegante vestido con un traje azul oscuro de la avenida Madison a un decorado oriental con un Fred Mac Murray que llevaba el típico traje blanco de los trópicos y esperaba ser besado. Se cambió de vestido y el director le ordenó que caminara frente a la cámara hacia los brazos de Fred. «Ni siquiera sabía de qué iba la historia», dijo ella. Durante varias semanas Ava simultaneó el actuar como cantante soltera que enloquecía a los hombres en *The Hucksters* y mujer amnésica con dos maridos en *Una vida y un amor*.

Aparte de sus discretos encuentros con Gable, Ava estaba demasiado ocupaba para salir. Muchas de sus escenas se rodaban de noche y se le pedía que condujera su propio coche desde la MGM hasta la Universal y de vuelta. Bappie ayudó a su hermana durante este apretado horario. Los compañeros del plató afirmaban que Ava no había cambiado su actitud hacia Hollywood. Un técnico comentaba: «La escuché hablar sobre una receta que tenía muchas ganas de preparar. Trabajaba muy duro, pero nunca discutía la escena que acababa de terminar o la que iba a rodarse a continuación. En vez de mirar el guión Ava pensaba en la lista de la compra. No era la típica actriz que adornara la interpretación o que consultara al director, o a su compañero de reparto, y tampoco se preocupaba por el vestuario. Tengo la impresión de que para ella actuar era sólo un trabajo, no una carrera. Realmente su actitud resultaba refrescante, pero tuve la impresión de que hubiera preferido quedarse en casa y preparar la mesa para dos. Reconozcámoslo, si había algo de lo que la MGM estuviera orgullosa, no era de las grandes dotes interpretativas de sus estrellas... Lo único que les pedían era que fuesen fotogénicas. Tenían estilo, talento y personalidad, le fabricaban papeles a la medida y los guionistas se encargaban de escribir diálogos que encajaran con su imagen. Creo que Ava Gardner era una actriz que sabía esto desde el principio y decidió seguir adelante, pero cayó en la misma trampa que Gable, Turner, Tracy y Garland. ¿De qué otra manera se podían ganar la vida? El estudio les mimaba pero no ganaban mucho dinero. Ava solía recordar cómo la había enfurecido que su cuñado hubiese puesto aquella foto suya en el escaparate. Un jurado de críticas dijo que era la mujer más bella del mundo. Eso es estupendo, pero hasta Greta Garbo solía llorar delante del espejo.

Ava acabaría sufriendo ese mismo destino, pero ella no tenía tanto dinero como Greta y no podía abandonar el mundo del cine. Ahí estaba la diferencia... y esa pequeña diferencia acabó resultando terriblemente importante.»

Una vida y un amor fue un fracaso, pero *The Hucksters* dejó a Ava Gardner en una posición sólida no sólo ante la MGM, sino también ante la taquilla. Gable y Deborah Kerr (que debutaba en Hollywood con esa película) fueron alabados por la crítica. Ava lo fue por su deslumbrante belleza y su habilidad interpretativa fue elogiada por algunos críticos que predijeron que estaba «despegando».

En el otoño de 1947 Ava fue a Nueva York para promocionar *Forajidos*. El productor Mark Hellinger le presentó a Howard Duff, la voz de Sam Spade en los seriales de la radio. Duff había representado *Brute Force (Fuerza bruta)* en los escenarios y debutó en el cine con la versión que se hizo para la pantalla. En aquel momento tenía una relación muy intensa con la actriz Yvonne De Carlo, pero se enamoró de Ava en cuanto la vio. Cenaron en un restaurante discreto de Greenwich Village y fueron de club nocturno en club nocturno bailando y bebiendo. Howard intentó mantener el ritmo de la inquieta e insaciable Ava. Duff volvió a Hollywood al día siguiente y estuvo cierto tiempo sin verla. Pero Ava «se le había subido a la cabeza» y terminó su romance con DeCarlo. Atareado con su segunda película *Naked City* (*La ciudad desnuda*) y un nuevo contrato con la Universal, Howard hablaba por teléfono con Ava con frecuencia. Ella también se encontraba inmersa en un horario febril con la MGM: posaba para las fotos de publicidad y se preparaba para su próxima película, *One Touch of Venus (Venus era mujer)*. Cuando tenía un rato libre volaba a México para asistir a las corridas y acudía a los escondites de Howard Hughes, quien acababa de comprar la RKO.

Una de sus amigas proporcionó un interesante retrato de Ava. La amiga dijo: «Creo que Artie la destruyó. Después de divorciarse de él cambió completamente. Ya no confiaba en los hombres: era como si quisiese vengarse de ellos. Se conformaba con hacer el amor y dejarles plantados. Era impetuosa. Prefería los ligues rápidos. Había dejado de ser la Ava inocente que llegó a Hollywood con la cabeza llena de sueños..., sueños como el de conocer a un buen chico y vivir feliz para siempre. Su experiencia con Artie creó una barrera que se interponía entre ella y los hombres. Ava sólo buscaba dos cosas: sexo y diversión. Todo intento de ir más allá chocaba con la barrera. Si un hombre quería salir con Ava tenía que aceptar sus condiciones. Lo tomabas o lo dejabas y ellos lo tomaban y aún querían más.

»Puede que la culpa fuese del psicoanálisis a que se sometió para complacer a Artie, o porque Artie no la respetaba lo suficiente o porque había tenido dos fracasos matrimoniales casi seguidos... No lo sé. Ava era como un cohete con la mecha encendida que sale disparado hacia los cielos. Nadie podía controlarla. Le gustaba vivir de noche y le sacaba ventaja a cada minuto libre, pero nunca llegaba tarde al estudio. De hecho, era la primera en llegar a los vestuarios y la sala de maquillaje. Ava estaba empezando a beber mucho pero seguía conservando su enorme apetito sureño, y ésa fue una de las razones por las que no acabó tirada en la cuneta como el resto de nosotras. Era una mujer increíble, pero no era feliz.»

Sí, Ava era realmente increíble... En 1948 salió con Jerry Wald, el director de la orquesta del Ciro, con Peter Lawford, Johnny Stompanato, mano derecha del jefe de la mafia Mickey Cohen y, por supuesto, con Howard Hughes. Cheryl Turner, la hija de Lana, tenía trece años de edad cuando mató accidentalmente a Johnny Stompanato, quien había discutido con su madre y la había amenazado diciendo que la dejaría desfigurada para siempre). Las revistas de cine hicieron hincapié en su romance con Howard Duff. Se les veía fotografiados en los clubs nocturnos y Howard le confesó a los reporteros que estaba enamorado de Ava, aunque no era necesario. Su cara lo decía todo. Duff sin embargo no era ningún tonto. Sus veladas a solas ponían bastante nerviosa a Ava, que pasaba rápidamente de la placidez a la más viva impaciencia.

También se veía con Frank Sinatra a hurtadillas. Frank tenía un contrato con la Metro, lo que le convertía en un miembro de la «familia» Mayer. Según la prensa, el cantante mantenía relaciones con Lana Turner Y Marilyn Maxwell, pese a que estaba casado y tenía dos hijos. En 1946 pasó una temporada separado de su esposa Nancy. Los chismosos de Hollywood le echaron la culpa a Lana. Pero Mayer protegía a sus estrellas. El chisme se quedó en simple rumor, tapado convenientemente por Howard Strickling.

Sinatra le contó a un amigo que había visto la foto de Ava en la portada de una revista.

–Acabaré casándome con ella –le dijo.

Al principio Frank no le cayó demasiado bien, le parecía demasiado arrogante. Howard Hughes hizo seguir a Sinatra y también puso a Ava bajo vigilancia.

Durante la producción de *Venus era mujer* en la Universal, Ava tuvo un breve romance con Robert Walker, quien se había convertido en un alcohólico a causa de su esposa, la actriz Jenifer

Jones. Su cara de niño y su melancolía enternecieron a Ava, que era cuatro años mayor que Bob. El torturado actor moriría en 1951 después de que los médicos intentaran sacarle de un coma alcohólico con inyecciones de amital sódico.

En *Venus era mujer*, Ava interpretaba a la estatua de una diosa griega exhibida en el escaparate de unos grandes almacenes que cobraba vida al ser besada por un empleado (Robert Walker). Ava había posado con el torso desnudo para el escultor italiano Joseph Nicolasi: Nicolasi quería conseguir el mayor parecido posible. Pero el director William Seiter se escandalizó.

–¡Ni soñarlo! –gritó–. ¡La estatua cobra vida! Ponle una túnica griega que deje un hombro al descubierto y que vayan haciendo el traje en vestuario.

Ava se pasó toda la película llevando ese modelo. El vestido estaba hecho de una tela muy delgada con un cordoncillo alrededor de la cintura. Se suponía que Ava no llevaba nada debajo. Todos los técnicos de la Universal esperaban ansiosamente que Seiter diera la orden de enchufar los ventiladores. El estudio le dio permiso para tomarse una copa después de cada escena: Ava pasaba tanto frío que necesitaba algo que le hiciera circular la sangre. El equipo técnico necesitó unas cuantas copas para calmarse.

Ava y Walker solían verse después del trabajo. Sus citas acabaron convirtiéndose en borracheras que duraban toda la noche.

Al día siguiente Ava podía continuar la juerga en el plató. Él no. Si Walker era capaz de ponerse en pie, el cámara le enfocaba de espaldas durante las escenas de amor. Ava estaba tan hermosa como si acabara de emerger de entre las aguas. Intentó consolar a Bob, lo cual era una tarea imposible. Walker se enamoró de ella y llegó a ponerse pesado y posesivo si Ava se negaba a verle. Todo el mundo sabía que Ava estaba saliendo con Howard Duff pero Walker no estaba en condiciones de ser comprensivo. Casi al final del rodaje de *Venus era mujer*, Ava le pidió a Duff que acudiera al plató siempre que le fuese posible.

–Cuando estás aquí me siento más segura –le dijo.

La relación Gardner-Walker llegó a su fin cuando la diosa griega volvió a convertirse en una estatua de piedra. Walker la llamó. Ava cambió su número de teléfono. Ava se mudó de un apartamento a otro, temiendo lo que Bob pudiera hacer en un ataque de furia alcohólica. Algunas veces se quedaba con Bappie o con los Heflyn. Cuando Ava permanecía en casa, Duff no se separaba de ella y contestaba a la puerta o el teléfono.

Sus amistades le preguntaron por qué no recurría a Howard Hughes en este crítico momento. Estaba claro que dos Howard eran demasiado para ella.

–Una noche en que Ava y yo no sabíamos qué hacer ella sugirió que cogiéramos todo el licor de la casa y lo echáramos dentro de la batidora: vodka, ginebra, coñac..., de todo –le confesó Duff al escritor Charles Higham–. Fue fantástico y después..., ¡buuum! Acabamos en la alfombra. Yo estaba obsesionado con Ava, como lo hubiera estado cualquier hombre con algo de sangre en las venas. Era enloquecedora un minuto y adorable al siguiente. Nunca estaba satisfecha.

Aunque Ava Gardner estuviera bellísima en *Venus era mujer*, la película fue vapuleada por la crítica y fracasó en taquilla, aunque no hay duda de que ayudó mucho a su carrera. Su extraordinaria belleza y su sentido de la oportunidad no podían pasar desapercibidos. La MGM le dio la bienvenida con categoría de estrella. Se le asignó el antiguo camerino de Norma Shearer, el más espacioso de todos los ocupados por una actriz de la Metro. La suite de tres habitaciones tenía un vestidor, baño, cocina y el camerino en sí, con gran abundancia de espejos, bombillas y armarios. La MGM tiraba la casa por la ventana. Ava cobraba 1.250 dólares a la semana y la publicidad decía que era «la mujer más fascinante del año 1948». Aun así, Mayer seguía pensando que Ava no era una actriz y mientras disfrutaba del lujo de su camerino (con una doncella que también la atendía en el plató) Ava esperaba ese papel jugoso que le permitiría demostrar que tenía talento. Aunque *Venus era mujer* fue un fracaso, Ava rezaba para que la MGM acabara olvidándose de aquella horrible película de espionaje: *The Bribe* (*Soborno*). Desgraciadamente para todos los implicados (Ava, Robert Taylor, Charles Laughton y John Hodiak) se les informó de que debían prepararse para trabajar en uno de los peores proyectos de toda la historia de la Metro.

Al igual que Gable, Taylor había vuelto del ejército con la esperanza de reavivar su floreciente carrera, pero tanto *Undercurrent* como *The High Wall* fueron dos grandes fracasos. El galán romántico de quien la prensa decía era «más bello que Hedy Lamarr», se vio relegado a rígidos papeles de malo que le deprimían y decepcionaban a sus fans. En *Soborno* interpretaba a un agente del FBI que se enamoraba de una cantante de cabaret (Ava) mientras investigaba una red de contrabandistas que operaban en el Caribe.

El único premio para Robert Taylor y Ava fue su breve interludio romántico. Ava le trató igual que a casi todos los hombres de su vida, como si fuese una diversión casual, pero Taylor logró recuperar su masculinidad. Había servido en la aviación naval y en cuanto le licenciaron comprendió que su matrimonio con la actriz Barbara Stanwyck estaba condenado al fracaso. Temía haberse vuelto impotente, por lo que alegó un problema de próstata que le hacía difícil comportarse como un marido solícito hasta no haberse recuperado de la enfermedad.

Barbara no se lo creyó. –Le dijo a sus amigas que Bob era homosexual: se pasaba la vida yendo de caza o pesca con los amigos. Cuando su mejor amigo le llamaba a casa Barbara gritaba: «¡Eh Bob, tu esposa quiere hablar contigo!»

Muchos hombres se lo hubieran tomado a broma o se hubieran marchado de casa, pero Taylor no había olvidado su imagen de niño bonito de los años treinta, cuando interpretaba a un acicalado Armando frente a Greta Garbo en *La dama de las camelias*, por lo que acabó visitando a un amigo licenciado en psiquiatría. Convencido de que estaba perdiendo su hombría, Taylor le abrió su corazón.

–Quiero que mi matrimonio funcione –le dijo–. Admiro mucho a Barbara, y la quiero.

Su amigo le preguntó si alguna vez había sentido deseos de estar con un hombre.

–Nunca –respondió–. Me basta con ver una chica guapa andando por la calle y en seguida siento que me arde la ingle.

La discusión continuó, pero el doctor se dio cuenta de que lo más importante era convencer a Taylor de que no era homosexual. El consejo que obtuvo fue: «Anda, vete a echar un polvo.»

Durante el rodaje de *Soborno*, Robert y Ava se veían ocasionalmente por las tardes en casa de su madre. Es dudoso que Taylor mencionara su problema porque con Ava no tuvo ninguno. Ralph Couser, el amigo íntimo de Bob, recuerda: «Ava era terrible. Yo estaba en el plató con Bob y a ella le encantaba tomarle el pelo a los muchachos. Un día estábamos todos sentados ante una mesa redonda y Ava empezó a darle masaje en la ingle a Taylor con el dedo gordo del pie. Bob intentó mantenerse impasible, pero Ava tenía una sonrisa pervertida en el rostro. Fue muy divertido. Pero no era sólo con Bob. Le gustaba jugar con los muchachos. Clark Gable solía decir que Ava era un «compañero», todo un pedazo de mujer que podía comportarse como si fuera uno más de la pandilla. Robert no era muy hablador, nunca llegó a confesarme que estaba saliendo con Ava. Su madre era una fanática religiosa y no le gustaba que llevara una mujer a su casa. Robert le preguntaba: «¿Prefieres que me vaya a un motel y que me hagan fotos?» Cuando se terminó *Soborno*, también se acabó el romance. Taylor era un hombre nuevo.

Se ha dicho que Ava quedó embarazada en 1948 y que decidió abortar. El aborto fue tan difícil como doloroso, y Ava tardó varios años en recuperarse.

En aquellos momentos su amiga Lana Turner pasaba por una

crisis similar. Estaba embarazada de Tyrone Power y la obligaron a abortar. Según él, rompió el compromiso porque Lana salía con Frank Sinatra. La verdadera razón era que Tyrone estaba enamorado de Linda Christian, con quien se casó unos meses más tarde. Lana nunca superó lo de Tyrone Power.

–Era el amor de mi vida –confesó después.

Puede que la vida privada de Ava fuese un tiovivo de clubs nocturnos, hombres y alcohol, pero siguió siendo fiel a la Metro Goldwyn Mayer. Howard Hughes había conseguido el control de los estudios RKO y le ofreció un contrato, pero Ava lo rechazó. Algunas fuentes afirman que Ava había decidido convertirse en una gran estrella de la MGM: quería hacer una película de éxito que probara de una vez para siempre que no habían cometido una equivocación al contratarla. Su decisión fue considerada pura y simple ambición. Si no hubiese sido por Artie Shaw que la ayudó a negociar el contrato que acabó garantizándole 1.250 dólares a la semana, Ava se hubiera contentado con menos. Aunque no era muy previsora, alguien debería haberle aconsejado que ahorrara o invirtiera su dinero. Ava nunca llegó a hacerlo.

The Great Sinner (*El gran pecador*) con Gregory Peck fue el primer hueso que la Metro le arrojó a Ava. Interpretaba la hija de un general ruso que salva a Peck de suicidarse por culpa del juego. La película estaba basada en la novela *El jugador* de Dostoyeuski y prometía bastante, pero Christopher Isherwood (el coguionista) no aceptó que la MGM escogiera a Ava y Peck para interpretar la película y abandonó el proyecto. El director Robert Siodmak no quería hablar de la película e incluso llegó a negar que fuese a dirigirla, lo que no es de extrañar. El público ignoró *El gran pecador*, que desapareció de las carteleras antes de que los críticos tuvieran la oportunidad de ensañarse con ella.

Los elegantes trajes de época de Ava quedaban magníficos en la película. Para una escena lució un elegante vestido de baile con miriñaque y los técnicos se preguntaron si esta nueva imagen la convertiría en una gran estrella. Ava fue hacia ellos aprovechando la pausa del almuerzo y se subió el vestido hasta la cabeza. Los que estaban detrás de Ava vinieron corriendo.

Pero Ava reía histéricamente. Lo que vieron se convirtió en otra leyenda de Hollywood: ¡debajo del costoso vestido Ava llevaba puestos unos viejos vaqueros!

–¿Alguien tiene un perrito caliente? –gritó.

La MGM invirtió mucho dinero en *El gran pecador*. A nadie se echó la culpa del desastre. Gregory Peck hizo lo que pudo después de grandes interpretaciones tales como *Spellbound* (*Recuerda*),

Duel in the Sun (Duelo al sol) y (*La barrera invisible*), por la que recibió una nominación al Oscar como mejor actor. Había profundidad en la interpretación de Ava, pero no la había en el diálogo.

Estaba radiante, quizá más de lo normal desde que había aprendido una lección viendo *Whistle Stop* en un cine de barrio unos años antes. Si se la fotografiaba bien Ava podía conseguir que el público masculino se quedara pegado al asiento. La nueva Ava charlaba con los cámaras y con el director de fotografía. Uno de los técnicos dijo: «Por fin había aprendido el oficio. Antes nunca le había oído hablar de esos pequeños reflectores que son tan importantes, así como de otros detalles referentes a la colocación de la cámara. Ava era un encanto. En lugar de decirle a cualquiera lo que tenía que hacer, Ava decía: "No te olvides de esto o aquello". Si he de ser sincero, no creo que le sirviera de mucho o que realmente le importara. La niña aburrida se estaba convirtiendo en una profesional.»

Desde luego la suerte de Ava estaba cambiando y el cambio estuvo muy relacionado con el final del reinado de L. B. Mayer. La Metro tenía pérdidas anuales que alcanzaban los 6,5 millones de dólares. El personal contratado del estudio (estrellas, productores y directores) no estaba ganando Oscars ni figuraba en la prestigiosa lista de los «Diez mejores». Mayer, a quien no se podía culpar de nada, había estado más interesado en sus cuadras de caballos de carreras y en cortejar a su nueva y joven esposa. Cuando el declive de la MGM llegó a ser del dominio público, empezó a buscar otro jefe de producción de la talla del desaparecido Irving Thalberg. Mayer acabó escogiendo a Dore Schary, que había dimitido como el jefe de producción de la RKO. El 1 de julio de 1948 Schary firmó un contrato con la MGM por 6.000 dólares a la semana. Aunque puso a la Metro de nuevo en el candelero, le caía mal a muchos miembros de la familia Mayer, Ava no era ninguna entusiasta de Schary, que tenía muy poco sentido del humor, pero Schary acabó convirtiéndola en una de las grandes estrellas de la productora.

Las estrellas de la Metro que libraron sus batallas de tacos con Mayer (ganando o perdiendo) descubrieron que trabajar en un estudio gobernado por Schary resultaba bastante aburrido. Veinte años antes la transición del cine mudo al sonoro había impresionado a Hollywood y Hollywood volvió a impresionarse riendo cómo «Papá» Mayer intentaba conservar el trono y defender la dignidad del león Leo. Puede que Schary fuera un «hijo adoptivo» de la familia MGM, pero apoyó los grandes espectáculos que podían competir con la televisión e hizo que las estrellas del firmamento Mayer volvieran a brillar con todo su esplendor en *Quo*

Vadis, Magnolia, Ivanhoe, The Father of the Bride (*El padre de la novia*) y *Annie Get Your Gun* (*La reina del oeste*), entre otras muchas. Pero todas esas grandes películas aún no habían llegado... Mientras tanto, Mayer y Schary se repartían el mando, el último interesándose por varios actores a quienes no se les había dado una oportunidad para mostrar todo su potencial. Ava fue uno de ellos.

Howard Strickling y su equipo saturaron las revistas de cine y las columnas de chismes con fotos de Ava con el encabezamiento de «la chica más fascinante de Hollywood de 1948». Esto es lo que decía uno de los comunicados remitidos a la prensa:

«Durante el año en curso el talento y la belleza de esta actriz le han hecho ocupar el puesto que se merece. El momento culminante de su carrera ha tenido lugar cuando se la llamó para protagonizar las más importantes películas en su estudio, Metro Goldwyn Mayer, junto a dos de sus grandes galanes, Robert Taylor y Gregory Peck. Ava ha pasado de los brazos de Taylor en *Soborno* a los de Peck en *El gran pecador.*»

Estos logros fueron precedidos por la espectacularidad que tuvo su comienzo de año. Después de que se le hicieran pruebas a un gran número de jóvenes actrices de Hollywood, Ava consiguió el papel de la hermosa cantante de un club nocturno enamorada de Clark Gable en *The Hucksters.* Actuar con «el rey» la ha situado en el umbral del estrellato y tiene a todos los estudios de Hollywood reclamando sus servicios.

No se mencionaba *Forajidos* o *Whistle Stop*, distribuidas por la United Artists y la Universal. Salvo algunas excepciones en el futuro la Metro mantendría la exclusiva de Ava. Cuando por fin se sintió segura, Ava decidió comprar una casita de campo en Nichols Canyon. Pasaba algunas noches allí acompañada por su doncella Mearene, oyendo discos de Artie Shaw o Frank Sinatra tumbada en el jardín.

Seguía habiendo rumores de que estaba comprometida con Howard Duff, pero el estudio ni lo confirmaba ni lo desmentía. No podían hablar de Ava salvo para hacer referencia a sus salidas con Peter Lawford. Su romance con Howard Hughes deleitaba a la prensa sensacionalista.

En sus memorias Jane Russell se refería a Ava como «La chica Howard del año 1948». La Russell casi nunca salía con su jefe pero Hughes tenía muchas ganas de enseñarle su nueva casa porque Jane le había dicho que la anterior era tan horrible que no se podía vivir en ella. Lo que se suponía iba a ser una noche tranquila, acabó en toda una velada de juerga porque Ava se empeñó en ir a bailar al Mocambo. Cuando estaba a punto de amanecer, Jane sugirió quedarse con Ava en vez de volver a casa. Hughes no quería que las dos chicas se intercambiaran confidencias y le dijo a Russell: «No, si te quedas con ella no vas a dormir. Llevaré a Ava a su casa, y tú te quedarás aquí.»

Jane dijo que cuando despertó se encontró a Howard de pie ante su cama.

–Estoy helado –le dijo–. Creo que he pillado un resfriado llevando a Ava a su casa. ¿Me puedo acostar contigo?

Ella le tocó la mano y realmente estaba helada.

–De acuerdo –le dijo–. Métete. Pero nada de tonterías. –Howard se apretujó a su lado, ciñendo con su brazo la cintura de Jane.

–Vale Howard, ya está bien. ¡Sal de aquí!

–De acuerdo –respondió Howard con la docilidad de un muchachito–. Me iré. Pero deja que me marche cuando yo quiera. No me gusta que la gente me diga lo que tengo que hacer. No volveré a tocarte. Lo prometo.

Russell acabó adormilándose. Howard se marchó sin hacer ruido. «A veces le gritaba –escribió–, y por extraño que parezca, creo que eso le asustaba.»

Esas palabras de Jane Russell dan una imagen bastante patética del hombre a quien tenía por un solitario extremadamente cauteloso. «... deja que me marche cuando yo quiera.» Jane tuvo mucha paciencia con «el jefe».

NUEVE

Me quiere, no me quiere

La inquieta Ava quería hacer cualquier cosa menos quedarse sentada y pensar. Si estaba en un sitio, quería estar en otro. Irritable, cambiante y volátil, intentaba recuperar toda la adolescencia que su madre no le había dejado vivir. Mientras no estuviese enamorada Ava viajaba en un tiovivo que reducía la velocidad, pero nunca paraba.

Frank Sinatra acababa de tener a su tercera hija, Christina, en junio de 1948 y perseguía a Ava desesperadamente. Una de sus últimas grabaciones, «I'Ve Got Under My Skin» describe muy apropiadamente cómo la deseaba. Ava no estaba demasiado interesada por él, pero los dos tenían mucho en común. Ambos eran criaturas nocturnas, grandes bebedores, fumadores sin freno, inquietos y apasionados.

Durante una de sus borracheras en una ciudad cerca de Palm Springs, Frank le dio a Ava una de sus pistolas (una 38 cargada) y fueron en coche hasta Indio, California, «disparando por la ciudad». Rompieron farolas y escaparates y una bala arañó el estómago de un paseante. Ava y Frank acabaron en la cárcel, pero la policía accedió a mantenerlo todo en secreto hasta que Frank pudiera contactar con su agente de prensa. La pareja quedó en libertad bajo fianza y se apresuró a volver a Los Ángeles en un avión particular. Las acusaciones fueron retiradas y se pagó una indemnización por daños y perjuicios.

Sinatra llevaba dos años sin conseguir un éxito de ventas y decidió concentrarse en el cine. Interpretó al cura de *The Miracle of the Bells* (*El milagro de las campanas*), ocultando su pecho hundido y sus piernas de palillo bajo una sotana. Pero en *Take Me Out to the BallGame* estrenada en 1949, sus pantalones de marinero llevaban un relleno para darles cierta consistencia.

Tenía treinta y tres años y ya usaba peluquín. Un crítico que le odiaba dijo que en sus primeras películas Sinatra parecía un saco de pulgas. Pero la madurez le daría magia a su voz y su rostro se iluminó con la mágica aureola del hombre solitario que busca el amor. Ava tuvo mucho que ver con esta transformación: le bastó con estar ahí, al lado del Frank. Pero cuando ella hacía de Annie Oakley y Frank hacia de Búfalo Bill cabalgando al galope por el desierto con las pistolas cargadas, Ava se lo pasaba bien pero poco más. En Hollywood había muy poca gente que estuviera al corriente de sus citas secretas. Sus amistades íntimas les prestaron la casa, mostrándose considerablemente más caritativos que la madre de Robert Taylor.

En *East Side, West Side (Mundos opuestos)* Ava volvió a interpretar a una cantante de club nocturno, que intenta atraer a James Mason y arrebatárselo a su esposa, Barbara Stanwyck. Ava calcó su personaje de la otra mujer de *The Hucksters.* Suave, brillante y sin sentido, esta película de la MGM basada en una novela de Marcia Davenport sobre unos malvados ricos neoyorquinos requirió de ella que se apoyara en un piano luciendo un vestido de satén negro con largas mangas. Cuando Ava hojeó el guión por primera vez soltó un taco, intentó olvidarlo y acabó metiéndose en el personaje con suma facilidad. Si te he visto... Tener a su amigo Van Heflin trabajando en *Mundos opuestos* fue un pequeño consuelo.

No se sabe si Barbara Stanwyck llegó a sospechar cuál era la relación existente entre Ava y su marido de la vida real. En cuanto Robert Taylor confesó que quería casarse con la «chica del suéter» (después de que actuaran en *Johnny Eager* rodada en 1942), Barbara no volvió a dirigirle la palabra.

La actriz Virginia Grey también sufrió sus desaires porque salió con Robert después de que éste se hubiera separado de Barbara, quien a pesar de todo seguía la pista de sus actividades amorosas. A Ava todo eso le daba igual.

Stanwyck no estaba bajo contrato con ningún estudio, por lo que abandonó a la MGM después de rodar *Mundos opuestos*. No le pasaba lo mismo a Mickey Rooney, cuya carrera empezaba a palidecer. Rooney se divorció de su segunda esposa en 1947, seguía soltero y salía con la actriz Martha Vickers. Ava seguía llevándose bien con Rooney, pero procuraba mantener distancias, pues todos sabían que Mickey aún estaba enamorado de ella. Pero cuando sus hombres se encontraban en apuros Ava podía ser muy compasiva. El fallecimiento de Andy Hardy hizo que Rooney volviera a interpretar papeles de adulto (*Killer McCoy, Words and Music*, y un desastre llamado *Summer Holiday*). Ya no era uno de los actores más taquilleros, pero sus fans seguían siéndole fieles y estaban dispuestos a aceptar que el vecino de al lado fuera un ex soldado que se había divorciado dos veces. Rooney se quejaba de que no le daban buenos papeles y de que ya no era el primero en el reparto. Cuando no fue incluido en el numeroso reparto masculino de *Battleground* pidió una entrevista con L. B. Mayer: quería comprar los derechos de la serie Andy Hardy. «Quiero hacer un programa de radio» le dijo. Mayer rehusó, Mickey y MGM le pusieron punto final a su relación en 1950. Si hubiera aguantado cuatro años más, Mickey no habría perdido una pensión anual de 49.000 dólares. El daño ya estaba hecho pero Mickey habló con Dore Schary y admitió que «había cometido una equivocación y quería volver». El nuevo jefe de la MGM estuvo muy simpático con él pero sólo podía ofrecerle alguna película de vez en cuando, sin un contrato fijo.

Mickey se casó, se divorció, tuvo hijos, buscó consuelo en las píldoras y el alcohol y se declaró en quiebra antes de resurgir convertido en un auténtico adulto. Durante estos días oscuros del comienzo de los años cincuenta, Ava estuvo en contacto con Rooney y le ofreció ayuda económica. Siempre salía en su defensa si alguien hablaba mal de él.

–¡En toda esta maldita habitación no hay nadie más hombre que él! –solía decir Ava.

Al igual que muchos otros miembros de la familia MGM Ava Gardner volvió a su ciudad natal convertida en una estrella famosa y recibió las llaves de la ciudad de manos del alcalde de Smithfield en enero de 1949. Los reporteros fueron acompañados a Carolina del Norte por agentes de prensa de la Metro. Ava se dejó fotografiar sentada en el porche de la casa donde nació, con parientes y compañeros de colegio. Nadie le tuvo que pedir que se quitara los zapatos.

–El guión de *My Forbidden Post* (*Odio y orgullo*) me parece realmente horrible –le dijo Robert Mitchum por teléfono. Pero me gustaría que hicieras esa película conmigo.

–Es la misma mierda de siempre –suspiró Ava.

–Sí, es justo lo que le dije a Hedda Hopper –confesó el actor de los ojos soñolientos–, pero Hughes me dio una paliza y me hizo cambiar de opinión.

–¿Por qué no le diste una azotaina con tu cinturón?

–Le debo dinero. ¿Qué te parece, Ava? ¿Harás la película o no.

–¿Por qué no?

–Toma el dinero y corre, muchacha. Toma el dinero y corre...

Ava era consciente de que haber sido arrestado en septiembre de 1948 por posesión de marihuana hacía que la carrera fílmica de Mitchum corriese un grave peligro. Dos actrices y un amigo de Bob acabaron en prisión y el mismo Bob se vio entre rejas aunque estaba casado y tenía dos hijos. La policía había recibido un chivatazo y entraron en la casa justo cuando el grupo se preparaba para fumar la marihuana.

–Estoy arruinado –dijo Bob nada más ver a los agentes.

El actor de cine que cobraba 3.000 dólares a la semana ingresó en la cárcel de Los Ángeles y se le fichó como si fuera un vulgar criminal. Cuando le preguntaron cuál era su trabajo respondió: «Ex actor»

Los reporteros acudieron a la carrera. Bob declaró: «Bueno, esto es el fin de todo..., de mi carrera, mi hogar y mi matrimonio.» Pero David Selznick y Howard Hugues (que habían comprado el contrato de Mitchum) contrataron a Jerry Giesler, uno de los mejores abogados de Hollywood. Mitchum fue puesto en libertad bajo fianza de 1.000 dólares pendiente de juicio y el tribunal le ordenó que se presentara a trabajar en la RKO al día siguiente.

Mitchum había rodado dos películas que no se estrenaron hasta que los ecos del escándalo no se hubieron apaciguado. Hughes era adicto a la codeína y Selznick tomaba anfetaminas y le prestaron el máximo apoyo posible a Mitchum durante todo el juicio, aunque ninguno de los dos magnates quiso hablar con la prensa. El 9 de febrero de 1949 Bob fue sentenciado a pasar un año en la cárcel del condado. El juez suspendió la condena y le dejó en libertad condicional durante dos años, aunque Mitchum tendría que pasar sesenta días en la prisión del condado de Los Ángeles. Cuando Mitchum fue llevado a la prisión Howard Hughes se disfrazó para poder entrar a hablar con él. Lo que se dijeron sigue siendo un secreto, pero cuando Bob fue puesto en libertad Hughes le compró a Selznick su parte del contrato por 40.000 dólares y le prestó 50.000 dólares a Bob para que le comprara una casa a su esposa y sus hijos.

Hughes se atrevió a estrenar *Rachel and the Stranger* (*Vuelve a amanecer*), protagonizada por Mitchum y Loretta Young. El público hizo cola ante la taquilla y aplaudió la primera aparición de Mitchum en la pantalla. Los periódicos de todo el país se escandalizaron y le aconsejaron al público que no fuera a ver la película, pero la RKO recibió montañas de cartas apoyando al actor que una vez dijo: «Si no te lo puedes beber, gástatelo o bésalo y olvídalo.» Quizá fuese porque la foto de Mitchum barriendo su celda de la prisión demostraba que cumplía sus deberes como cualquier otro prisionero. El rostro que raramente gesticulaba o sonreía lo dijo todo: «Estoy pasando una mala racha. ¿Qué tiene eso de raro? Un metro ochenta y dos de estatura, noventa kilos de peso, pelo castaño claro, ojos de color de avellana y un nariz rota que nunca llegó a recuperar la normalidad; eso era Robert Mitchum, que había sido jornalero, minero, boxeador y doble en siete películas de Hopalong Cassidy. «He sido feliz en la cárcel porque he estado solo», dijo. «Nadie me envidiaba. Nadie quería nada de mí.»

Aunque el escándalo tuvo un final feliz, Bob necesitaba dinero para pagar las costas del juicio y ésa fue la razón de que llamara a Ava, quien todavía no conocía a Mitchum. «Me podría haber enamorado de él», dijo años más tarde. Lo cierto es que se enamoró de él y Bob empezó a tener problemas. Se pasó todo el rodaje de *Odio y orgullo* colado por Ava. Ella no interpretaba sus escenas de amor. Sus besos eran deliberadamente largos, apasionados y seductores. Cuando él la acompañó a casa después del trabajo hablaron de «la situación». Bob estaba perdiendo el control del trabajo y no sabía cómo tratar a la mujer que había tenido una relación tan íntima con su jefe.

–¿Qué ocurriría si pasara algo entre Ava y yo? –le preguntó a Hughes por teléfono.

–¿Cómo qué? –replicó Hughes.

–Verás, te estoy preguntando si puedo acostarme con ella...

–Si no lo haces todo el mundo va a pensar que eres maricón.

–Oye, no tengo ganas de hablar de tus problemas: quiero hablar de los míos –exclamó Mitchum.

–Bob, eres un auténtico urinario público –se rió Hughes–. Te lo tragas todo, ¿eh?

Bob no se enfadó con Hughes pero su relación con Ava acabó dejándole bastante frustrado.

Se hicieron muy buenos amigos y se quedaban charlando en el coche frente a la casa de ella casi todas las noches. Ava se había propuesto acostarse con él antes de acabar la película. Su última ocasión de conseguirlo fue cuando hicieron una gira por Chicago para promocionar *Odio y orgullo.* Hugues estaba tan preocupado que alquiló un guardaespaldas para asegurarse de que Mitchum no se pasaba de la raya y tomó precauciones para que nadie le metiera algo de droga en los bolsillos.

Ava estaba furiosa porque Mitchum no le prestaba más atención, lo cual era bastante lógico teniendo en cuenta que iba acompañado por Dorothy, su esposa. Lo que más ofendía a Ava no era el insulto que eso suponía sino el darse cuenta de que Mitchum no se atrevía a llegar hasta el final. En 1986 le preguntaron por sus oponentes masculinos y Ava se refirió a él.

–Creo que todas las chicas que trabajaron con Bob Mitchum se enamoraron de él –dijo.

En 1949 la cabalgata de divorcios en Hollywood hizo que Robert Taylor y John Huston coincidieran ante los tribunales. Clark Gable se casó con lady Sylvia Ashley impulsado por el entusiasmo pasajero del alcohol. David Niven contrajo su segundo matrimonio. Artie Shaw estaba pasando por una época bastante amarga: acababa de separarse de Kathleen Winsord. Mickey Rooney se casó con Martha Vickers y esperaba el nacimiento de su tercer hijo. Hasta L. B. Mayer decidió darle 3 millones de dólares a su primera esposa para que le permitiera casarse con una mujer mucho más joven que él.

¿Había un romance entre Ava y Bob? Nadie está seguro. Mitchum era un gran bebedor, un rebelde y un mujeriego pero jamás habría sido capaz de hacerle daño a una tercera persona. Su esposa no tuvo que apoyarle durante el escándalo, pero sí lo hizo cuando los niños no fueron bien recibidos en un colegio privado por tener un padre con antecedentes delictivos.

Antes de que Ava abandonara Chicago hizo una ronda por los clubs nocturnos sin acompañante. Tuvo que enfrentarse más con los fans que con el whisky y se vio forzada a llamar a uno de los guardaespaldas de Hughes, que la encontró encerrada en el lavabo de señoras mientras una multitud esperaba fuera para arrancarle trozos de su precioso vestido de noche como recuerdo.

Su relación con Mitchum la había dejado tan deprimida y frustrada que Ava cogió un avión sin decírselo a nadie y volvió a Los Ángeles, donde la esperaban Howard Duff y Frank Sinatra. Estaba llegando a una encrucijada con ambos, pero quería negociar su próxima película con Dore Schary antes de involucrarse en esos complicados enredos románticos que le parecían inevitables.

La MGM le había asignado un presupuesto de 7 millones de dólares a *Quo Vadis*, la película más cara de toda la historia del cine. Diez años antes, *Lo que el viento se llevó* había costado 4 millones de dólares. *Quo Vadis* se rodaría en los enormes estudios de Cinecittà, a diez kilómetros de Roma. Ava quería interpretar el papel de Ligia, la esclava cristiana, pero Dore Schary pensó que Deborah Kerr era más apropiada para el papel. Clark Gable fue escogido para interpretar a Marco Vinicio, pero nadie le había pedido su opinión al respecto.

–No estoy dispuesto a que me vean vestido de romano enseñando mis malditas rodillas –dijo Gable.

–Tienes razón –replicó Schary–. Robert Taylor lo hará mucho mejor que tú.

–¿No puedes encontrar algo apropiado para mí? –gruñó Gable.

–Estamos buscando –le dijo Schary.
–Si das con un guión decente me gustaría contar con Ava Gardner como oponente femenina.
–Lo tendré en cuenta –dijo Schary sin mucho estusiasmo.
Gable se quejó a Tracy.
–Por lo menos con ese cabrón de Mayer sabías a qué atenerte –le dijo–. O te daba su palabra o te echaba del despacho.
Ava estaba decepcionada porque no actuaría en la espectacular *Quo Vadis*, pero pronto se olvidó de la película de romanos: un director de la MGM llamado Albert Lewin le informó de que estaba escribiendo el guión de *Pandora and the Flying Dutchman (Pandora y el holandés errante).*
–He moldeado a la frívola y obstinada protagonista pensando en ti –le dijo–. Esperamos que James Mason esté disponible para hacer el papel del holandés, y si todo va bien haremos la película con exteriores en España.
–¿Puedo leerlo? –le preguntó Ava.
–De todas maneras no estaremos dispuestos hasta principios del año que viene –dijo Lewin entregándole el guión–. Podrás pasar las fiestas de Navidad en casa.
Ava estaba entusiasmada con *Pandora* y tenía muchas ganas de ir a España. Figurar en el reparto de una película europea era otro síntoma de que la MGM creía en ella. Olvidó a Robert Mitchum y, en contra del consejo de sus amigos, se concentró en pasárselo bien con Frank Sinatra. El flaco cantante de baladas se encargó de satisfacer su hambre de aventuras, embriagándola de sexo y emociones. El amor no era un factor importante. Al principio de su relación habló con su amiga Ruth Rosenthal y le dijo que Frank era arrogante, caprichoso y dominante.
–No se llevaban muy bien –dijo la Rosenthal–. Supongo que se puede afirmar que esa hostilidad inicial fue la precursora de un repentino interés romántico.
Sinatra había salido con muchas mujeres durante sus cuatro años en Hollywood pero no podía apartar de su mente a la evasiva Gardner. Su belleza y su sensualidad le absorbían totalmente. El que estuviera disponible para una noche o dos antes de desaparecer convenció a Frank de que Ava era inasequible: estaba muy por encima de él. Su temperamento encajaba con el de Frank y Ava seguía viviendo su vida sin reparar en sus sentimientos. A pesar de sus infidelidades, Frank era un hombre muy amante de la familia, aunque su esposa Nancy no le viera mucho después de que se instalaran en Hollywood. Su separación por dos semanas en 1946 no fue tomada en serio. Lana Turner, a quicn sc culpó, le confesó a Louella Parsons: «No estoy enamorada de Frank y él no lo está de mí. Nunca he destrozado un hogar. No puedo aceptar esas acusaciones.»

–Frank quiere su libertad pero sin divorciarse –dijo Nancy, que era una dedicada ama de casa.

Frank apareció en el Slapsie Maxi, donde el cómico Phil Silvers estaba actuando. Amigos comunes llevaron a Nancy, que se sentó en una mesa aparte. En el curso de la velada se le pidió a Frank que cantara. Su elección fue «Goin Home» y casi al final de la canción Silvers tomó su mano y la puso sobre la de Nancy. Se besaron, lloraron y se abrazaron. A la noche siguiente Frank se mudó de nuevo a la casa que tenían en el lago de Toluca.

En los tres años siguientes la popularidad de Sinatra como cantante fue disminuyendo. Las listas de 1949 mostraron que estaba en declive como cantante por primera vez desde 1943. Billy Eckstine era el cantante más popular, con Frankie Laine como segundo. Bing Crosby y Mel Torme se quedaron en tercer lugar. Sinatra se arrastró hasta el quinto, mientras Perry Como, Vic Damone, Nat King Cole y la nueva sensación Johnny Ray, se acercaban a los primeros puestos.

Pero Frank confiaba en que tendría éxito con el cine. *On the Town (Un día en Nueva York)* con Gene Kelly fue bastante popular en 1949, pero corrió el rumor en Hollywood de que la MGM quería rescindir su contrato porque en lugar de aparecer en la cabecera de cartel, como estaba previsto, salió el segundo después de Kelly.

L. B. Mayer todavía tenía poder dentro de la Metro y estaba aterrorizado con la vida privada de Frank. Había una cláusula moral en cada contrato que se extendía: «El artista acuerda conducirse con el debido respeto hacia los convencionalismos y moralidad del público y accede a no hacer o cometer cualquier cosa o acto que le degrade ante la sociedad, o que provoque en el público odio, desprecio, burla o ridículo, o que escandalice, insulte u ofenda a la comunidad o ridiculice la moral pública o la decencia o perjudique al productor (MGM) o a la industria cinematográfica en general.»

La votación del club de la prensa femenina dio a Frank Sinatra como «El actor menos cooperativo.» Llegaba tarde al trabajo y pedía lo imposible. Mayer le puso en advertencia desde el principio, pero el joven cantante tenía más confianza en sí mismo que la Marina de Estados Unidos.

Aunque la familia de estrellas de la Metro, se quejaba del sistema de estudios, la mayoría había obtenido fama después de ser entrenados, ayudados con clases de interpretación, castigados y premiados por su «padre». Se protegían unos a otros, pero lo más importante es que deseaban que se les dijera lo que tenían que hacer. Aunque no le gustase, Ava era un producto de la MGM. Había trabajado duro, obedeció las reglas, y ascendió por la escalera del éxito paso a paso. Cuando Sinatra llegó a la MGM su descaro hizo que le resultara bastante antipático. Admiraba la voz del cantante, pero no al hombre. A lo largo de su carrera Ava nunca adquirió la seguridad en sí misma que Frank exhibía de forma tan ostentosa. Pero tuvo la sartén por el mango desde el principio. Pese a su fanfarronería y su postura engreída, Sinatra sabía que se estaba hundiendo profesionalmente y económicamente, mientras que la miedosa Ava se convertía en una de las actrices más buscadas de Hollywood.

El porqué Ava fue a Nueva York con Frank al principio de diciembre de 1949 es «su secreto». No estaba dispuesta a arriesgar su carrera por un hombre casado, especialmente uno que recientemente había comprado una costosa casa para su familia en la exclusiva zona de Holmby Hills y otra que estaba construyéndose en Palm Springs. Esperaban poder viajar juntos sin que los vieran y querían hospedarse en casa de un amigo en Hamsphire House. Pero fueron vistos con otra pareja en el estreno del espectáculo de Broadway *Los caballeros las prefieren rubias* el 8 de diciembre. Cuatro días más tarde, en el cumpleaños de Frank, Ava fue su pareja para una celebración en el Copacabana.

Se especulaba con que Sinatra estaba aterrorizado por la marcha de Ava a España después de Año Nuevo. Tenía que tomar una postura o, por lo menos, probar que era sincero cuando decía que deseaba divorciarse de Nancy. Presentar a Ava a sus padres era un poco insólito, pero en apariencia formaba parte del plan. Los amigos de Frank y su agente de prensa George Evans trataron de evitar lo que estaba pasando. Pero Frank estaba obsesionado con Ava y ella se planteaba seriamente el tener una relación estable con Francis Albert Sinatra, de treinta y cuatro años.

Los únicos artículos publicados sobre el viaje a Nueva York hablan de que se «encontraron casualmente» en el estreno de *Los caballeros las prefieren rubias*. Todo el mundo cree que éste fue el principio del romance Gardner-Sinatra. Se mantuvo tan discretamente escondido que muy poca gente se dio cuenta que asistían juntos al espectáculo.

Frank volvió a California y le pidió el divorcio a Nancy. Ava actuó en consecuencia y le dijo a Howard Duff que ya no le vería más. «No me sorprendió», observó Duff. «Sabía que todo había terminado. Ava nunca consideró seriamente el casarse conmigo.»

Después de las fiestas Frank abandonó a Nancy, que era italo–americana y una católica devota. Le dijo a Hedda Hopper que la vida con su marido había llegado a ser desgraciada y casi insoportable. «Pero no veo un divorcio en el futuro inmediato», dijo. «Frank se ha marchado antes de casa y supongo que lo hará de nuevo. Pero lo que ha ocurrido ahora no es una ruptura matrimonial.»

El viaje de Ava a España fue pospuesto hasta marzo. Los escépticos dijeron que si se hubiera marchado en la fecha prevista, su explosiva relación con Frank se hubiera enfriado. Los dos meses siguientes fueron una equivocación, admitió él. «Pero estaba tan enamorado que no me importaba.»

La muerte de George Evans puede que precipitara lo que ocurrió después. El agente de prensa había estado al lado de Sinatra desde los primeros días del Teatro Paramount. Evans era la única persona que podía manejar a Frank y su primer gran desacuerdo vino motivado por Ava Gardner. Evans fue el responsable de mantener intacto el matrimonio Sinatra, animando a Frank para que usara el anillo de boda en el escenario. Las adolescentes que se desmayaban en sus conciertos le amaban todavía más por eso y sus madres lo aprobaban. Evans era un genio utilizando los trucos psicológicos pero se pasó los años cuarenta intentando ocultar las aventuras de Frank. Ava demostró ser su Waterloo. Evans estaba preocupado por su salud, y con cuarenta y ocho años murió de repente de un ataque al corazón el 26 de enero de 1950.

Frank quedó tan sorprendido como destrozado. Asistió al funeral en Nueva York y después procedió a hacer lo que Evans había luchado tanto por evitar. Permitió que su romance con Ava llegara a ser del dominio público al llevarla al Hotel Shamrock en Houston por un compromiso de dos semanas para cantar allí, Un reportero los descubrió en un tranquilo restaurante y al día siguiente la historia apareció en los periódicos de todo el mundo.

Nancy echó de casa a su marido el día de San Valentín pero dijo claramente que no habría divorcio. Ava volvió a la MGM y se enfrentó a L. B. Mayer, quien la llamó puta. «Se te había negado el permiso para dejar Los Ángeles», dijo, porque sabía lo que estaba pasando. ¿Has leído los periódicos? ¿Sabes lo que Hedda y Luella están diciendo de ti? ¿Has leído las cartas de los fans? Te están llamando perra y Jezabel. Dicen que eres una rompehogares.»

Ava se encontraba en estado de «shock». El incidente en el restaurante Vicent Sorrento de Houston había sido horrible. Mientras ella y Frank estaban cenando el reportero Edward Schisser del *Houston Post* se acercó a la mesa con una cámara. Ava gritó y se tapó la cara con su abrigo de visón. El dueño del restaurante, Tony Vallone, llegó corriendo a la mesa y Schisser se marchó, pero el incidente salió publicado en el *Houston Post*. El daño ya estaba hecho.

–Un fotógrafo pidió permiso para hacer una foto –explicó Sinatra–. Yo me negué educadamente y él se marchó. Al día siguiente se contó la historia de que no sólo me negué que tomara la foto sino que le amenacé con darle un puñetazo en la nariz.

L. B. Mayer no castigó a Ava pero llegó a un acuerdo con Sinatra por el que se ponía fin a su contrato con la Metro. Frank dijo que pidió ser liberado porque estaba harto de interpretar papeles de marinero.

Tenía muchas ganas de presentarse en el Copacabana, en marzo: sería su primera aparición en un club nocturno en cinco años. En cuanto a su vida privada Sinatra le dijo a la prensa: «El hecho de que Ava y yo hayamos salido unas cuantas veces no significa nada.»

DIEZ

Frankie

El 12 de diciembre de 1915 estaba nevando en Hoboken, Nueva Jersey, cuando Natalie Sinatra, de veintidós años y a quien todo el mundo conocía por el apodo de «Dolly», dio a luz su primer y único vástago, un chico que pesaba cerca de tres kilos y medio. El niño tenía un rasguño en el lado izquierdo de la cabeza y en el cuello a causa del fórceps que hubo de emplearse durante su alumbramiento, operación durante la que casi perdería una oreja.

El padre del niño, Marty, un italiano de Catania (Sicilia), no sabía leer ni escribir: había sido boxeador, calderero, barman y bombero. Dolly Garavante emigró de Génova con sus progenitores y trabajó de comadrona hasta que se estableció por su cuenta practicando abortos. El ensortijado cabello rubio y los ojos azules de Dolly hacían que mucha gente la creyera irlandesa: Dolly sabía sacar provecho de ello y en bastantes ocasiones utilizó el apellido de O'Brien. En aquel entonces los italianos no eran bien recibidos en muchos sitios y aunque Dolly estuviese orgullosa de su ascendencia, se mantuvo cerca de los irlandeses que entonces controlaban la política y el mantenimiento de la ley en Nueva Jersey. Su esposo era conocido en el ring de boxeo por Marty O'Brien, y durante la Prohibición los Sinatra abrieron una sala de fiestas con dicho nombre.

Fue Dolly la que obtuvo el dinero prestado para el local del bar e hizo el contrabando de bebidas alcohólicas. El sumiso y dócil Marty nunca se metió en asuntos de negociaciones o en cuestiones financieras.

El hijo, Francis Albert, carecía de ambiciones y no sabía qué camino seguir. A los dieciséis años dejó la escuela y se puso a trabajar como escribiente en un periódico local. Pero ya entonces se hacía respetar, y su carácter violento le hacía organizar muchos alborotos de los que luego no sabía salir. La gente se refería a él llamándole WOP (Without Papers, sin documentación), etiqueta que se daba a los italianos a comienzos de siglo. Miraba a los miembros de las clases superiores con admiración, nunca con envidia. Ya fuera en las calles de Hoboken o de Hollywood, Sinatra siempre decía: «Eso es auténtica clase.»

Estaba muy unido a su madre y le gustaba hacer cualquier cosa que regocijara a Dolly. Uno de los pasatiempos favoritos de su madre era el canto y formó un cuarteto denominado «Los cuatro de Hoboken». Con la ayuda y estímulo de su madre, el grupo musical se presentó a concurso en la competición de la radio «La gran hora de los aficionados Bowes» y consiguió el primer puesto. Después de varios contratos como cantante, el descarado Frank quiso independizarse y en 1938 logró un empleo de mozo-cantante en el Rustic Cabin, un local de la carretera que estaba cerca de Alpine, Nueva Jersey, por 15 dólares a la semana.

El año siguiente estuvo lleno de grandes acontecimientos para Sinatra. El flaco joven de cabellos engominados fue descubierto por el director de orquesta Harry James, quien le ofreció 75 dólares a la semana. Contrajo matrimonio con Nancy Barbato en el mes de febrero: Dolly se había empeñado en casarle para evitar que su hijo se metiera en más líos con las chicas.

–En Nancy encontré hermosura, calor y compresión –dijo Frank–. Estar junto a ella me permitía huir de un mundo que no me gustaba. Todo cuanto conocí en aquella época eran chicos rudos en las esquinas, luchas entre pandillas y unos padres que siempre estaban muy ocupados ganando dinero.

–Pero advirtió a su mujer de que iba a ser famoso y no quería que nadie se lo impidiese. Nancy le prometió que no se interpondría en su camino.

Los recién casados pasaron cuatro días de luna de miel en Carolina del Norte y se instalaron en un apartamento de un tercer piso sin ascensor de Jersey City.

A los veinticuatro años, Frank estaba muy seguro de sí mismo y no le importaba decírselo a cualquiera que lo dudase. Según cuenta Harry James, en una entrevista para *Downbeat*, un reportero le preguntó al director de orquesta: «¿Quién es ese cantante bajito y flacucho? Canta muy bien.»

–No hable tan alto –le respondió James–. Se llama Sinatra. Se considera el mayor vocalista de todo el mundillo de la canción. ¿Qué le parece? Nadie ha oído hablar de él. Nunca ha grabado un éxito de ventas. Tiene todo el aspecto de una bayeta mojada y aun así afirma ser el más grande. Si oye que le hace semejante cumplido, me pedirá un aumento de sueldo.

Tommy Dorsey le ofreció 125 dólares a la semana y en 1940 él y Frank grabaron «I'll Never Smile Again» que llegó al primer puesto en la lista de ventas.

–Ser honrado es tan complicado y difícil como no serlo –dijo Sinatra–. Si eres honrado y triunfas dirán que eres un héroe. Si lo que haces no es honrado y triunfas eres un vividor. ¿Qué hice yo? Me agarré a las canciones.

En 1940 la pareja tuvo su primer bebé, una niña a la que llamaron Nancy: la mujer de Frank decidió quedarse en casa en lugar de viajar con su marido. A Frank le importó poco esta decisión. Ya había estado tonteando con otras mujeres y ahora disfrutaba de su libertad. En cuanto actuaba a algunos kilómetros de su hogar, Frank podía llegar a pasarse toda la noche fuera de casa. Sus amigos afirmaban que Dolly procuraba mantener unido al matrimonio y no sólo por efecto hacia su nuera, ya que las dos mujeres no se llevaban bien. Dolly creía en la unidad familiar y en más de una ocasión hizo que Frank volviera al redil.

En 1941 Sinatra reemplazó a Bing Crosby en la cúspide de la popularidad de la lista de *Billboard.* En vísperas de Año Nuevo de 1942, rescindió su contrato con Dorsey pagándole una indemnización y se presentó con Benny Goodman en el Paramount de Nueva York. Frank causó sensación, pero fue el agente de prensa George Evans quien tuvo la idea de entremezclar entre el público asistente a un grupo de adolescentes con calcetines blancos que daban saltitos y clamaban «¡Oh, Frankie!» al recibir la señal. Evans alquiló una ambulancia que aparcó delante del teatro para atender a las mujeres de todas las edades que llenaban el Paramount y que pudieran sufrir desmayos a causa de la histeria.

El divo de las mejillas chupadas y la nuez protuberante las hizo acudir en masa todas las noches durante ocho semanas. Frank se aferraba al micrófono y cantaba con una expresión de patética avidez en los ojos y un temblor de sexualidad vulnerable en la voz. Los críticos dijeron que transmitía una imagen de tristeza romántica. No fue Evans quien inventó la frase luego tan utilizada para referirse a Sinatra: «Frank te hace sentir como si estuviese cantando para ti sola.»

En enero de 1944 Nancy dio a luz a Frank, Jr. Su célebre marido se encontraba en Hollywood ofreciendo conciertos y dando sus primeros pasos en el cine. No tenía la menor prisa en trasladar su familia al Oeste, donde las mujeres hermosas abundaban tanto como las naranjas y eran tan fáciles de coger como ellas. Al final compró la propiedad de Mary Astor en Toluca Lake, un sector de San Fernando Valley, a ochenta kilómetros a las afueras de Hollywood.

Nancy se halló fuera de su elemento en una atmósfera de fascinación y elegancia. Seguía preparando abundantes comidas al estilo italiano, cuidando a su prole y comprando en tiendas donde se podía regatear. Aunque supiera poco de Frank, Nancy se sintió aliviada de que lo declarasen no apto para el servicio militar. La perforación de un tímpano, defecto de nacimiento, fue lo que le salvó. Mientras las grandes estrellas masculinas de Hollywood como Clark Gable, Jimmy Steward, Tyrone Power, Robert Taylor y David Niven, para citar unos pocos, hacían el servicio militar, los estudios tuvieron que encontrar sustitutos para sus ídolos, y Sinatra dio un paso adelante.

Cuando Nancy apenas había residido en California año y medio, Frank se trasladó a un apartamento en la que fue su primera separación oficial. Lana Turner y Marilyn Maxvell habían sido vistas en compañía de Sinatra. Regresaría al hogar, pero no cambió su estilo de vida en Las Vegas, Palm Sprigns, Cuba o Nueva York. Los amigos de Frank decían que no le prestaba mucha atención a Nancy, pero en cambio no dejaba de hacerle fiestas a Dolly, dejando bien claro de que su madre era la persona más importante de su vida.

Las películas de Sinatra daban dinero en taquilla y eran elogiadas por la crítica. El columnista de espectáculos del *New York Daily Mirror*, Lee Mortimer, sin embargo, no era ni mucho menos un entusiasta suyo. Frank encajó las mofas dejando que le escocieran en su interior hasta que el crítico se pasó de la raya cuando actuó con Kathryn Grayson en *It Happened in Brooklyn*, de la MGM: «Esta excelente película de buena producción se embarulla debido al error de reparto que supone haber escogido a Frank (Lucky) Sinatra para interpretar el primer papel masculino, al que destroza con sus sonrisitas y muecas afectadas.»

«Lucky» (afortunado) era una pulla que hacía referencia al éxito del cantante y actor o bien a su conocida relación con «Lucky» Luciano.

Una noche de 1947 Mortimer salía de Ciro cuando fue atacado por los compinches de Frank que le dieron una paliza. El tribunal de Los Ángeles, condenó a Sinatra a pagar 9.000 dólares en concepto de daños y perjuicios. Dolly comentó: «Mi hijo es como yo. Nunca olvida una ofensa.»

Frank seguía haciendo lo que le daba la gana pese a las reiteradas advertencias de la MGM. Ava Gardner era como una droga de la que no podía desengancharse. Su retraimiento de los comienzos le hizo pronunciar su frase favorita: «Eso es verdadera clase.» Hablaba de ella constantemente. Decía que Ava también tenía su entusiasmo, su insaciable anhelo de estímulos y sus ilimitadas energías. A diferencia de las otras actrices hermosas que había conocido, Ava se despreocupaba de su aspecto. De hecho, estaba más hermosa sin maquillar. No se preocupaba por su figura o por lo mucho que bebiera. Al amanecer estaba tan sobria y exquisita como lo había estado en el crepúsculo. Era una amiga sincera, una compañera siempre imprevisible, una amante apasionada y tenía un carácter todavía más violento que el de él.

Ava fue advertida de que pese a sus infidelidades y su independencia Frank era un hombre de familia, pero al principio no le importó. Sus dos matrimonios fracasados habían acabado con sus deseos de conseguir una relación permanente. La gente decía que Nancy era una mujer comprensiva y una esposa fiel que estaba deseando que su marido regresara al hogar. Aparte de la mujer de limpieza que venía una vez por semana, Nancy se ocupaba ella misma de la casa y los niños.

George Evans quizás hubiese podido impedir que el episodio del restaurante Houston causara tal escándalo. Antes ya había tenido que apagar algunos incendios. Con todo, controlar a Ava era como querer controlar un huracán. En cuanto se enamoró del moreno italiano que le cantaba canciones de amor bajo las palmeras y durante el trayecto por Wilshire Boulevard, Ava se dejó llevar por sus emociones. «Ni la MGM, ni la prensa, ni nadie puede decirme lo que he de hacer», declaró antes de tomar el avión para Texas. Ni siquiera Bappie logró convencerla de que se fuera.

De humor nervioso y antojadizo, Sinatra temía actuar en Copacabana en marzo de 1950. Ava fue con él a Nueva York de camino para España. Se alojaron en suites separadas del Hampshire House, pero el *Journal American's* publicó el siguiente titular: DOS ESTRELLAS SE ALOJAN EN EL MISMO HOTEL. El artículo decía que el señor Sinatra había reservado un lujoso apartamento con vistas al Central Park y que la señorita Gardner, recientemente votada como «la mujer de mayor atractivo sexual del mundo» por los extras de Hollywood, se alojaba en otra planta. Los reporteros se pasaban las veinticuatro horas del día a la puerta del Hampshire House.

Los últimos tres meses no habían sido muy favorables para Frank. Su carrera se tambaleaba y con ella su confianza. Llegó con retraso a una colecta para la Cruz Roja americana. La actriz Faye Emerson dijo que era «un fanfarrón» y se negó a posar junto a él en unas fotos de publicidad. Frank replicó: «¡Me importa un comino!» Para añadir leña al fuego dejó de asistir al baile. Los periodistas le descubrieron de ronda por las salas de fiesta con Ava. Al ser preguntado por el romance, Frank exclamó: «¡Aún estoy casado!»

Puede que no estuviera en casa para la fiesta de cumpleaños de Nancy, pero la obsequió con un abrigo de visón. La noticia fue publicada en una columna de habladurías y Ava se lo tomó bastante mal, mas era Sinatra el que estaba derrumbándose bajo la presión de su presentación en Copacabana, de enorme importancia para él y que cada vez estaba más próxima. Se hallaba muy tenso, visiblemente agitado y sumido en el agobio. Sus amigos más íntimos se congregaron en primera fila para animarle mientras Ava trataba de calmarle en el camerino. Frank estaba tan nervioso que pidió un sedante. Ava fue a sentarse en su localidad para ofrecerle su apoyo.

Sinatra hizo frente a una muchedumbre que no guardó silencio cuando hizo su entrada.

–¡Eh! Ésta es mi primera noche... Dadme una oportunidad, ¿queréis? –les dijo medio en broma y medio en serio.

El crítico del *Herald Tribune* escribió: «Ya sea temporalmente o de forma permanente, la música que fascinaba a las adolescentes –por cierto, ¿qué ha sido de ellas? Y no es que las echemos de menos– se ha esfumado de su garganta. Desde el punto de vista vocal, ya no existe la magia negra que solía existir cuando el señor Sinatra hacía brotar "Night and Day" de su delgado cuerpo y las mujeres del público se desmayaban a millares. Se apoyaba en los tonos de voz que le siguen funcionando y utiliza arreglos musicales cuidadosamente estructurados con la orquesta encargándose del trabajo más duro en los puntos cruciales.»

Frank sintió cierto alivio al ver que iba a poder actuar y cantó su repertorio clásico entre el que estaba incluida «Nancy with the Laughing Face». Ava estaba que ardía en su asiento y sentía las miradas que la escudriñaban y oía las burlas de los graciosos. Algunos parroquianos creyeron que se trataba de una broma y se echaron a reír. Ava logró mantener la calma en medio de aquel jaleo, pero al concluir el espectáculo se encaró con Frank.

–¿Por qué tuviste que cantar esa jodida canción? Hace que me sienta como una condenada estúpida.

–Es una canción que me ha traído suerte durante años –replicó él–. La canto en todas las actuaciones. No significa nada.

–Bueno, pues no creas que me verás sentada allí todas las noches escuchándola. O la canción desaparece o soy yo la que desaparecerá.

Frank eliminó «Nancy with the Laighing Face» de su actuación y Ava asistió las diez noches siguientes, animándole desde una mesa de primera fila. No obstante, su voz era débil, y sus nervios estaban a punto de estallar. Sus amistades le estaban presionando para que se reconciliara con Nancy, y sus llamadas telefónicas a la familia lo estaban deprimiendo. Los niños lloraban y Frank lloraba. Nancy no dejó de enviar un telegrama de felicitación al Copa, pero no le rogó ni intentó presionarle para que regresara al hogar. Saber que Ava pronto partiría hacia Europa hizo que el estado de su garganta fuese empeorando progresivamente. El temor a perderla era mayor que el miedo a perder la voz.

Cuando Artie Shaw invitó a Frank y Ava a su actuación en Bop City y a cenar a su apartamento después del espectáculo, Sinatra se mostró enojado. Detestaba a Shaw, quien observó: «Sí, creo que Frank me odiaba. Quiso cantar para mí, pero le dije que no solía darle empleo a chavales.» Sinatra había avisado a Artie en otros tiempos de que no debía ver a Ava o intentar hablar con ella, pues de lo contrario... Shaw señaló al guardaespaldas de Frank y tuvo una ocurrencia ingeniosa: «Si eres tan duro, ¿por qué necesitas que te acompañe?»

Ava estaba harta y cansada: se había pasado dos semanas haciéndole zalamerías y mimos y haciéndole de madre. Estaba aburrida del revoloteo de los reporteros que no paraban de hacer preguntas. Pero hizo cuanto pudo el mayor tiempo posible porque sabía lo dolorosas que le resultaban las conversaciones con su hija Nancy, que tenía diez años, y le estaba rogando que volviese a casa. Cuando tenía que enfrentarse con la realidad del divorcio, Frank dejaba de ser el hombre duro que todos conocían y se convertía en un sentimental. Mientras se afligía por la ausencia de Ava que duraría varios meses, ella ponía en duda su habilidad de vivir solo, sabiendo que podía regresar al lado de Nancy.

Eso hizo que Ava volviera a pensar en Artie Shaw, quien siempre estaba disponible para aconsejarla. Conociendo sus problemas con Frank, por lo que la invitó a cenar. Frank tuvo una violenta discusión con ella por ese motivo y Ava acudió con otro acompañante para ver la actuación de Artie Bop City y volvió a su apartamento para la cena. Frank regresó al Hampshire House, confiando en que Ava estaría allí. Telefoneó al apartamento de Shaw, muy enfadado, y habló con ella.

–¡Sólo quería despedirme de ti! –le dijo.

–¿Adónde vas, Frank? –le preguntó Ava–. ¿Puedo ir yo también?

–No, pequeña, voy a un sitio al que no puedes acompañarme.

Ava oyó un disparo, una pausa, y luego otro disparo. Soltó el auricular, gritó histéricamente, y corrió al hotel acompañada por Artie y unos amigos.

Los disparos causaron gran conmoción en la octava planta del Hampshire House. El actor Tom Drake y Manie Sachs, el jefe discográfico de la Columbia, salieron corriendo de sus habitaciones. El productor David Selznick les dijo: «¡Creo que el hijo de perra se ha suicidado!» Fueron corriendo a la suite de Frank, descubrieron dos agujeros de bala en su colchón y lo cambiaron por el de la habitación de Sachs antes de que llegase la policía.

Ava se abrió paso a través del gentío que llenaba el vestíbulo y halló a Sinatra tranquilamente sentado en su cama con el pijama puesto leyendo un libro. Horrorizada, le narró su historia a la policía.

–¿Estás loca?» –exclamó Frank riéndose–. Te llamé para darte las buenas noches y me fui a la cama.

Al día siguiente, la MGM exigió a Ava que saliese de inmediato para España. Había retrasado el viaje varias veces porque Frank la necesitaba. Los estudios estaban disgustados no sólo por la publicidad adversa, sino por la pérdida pecuniaria diaria que suponía el que Ava no se encontrara junto al resto del elenco de *Pandora and the Flying Dutchman.* Cuando fue a Nueva York Ava solicitó un agente de prensa, pero la MGM se negó, dadas las circunstancias. Tomando en consideración las rígidas cláusulas morales que regían su contrato, éste podría haber sido suspendido sin retribución alguna. Sacar a Ava del país y alejarla de Frank era la solución más lógica. El pseudosuicidio de Frank la había dejado en ridículo, y Ava deseaba ardientemente distraerse con un trabajo y conocer España. Se despidió de Frank en el aeropuerto a principios de abril: fue un momento triste y tierno a la vez, si bien él prometió ir a verla en cuanto cumpliera sus obligaciones con el Copa.

Sinatra anhelaba arreglar sus problemas matrimoniales con Nancy y obtener una declaración de divorcio. Durante su separación se le confió temporalmente la custodia de los niños, todas las propiedades, y la mayor parte de su dinero en en efectivo hasta conseguir un arreglo definitivo. Nancy informó a la prensa de que ambos eran católicos y ninguno de los dos quería el divorcio.

Las llamadas telefónicas de Frank a Ava no eran alentadoras. Su estado de ánimo pasaba del enfado al intento de darle ánimos y la desesperación con respecto a sus relaciones. Su salvación era su papel de Pandora. En aquella época la Costa Brava, a un centenar de kilómetros al norte de Barcelona, no estaba explotada por el turismo. Su estrecha y alargada playa estaba limpia y poco accesible; era como un campo de juegos ilimitado para unos pocos elegidos. Ava se encariñó con España. El espíritu ocioso de sus habitantes la inspiró a bailar flamenco y beber en los oscuros y acogedores rincones de los modestos locales nocturnos.

También se sintió atraída por Mario Cabré, que interpretaba el papel de matador en *Pandora.* Cabré no era el mejor torero de España, pero su estilo vistoso en el ruedo atraía buen número de espectadores. Mantuvo su nombre en las columnas periodísticas gracias a sus encuentros con célebres bellezas. Su poesía, como su toreo, sólo alcanzaba la mediocridad, pero esos dos talentos de segunda fila colaboraron para hacer de él una figura pública.

Para Ava, Cabré era el tipo ideal del latino: alto, bien parecido, de espaldas amplias, estrecho de caderas, de tez morena, orgulloso, temperamental y apasionado. Vestía elegantes trajes oscuros y llevaba corbatas de muy buen gusto. Sus modales eran impecables y su encanto irresistible. Podía mantener una conversación de elevada altura en español pero hablaba muy poco inglés. No fue el primer matador que logró entrar en comunicación con Ava a pesar de la barrera lingüística.

Cabré le daba serenatas acompañándose con su guitarra y le dedicó versos llenos de devoción y de un amor eterno. Cabré acabó dando permiso para publicarlos. Además de su amor por Ava, el vistoso Mario confiaba en que cortejarla le convertiría en estrella cinematográfica. Una calaverada con el arrojado Cabré carecía de significado para ella. La MGM se aprovechó de la situación haciendo publicidad de la pareja y mandando fotos suyas a los periódicos. L. B. Mayer confiaba en que eso serviría para compensar los daños producidos por el escándalo Sinatra. Ava le dijo a Frank que los rumores eran una nadería. Las fotografías hablaban por sí solas, replicó él. La responsable era la MGM, adujo ella. Él se desquitó saliendo con Marilyn Maxwell y rodeándose de fotógrafos. Las conferencias telefónicas transatlánticas entre el Hampshire House de Nueva York y la villa española de Tossa de Mar en la costa mediterránea eran continuas: solían estar llenas de gritos y amenazas a las que Ava respondía desapareciendo unos días con Cabré mientras Frank intentaba curarse la garganta y las heridas sufridas por su orgullo.

Skitch Henderson, que estaba dirigiendo la orquesta de Copa, comentó: «Decir que Frank era una persona difícil sería expresarlo de una forma muy delicada. Siempre ha sentido un gran respeto hacia las personas con las que trabaja, por lo que cuando la orquesta tocaba mal la emprendía conmigo en vez de con los músicos. También le deprimía el no estar logrando ningún nuevo éxito mientras que un grupo de armónicas llegaba a vender un millón de discos con una versión con «Peg O' My Heart». Una noche en que la orquesta estuvo particularmente mal no pudo contenerse. Se volvió hacia mí, me lanzó una mirada sarcástica y dijo: «Quién sabe... Si se lo pido por favor puede que los Harmonicats se muestren dispuestos a acompañarme... Me ofendió como nunca me habían ofendido.»

Sinatra acabó perdiendo la voz y estuvo cinco noches sin poder trabajar. El columnista Lee Mortimer apostó cien dólares a que no terminaría su compromiso con el Copa. Frank se obligó a salir al escenario para llevarle la contraria. Una noche en la tercera aparición, abrió la boca. No pudo emitir ni un sonido. «Fue algo terrible, una auténtica tragedia», dijo Henderson. «Frank abrió la boca para cantar después de que la orquesta hiciera la introducción y no salió nada de ella. Por un momento pensé que era una broma, pero Frank me miró y... Supongo que cuando vi lo aterrado que estaba debí ponerme lívido. Se hizo el silencio, un silencio que casi había podido cortarse con un cuchillo. Frank logró murmurar "Buenas noches", y salió corriendo del escenario dejando perplejo al público.»

El médico de Sinatra dijo que había sufrido una hemorragia en la submucosa de la garganta y le sugirió que se tomara dos semanas de vacaciones. Billy Eckstine lo sustituyó en el Copacabana.

Frank voló a España contraviniendo las órdenes de su médico. Los reporteros le asaltaron en Nueva York. «Se supone que no puedo hablar», susurró. A fin de evitar la prensa británica, realizó un vuelo charter en un avión privado a Barcelona desde Londres. A la aduana llegaron rumores de que Frank llevaba consigo un misterioso paquetito de gran valor que resultó ser un collar de diamantes y esmeraldas valorado en 10.000 dólares. Frank y el compositor Jimmy van Heusen se dirigieron en automóvil al hostal de La Gavina, donde Ava los estaba esperando. Después de comer salieron a dar una vuelta por la carretera del litoral meridional.

Mario Cabré se encontraba en Génova, pero habló con toda libertad a la prensa. «Amo a Ava Gardner con toda mi alma y mi corazón. Creo que mi amor y mi simpatía son correspondidos. He recibido dos cornadas en el muslo. Pero la herida que Ava ha dejado en mí es mucho más profunda y llega hasta mi corazón.» A fin de comprobar su amor imperecedero, Cabré le regaló poemas suyos a los reporteros: eran odas para Ava.

–Adoro a Mario –declaró ella–. Todos adoramos a Mario. Es un chico maravilloso, pero no estoy enamorada de él. Toda esta historia es absurda. –Respecto a Sinatra declaró–: Frank también es un chico estupendo. La prensa y todo el mundo está haciendo comentarios acerca de matrimonio. Es prematuro. Frankie ni tan siquiera ha obtenido el divorcio.

Sinatra, pálido y desmejorado, dijo: «Cada minuto que Ava y yo estuvimos juntos íbamos acompañados por otras personas. Es una mujer formidable. Todo lo que puedo decir es que no ha habido cambio alguno en la situación matrimonial.»

Pese a que residiesen en villas distintas y estuviesen acompañados por Van Heusen, el convaleciente Sinatra cometió una equivocación al venir corriendo a España con un collar de 10.000 dólares mientras Nancy celebraba el Día de la Madre sin recibir ni un solo obsequio. Frank admitió que eso había sido un error por su parte. Las continuas lluvias de Barcelona hicieron empeorar su garganta y su estado de ánimo. El mal tiempo hizo que se encerrara en su habitación y pasó una estancia horrible. Cuando se aventuraba a salir, los periodistas no paraban de preguntarle por

Mario Cabré. Frank se llevó el dedo a la garganta y pese a que le dolía mucho tragar saliva se las arregló para responder: «No he oído hablar de él.»

Los agentes de prensa de la MGM gestionaron discretamente la cuestión de las villas separadas así como lo de las «carabinas» y enviaron a Mario Cabré a Italia para rodar y ayudaron a Ava en lo referente a las declaraciones de prensa a los reporteros. Ava esperaba impaciente una mejora en el tiempo que le permitiera volver a trabajar en *Pandora*. Sinatra no quería irse de España hasta la conclusión del asunto de Ava con el apuesto torero.

–¡Si me entero de que ese enano español ha vuelto a rondarte os mataré a los dos! –le advirtió Frank en una mesa llena de gente mientras cenaban.

–¡Estamos haciendo juntos una jodida película! –replicó Ava–, y se supone que él es mi amante, ¿cómo quieres que no esté cerca de mí? Por otra parte, yo no he dicho esta boca es mía sobre Marilyn Maxwell, ¿verdad?

–Eso es diferente. Somos viejos amigos, ¡y tú lo sabes!

–Bueno, pues Mario y yo somos nuevos amigos –dijo Ava levantando la voz.

Aunque Frank inspirase lástima, no dejaba de ser un hombre casado metido en una relación extramatrimonial y un cantante enfermo que parecía más preocupado por Ava que por sus cuerdas vocales. A algunos amigos íntimos les preocupaba que no se tomase en serio sus apuros financieros. La MGM había cancelado su contrato. No vendía discos y no había conseguido muchas ofertas para actuar en clubs y locales nocturnos. Aun así, le compró un obsequio bastante más caro de lo que podía permitirse.

La prensa de Estados Unidos estaba despellejando a Sinatra, quien decidió regresar a casa antes de lo previsto. Mario Cabré estaba encantado.

–La lluvia ha sido un fastidio –le dijo a un periodista–. Me ha impedido estar con mi amada; puede que a partir de mañana consiga volver a verla.

Cuando Frank aterrizó en Nueva York se refirió a Ava como «una amiga muy querida, nada más» y negó haberle hecho un regalo tan caro. «El único regalo que le hizo fueron seis botellas de Coca-cola», dijo. «Si no me creen, pregúntenselo a los agentes de aduanas de Barcelona.»

Sinatra llegó justo a tiempo a Los Ángeles para leer los artículos sobre el triunfante reencuentro de Ava con su torero durante los festivales de San Isidro en Tossa de Mar. Lo había sorprendido conduciendo un coche de caballos por la calle, le sopló un beso y gritó: «¡Mario, Mario!» Mario fue hacia ella y la rodeó con sus brazos. «Hola, pequeña», dijo en voz alta para que todos pudieran oírle. Acto seguido se desabrochó la camisa y exclamó: «Ayer un toro me dio una cornada en el pecho. Estaba distraído pensando en Ava. Pienso en ella día y noche. Es sublime.» Aquella noche cenaron los dos solos en la villa de Ava.

–No había contado con ese torero –diría Frank años después–. No era más que un principiante al que contrataron en el último minuto. Nunca llegué a conocerle. Supongo que lo que dijo no era más que un truco publicitario.

Frank y Nancy llegaron a un acuerdo definitivo sobre sus propiedades: ella se quedó con la casa de Holmby Hills, con una participación en la Sinatra Music Corporation, con el Cadillac del modelo 1950, con la custodia de los niños, con un tercio de sus elevados ingresos (que ascendían a 150.000 dólares) y con un 10 % de los ingresos que ganara hasta su fallecimiento o nuevo matrimonio. Frank se quedó con la casa de Palm Springs y un Cadillac convertible del año 49.

–No parece que quieran divorciarse –comentó el abogado de Nancy.

Cada día de su estancia en España hacía que Ava pareciese más hermosa. Rehusó que la doblasen en la escena donde Pandora nada desnuda hacia la goleta anclada del holandés. Aunque tuvo que repetirla varias veces, las aguas frías del Mediterráneo refrescaron a Ava. La fotografiaron de espaldas, subiendo al barco bañada por la luz de la luna. El montaje final sólo mostraba su goteante cabello mojado y su espalda desnuda. El holandés, interpretado por James Mason, miraba hacia la cámara y la película sugería que Pandora subió a la cubierta del barco sin llevar nada encima. La sugerencia resultó muy estimulante para Ava, quien asumió el papel de Pandora a todas horas del día viviendo su romance con Cabré. Para el elenco de artistas y el personal de producción, no obstante, Ava y Mario no eran inseparables. Para Mario aquella relación era tan intensa que no podía durar. Por lo que respecta a Ava, estaba enamorada de un cantante de Hoboken, Nueva Jersey.

ONCE

Todo o nada

En junio de 1950 concluyeron los exteriores de *Pandora and the Flying Dutchman* (*Pandora y el holandés errante*) por lo que su elenco y personal volaron a Londres donde se rodarían los interiores de la película. El que Cabré le hubiera dados sus poemas amorosos a los reporteros sirvió para inspirarles muchos titulares. Ava era su arco iris, su amanecer y el aire que respiraba.

La MGM supo sacarle provecho a Mario y su anticuada forma de cortejar a una deidad cinematográfica. El apuesto torero no se parecía en nada al flaco cantante de aspecto enfermizo. Pero Cabré había terminado sus escenas con Ava y tenía sus compromisos con los ruedos de España. Le dio el beso de despedida en el aeropuerto, dramatizando el momento en que dejaba a la mujer que amaba. Ava se encaró con los reporteros sin perder la calma. «Siempre beso a la gente para despedirme», dijo sin darle importancia. Un periodista le preguntó si ella y Sinatra se habían mantenido en contacto. «¡No!», se apresuró a responder Ava.

Ava se alojó en un magnífico piso londinense de Park Lane. Frank voló hacia allí para una aparición en el London Palladium el mes de julio. Alquiló un lujoso apartamento en Berkeley Square a poca distancia de donde vivía Ava.

El día 12 de julio, Sinatra hizo su presentación en suelo británico con Ava sentada en primera fila. Las críticas y comentarios sobre su actuación fueron excelentes. *The Sunday Chronicle* escribió: «¡Válgame Dios, es bueno!» El *Times* londinense dijo: «Hay mucha gente cuya idea de la virilidad está unido a sugerirles que bajo toda esa estrepitosa autoafirmación, el hombre sigue siendo un niño atemorizado que llora en la oscuridad.»

Durante su breve estancia en Londres Ava y Frank por fin tuvieron ocasión de estar juntos y ser felices. Los reporteros británicos eran considerados y no les acosaron, permitiendo que la famosa pareja gozara de la tranquilidad y tuviera un gran margen de libertad. Asistieron a fiestas en círculos aristocráticos y de la realeza e incluso conocieron a la princesa Margarita. Un pastor protestante inglés aludió a su más que conocida relación extramatrimonial, y describió a las mujeres de vida fácil como «rameras pintarrajeadas que rendían culto en el altar de santa Ava Gardner». Con todo, hubo muy poca publicidad, tanto buena como mala.

Después de una proyección de beneficencia, Ava, Frank, Stewart Granger y Jean Simmons, con la que estaba prometida, fueron presentados a la princesa Isabel y el príncipe Felipe. Ava vestía un escotado traje de noche en seda color marfil e hizo su reverencia algo nerviosa. La pareja consideró que era un gran privilegio, y sobre todo para Frank que acababa de triunfar en el Palladium.

George Sidney, que dirigió las pruebas filmográficas de Ava para la MGM, realizó varias películas de éxito durante los años cuarenta: *The Harvey Girls* con Judy Garland, *Cass Timberlane* con Lana Turner y Spencer Tracy y *Annie Get Your Gun* con Howard Keel y Betty Hutton. Sidney era un director muy respetado y se le encargó dirigir *Show Boat (Magnolia)*, basada en una opereta de Jerome Kern y Oscar Hammerstein. Kathryn Grayson y Howard Keel eran elecciones lógicas, pero Sidney quería que Ava interpretase el papel de Julia, la mestiza de trágico destino. Ava hizo las pruebas moviendo los labios con Lena Horne encargada de cantar. La MGM acabó dando su consentimiento. «Ava era una muchacha sureña», dijo Sidney. «Tenía un acento alegre y cantarín que iba perfectamente para Julia. Se ha dicho que la voz de Ava no era lo suficientemente buena. No es cierto. Ella, Frank y yo intercedimos para que conservase su propia voz y lo logramos. Medio cantó y medio recitó "Can't Help Loving That Man of Mine". Fue muy conmovedor. Pero los estudios insistieron en que utilizásemos una cantante profesional. Ava se llevó una gran desilusión pero acabaron usando su voz para el disco de la película, lo cual fue una satisfacción para ella.»

Su papel en *Magnolia* hizo que Ava ocupara el segundo puesto en la clasificación de estrellas de la MGM después de la nadadora Esther Williams. Pero el estudio la advirtió que debía tener cuidado con Sinatra: sus abogados le habían aconsejado que no hiciera enfadar a Nancy durante las negociaciones legales. No poder verle a solas resultaba muy frustrante para Ava. Quizá lo hubiese aceptado como algo temporal, pero Nancy se mostró inflexible: no quería el divorcio y Los Ángeles era territorio de Nancy Sinatra.

En septiembre de 1950 Ava amenazó con no volver a ver a Frank, y él la llevó a Nueva York para asistir a la pelea por el campeonato del peso pesado entre Joe Louis y Ezzard Charles, en el Yankee Stadium. Cuando regresaron a la costa occidental unos díar después Frank le regaló dos perritos de raza «corgi» galesa, «Rags» y «Cara». Este sencillo detalle emocionó profundamente a Ava y decidió seguir viéndole. Los perros permanecerían en cama con ella más tiempo que Sinatra.

Reanudó su trabajo en *Magnolia*, disfrutando de la compañía de Howard Keel y Kathryn Grayson que acudían a su camerino al final de la jornada laboral para tomar cócteles. Según Kell, el trío «se ahogaba en tequila» casi todas las noches. A diferencia de otros estudios hollywoodenses, la MGM prohibía a sus actores que bebieran alcohol dentro de sus recintos. El hecho de saltarse a la torera dicha prohibición ya constituía la mitad de la diversión.

Magnolia fue una de las mejores películas de Ava. Estaba en su mejor momento, y supo interpretar muy bien su papel de una alcohólica que iba cuesta abajo. Una escena conmovedora al final de la película muestra cómo Julia se oculta entre las sombras del muelle llevando una larga capa de color pardo y sin maquillaje, contemplando con el rostro macilento cómo el barco de vapor se aleja por el río.

–En cuanto conseguimos contar con Ava supe que la película sería un éxito –dijo el productor Arthur Freed–. Estuvo magnífica. No creo que ningún otro primer plano fuera tan impactante como los que ella interpretó en la película. Dore Schary quería que Dinah Shore interpretase el papel de Julia. Me preguntó sin rodeos por qué no le había dado el papel y yo le espeté: «Porque tú no eres una ramera. Ava sí lo es. Cuando canta "Bill" es todas las mujeres de la calle que has visto a lo largo de tu vida.» Freed no quería decir que Ava fuese una auténtica prostituta, sino que podía interpretar la «realidad de una prostituta» de una forma que desgarraría el corazón de cualquier espectador.

Newsweek dijo: «Ava está sorprendentemente bien en su papel de la mulata Julia.»

El resto de la crítica también la elogió, aunque la mayoría de elogios hacían referencia a su hermosura, lo cual fue un pequeño disgusto para ella pues Ava consideraba que *Magnolia* era el inicio de su auténtica carrera como actriz.

En el otoño de 1950 Sinatra se las arregló para conseguir un programa de radio y un espectáculo televisivo, pero los dos acabaron siendo cancelados. Ava llamó en secreto a Howard Hughes pidiéndole ayuda, y Frank cantó dos canciones en la olvidable *Double Dynamite* (*Don Dólar)* de la RKO.

La Universal le ofreció una migaja: *Meet Danny Wilson*, un musical con Shelley Winthers, quien casi fue obligada a participar en la película porque según los rumores Frank necesitaba los 25.000 dólares de sus magros honorarios. La señorita Winters dijo en sus memorias que la película comenzó en el caos y acabó en el desastre: «El señor Sinatra estaba metido en el proceso de su divorcio con Nancy para casarse con Ava Gardner. Creo que él pensaba que era lo que quería. Sus hijos eran muy pequeños y se pasó todo el rodaje recibiendo visitas de ellos, así como de psiquiatras y sacerdotes. En Hollywood todo el mundo estaba enterado de sus problemas y ni él mismo sabía si realmente quería divorciarse o no.»

Shelley hizo un chiste sobre Frank. Dijo que perdía medio kilo a la semana para conseguir que ella pareciese más gorda. Se llevaban bastante bien en el trabajo, pero Frank estaba a punto de estallar. Lo que los otros miembros del reparto no estaban dispuestos a reconocer es que tuviera los nervios de punta. Nadie recuerda cuál fue el origen de la terrible discusión entre Winters y Sinatra. Él la llamó «rubiales de Brooklyn» y «zorra patituerta» y ella le insultó llamándole «enclenque sin talento» y «bastardo estúpido de Hoboken». La tensión fue incrementándose y la producción se paralizó. Un ejecutivo de los estudios habló con Shelley sobre su coestrella: «El señor Sinatra está pasando por una experiencia terrible que afecta tanto a su vida como a su carrera. Se está enfrentando con su religión y tiene períodos en los que pierde su voz. Intente ser más humana con él... Piense cómo actuaría usted en circunstancias semejantes: ese muchacho está pasando por una época terrible y debe comprender los motivos que le han impulsado a comportarse de esa manera.»

Winters se preparaba para la escena final. La última frase de Frank había de ser: «Bueno, tortolitos, voy a tomar una taza de café y os dejaré solos...» Fundido en negro. En vez de eso, lo que dijo fue: «O me tomo un Jack Daniels o le arrancaré el pelo a esa rubia teñida hasta verle el negro de las raíces.» Shelley le arrojó un orinal y dio en el blanco. Shelley se fue a su casa y no contestó al teléfono hasta que Nancy Sinatra no intentó ponerse en contacto con ella. Se echó a llorar y le pidió un favor de amiga. «Shelley, Frank no cobrará los 25.000 dólares de la película hasta que no acabe el rodaje. Puede que el banco me suspenda la hipoteca de la casa. Mis hijos se van a encontrar en la calle. Por favor, termina la película o no me darán los 25.000 dólares.»

La Winters volvió al trabajo y le dijo a Sinatra que podía soltar lo primero que se le pasara por la cabeza. *Meet Danny Wilson* se acabó de rodar en menos de cinco minutos.

La revista *Time* dijo: «[Meet Danny Wilson] se inspira de forma tan amplia en la carrera y la personalidad de Frank Sinatra que sus incondicionales quizá acaben esperando que Ava Gardner aparezca de sopetón en el último rollo.»

Los otros críticos estuvieron de acuerdo en que Frank era muy parecido al cantante que interpretaba y que *Meet Danny Wilson* «era una distracción satisfactoria». Por desgracia, los incondicionales de Sinatra no llenaron el Paramount para verle en pantalla o en persona.

Los meses siguientes fueron un período muy duro para todos aquellos que se relacionaban con Frank. Acusó a Ava de acostarse con Artie Shaw, al que seguía odiando con ferocidad. Esas insinuaciones no le hicieron ninguna gracia. Con todo, Frank estaba pasando una gran parte de su tiempo con su familia por amor a sus hijos, quedándose de vez en cuando a comer. Ava pensaba que esas reuniones eran tan innecesarias como hipócritas. Su talante fue empeorando al verse obligada a trabajar en *Lone Star (Estrella del destino)*, un «western» de poca categoría. L. B. Mayer le pidió personalmente a Ava que interpretase a la tempestuosa periodista tejana en esa historia sobre Andrew Jackson y su lucha por conseguir la independencia de la Unión.

Ava podría haberle dicho a la MGM que se fuese al infierno y ser suspendida, pero necesitaba dinero. Por otra parte, Clark Gable era su coestrella y odiaba la película tanto como ella. Igual que en *The Hucksters*, Gable y Ava se dedicaron a disfrutar de su compañía y procuraron olvidarse de aquel guión horrendo. Ambos tenían muchos motivos para autocompadecerse. Gable le había dicho a su esposa lady Sylvia Ashley que quería el divorcio y lady Sylvia hizo cambiar todas las cerraduras de aquella casa donde había sido feliz con Carole Lombard. Sylvia se fue a Nassau confiando en que él cambiaría de parecer. Clark, le explicó sus problemas a Ava mientras tomaba grandes cantidades de alcohol. Nadie podía comprenderle mejor que ella, pues Nancy Sinatra también estaba intentado retrasar lo inevitable.

Gable había envejecido considerablemente. Corrían rumores de que se hallaba en las primeras fases de la enfermedad de Parkinson ya que su cabeza temblaba incontroladamente. Ava volvió a sentir simpatía por él. Conversó con Clark, usó el lenguaje tosco y grosero que él tanto apreciaba, y lo guió en las escenas amorosas a fin de disimular sus temblores. Almorzaron con Spencer Tracy que cuando estaba sobrio era muy divertido. Ava le contó una escena de *Estrella del destino* en la que iba alegremente por la calle después de haber pasado la noche con Gable.

–Schary la cortó –se lamentó Ava.

–Claro –dijo Spencer–. Desde que Dore está al mando en la MGM no hay Dios que joda.

Las visitas de Tracy al plató de *Estrella del destino* constituían una gran diversión para Ava y Gable. El trío intercambiaba chistes obscenos y habladurías en medio de ruidosas risotadas. Ava hizo que el cabello de Tracy se erizase en más de una ocasión. Un día en comisaría toparon con Loretta Young que en los años treinta había salido tanto con Spencer como con Clark. Los fotógrafos quisieron hacerle una fotografía pero ella se negó. Los comentaristas solían reírse en voz baja de la célebre «caja de reniegos» de Loretta, que contenía las multas impuestas a cualquiera que pronunciase palabrotas en el plató. La recaudación se destinaba a un hogar para madres solteras.

–Loretta podría haber hecho una fortuna en *Estrella del destino* –dijo burlonamente Spencer–. Cuando estaba con Bob Mitchum le ponía cinco centavos de multa por cada *diablos*, diez por cada *infiernos* y un cuarto de dólar por cada *maldita sea*. Bob quiso saber qué multa le imponía por decir *joder*, y Loretta replicó: «Eso es gratis.»

Para Ava y Clark, las risas y las borracheras fueron la única forma de no enloquecer frente a diálogos de tanta altura como: «Eres una gran mujer... enigmática, pero una gran mujer.» Ava se concentró más en Clark que en sus estúpidas réplicas. Clark estaba gordo, tenía el rostro hinchado y se le notaban mucho las arrugas. Los del servicio de maquillaje opinaban que «Gable ya no parecía Gable». Ava se enfadaba ante cualquier crítica que le hicieran a su querido amigo. La cámara era cruel pero el público era todavía más cruel. Ava veía a Clark bajo una luz distinta: el gris de sus sienes, su tímida sonrisa, el brillo de su mirada... Quería que Clark volviera a sentir que era el hombre a quien amó y en el que tanta confianza tenía.

Sinatra iba a verla al plató con frecuencia. A Ava no le hacía mucha gracia verle allí deambulando de un lado para otro mientras Gable y los demás se divertían. Frank advirtió un cambio gradual en ella, y una actitud de reproche. Le dijo que se iría de vacaciones a Méjico en cuanto terminara aquella maldita película y Frank se dejó dominar por el pánico. Ava le dejó bien claro que pensaba seguir su camino sin él. Sinatra habló con Nancy para pedirle su libertad.

–Si no puedo conseguir el divorcio no sé que será de mí –le dijo.

El 29 de mayo Hedda Hopper insinuó en su columna que Nancy estaba perdiendo la simpatía y el apoyo de la comunidad de Hollywood. Ya iba siendo hora de que tomara en considera-

Ava de niña.

PHOTOFEST

Una inocente y recatada Ava llega a Hollywood en 1941.

Ava a los 16 años.

PHOTOFEST

«Las fotos que me hicieron en la MGM contenían tal cantidad de miradas que habrían bastado para derretir el Polo Norte», dijo Ava en 1941.

PHOTOFEST

El día de su boda,
el 10 de enero de 1942:
Ava, Mickey Rooney
y su padre.

PHOTOFEST

Una de las escasas fotos
de Ava y Mickey
en el césped.
Él prefería jugar al golf
con sus amigos, mientras
la encantadora Ava se
quedaba en casa echando
chispas.

PHOTOFEST

Ava en *Whistle Stop*, su primera película importante, rodada en 1946.

AP/WIDE WORLD PHOTOS

El director de orquesta Artie Shaw con Ava Gardner el día de su boda,
el 17 de octubre de 1945.

PHOTOFEST

Ava y Burt Lancaster en *Forajidos*, en 1946.

PHOTOFEST

Con veinticuatro años y dos divorcios a la espalda.

COLECCIÓN DEL AUTOR

Ava y Robert Taylor en *Soborno*, 1949.

COLECCIÓN DEL AUTOR

La familia de la Metro en 1949 (Ava está en la cuarta fila en el centro).

Ava como Julie
en *Magnolia*, 1951.

PHOTOFEST

Después de su ruptura,
Frank diría: «Si por
lo menos consiguiera
quitármela de la cabeza...»

PHOTOFEST

PHOTOFEST

Las medidas perfectas.

«Si le preguntas a Clark:
"Hola, ¿cómo estás?"
se queda callado y piensa
en qué ha de responderte.»

PHOTOFEST

Ava y Clark Gable
en *Mogambo*, 1953.

PHOTOFEST

PHOTOFEST

«Soy una estrella de Hollywood que no ha tratado de cortarse las venas o tomar una sobredosis de píldoras para dormir. Eso es un logro importante en estos días.»

PHOTOFEST

Ava bailando su danza favorita, el flamenco,
en *La condesa descalza*.

PHOTOFEST

Ava y Humphrey Bogart en *La condesa descalza*, 1954.

PHOTOFEST

Con Richard Burton en *La noche de la iguana*, 1964.

La belleza clásica de una leyenda.

ción el interés de los niños después de año y medio de publicidad y agrias discusiones. Si hubiese acudido al juzgado el 31 de mayo quizá se habría tropezado con Sylvia Gable, que acababa de presentar su petición de divorcio de Clark, pero Nancy no tenía ninguna prisa.

El 22 de junio de 1951 L. B. Mayer presentó su dimisión. Dore Schary, que ya llevaba cierto tiempo siendo responsable de la MGM, aprobó una bonificación de 20.000 dólares para Ava, prometiéndole que le daría mejores papeles. Ella aceptó el dinero pero no puso demasiada fe en las promesas. Que Mayer fuera uno de los fundadores de Hollywood y el padre de la MGM no la impresionaba demasiado pero «por lo menos con él sabía qué terreno pisaba». Mayer quizá llegara a llamarla «ramera», pero también podría haberla despedido por violar las cláusulas morales de su contrato y no lo hizo. Su marcha de la MGM fue un signo de las cosas que iban a ocurrir en el futuro: el hundimiento de Hollywood y del sistema de estudios. Cuando perdieron a su «familia» adoptiva la mayoría de estrellas de la MGM se convirtieron en huérfanos que no sabían cómo contratar un viaje en avión o hacer una reserva de hotel. Howard Strickling tuvo que multiplicarse, intentando mantener la tradición.

En agosto Ava y Frank salieron para Acapulco. En el aeropuerto internacional de Los Ángeles, la prensa había hecho un gran despliegue. Sinatra se negó a subir al avión hasta que los reporteros fuesen desalojados de la rampa y zona de embarque. La pareja llevaba consigo tanto equipaje que los rumores de un apresurado divorcio y matrimonio no solamente alertaron a los periodistas locales sino a los de todas las paradas a lo largo del trayecto a Acapulco. Ava estaba tan impaciente que se lanzó hacia el avión. Unos minutos después Frank apretó la mandíbula y la siguió sin responder a las preguntas, apartando a los periodistas. Le faltaba poco para sufrir una depresión nerviosa: estaba pálido, delgado y fatigado. No tenía futuro, ni dinero, ni familia. Lo único que podía ofrecerle a Ava era su amor.

Hicieron cuarenta y cinco minutos de escala en El Paso y durante ese tiempo lograron rehuir a los periodistas, pero antes de aterrizar en Ciudad de Méjico Frank ya tenía los nervios hechos trizas. «¿Por qué no pueden dejarnos en paz?», gritó. «Todo esto es ridículo. Voy a hacerles una declaración en exclusiva: ¡lo que hagamos es asunto nuestro y de nadie más! ¿Es que ni tan siquiera podemos ir de vacaciones sin que nos acosen?» *Newsweek* informó de que Sinatra estuvo a punto de perder el control. «¡Sois unos cerdos miserables! ¡Sois unos hijos de perra!», les gritó a los periodistas.

Ava estaba bastante preocupada por la falta de diplomacia con que Frank trataba a la prensa. Howard Strickling había hablado con ella de esas desagradables salidas de tono, poniéndole de relieve la importancia de mantener buenas relaciones con la prensa. Ava le rogó a Frank que no estuviera tan a la defensiva con la prensa. «Ninguno de los dos podía permitirse toda esa publicidad desfavorable», dijo un agente de prensa de la MGM, «porque la carrera de Ava subía y la de Frank iba hacia abajo. La dirección en que va tu carrera carece de importancia: la prensa puede hundirte o encumbrarte. Ava había sido entrenada por la MGM, le enseñaron a posar, sonreír y decirle unas cuantas palabras a los periodistas, a volver a sonreír y seguir adelante caminando como una reina. Frank había dejado todo ese en manos de George Evans. Su imagen fuera del escenario le importaba un comino.»

Ava y Frank pasaron su primera noche en el famoso club de la Perla de Mirador, que estaba en la cima de un acantilado rocoso. El «espectáculo fijo» era (y sigue siéndolo) una exhibición de zambullidas que los nativos realizaban después del crepúsculo, lanzándose desde el acantilado de la Quebrada hasta el estrecho canal que hay 13 metros abajo.

Ted Stauffer, propietario del club dio calurosamente la bienvenida a la pareja, pero su esposa Hedy Lamarr ignoró a Ava, hacia quien Stauffer había sentido una considerable atracción bastantes años antes. Frank se sintió algo contrariado por el desaire de Hedy y amenazó con no quedarse ni un solo día, pero se le pasó el enfado en cuanto él y Ava se escaparon a un balcón para abrazarse y besarse. Uno de los clientes del club dijo: «Pensaron que nadie vería cómo hacían manitas en la oscuridad pero los dos iban vestidos de blanco y nos proporcionaron un espectáculo mucho mejor que el de los nativos.»

Después se dejaron ver en el muy exclusivo Beachcomber Club donde un fotógrafo les sacó unas instantáneas. El guardaespaldas de Frank fue hacia él y le dijo: «Me da la cámara o le meto una bala en el cuerpo.» La policía tomó cartas en el asunto y permitió que Frank se quedara con la película. Durante el alboroto en que Sinatra insultó furiosamente a los reporteros Ava temió lo peor. El episodio fue publicado en los periódicos norteamericanos a la mañana siguiente. Tres días después su avión privado aterrizó en una tranquila zona no comercial del aeropuerto de Los Ángeles donde el Cadillac de Sinatra le estaba esperando. Ava y Frank corrieron hacia el automóvil perseguidos por los reporteros. En cuanto cogió el volante, los fotógrafos de actualidad le cegaron con sus flashes. «¡Nada de fotos! ¡Nada de fotos!», gritó Frank. Apretó el acelerador: los reporteros tuvieron que pegarse a la verja y le faltó poco para atropellarlos. El parachoques arañó la pierna de un periodista. Frank se asomó a la ventanilla y aulló: «¡La próxima vez lo mataré!»

William Eccles, un fotógrafo de aeropuerto, describió lo que le había pasado a él: «Sinatra dirigió su automóvil contra mí para ahuyentarme. Supuse que acabaría desviándose, de modo que saqué una foto y no me moví. Pisó el freno, yo salté en el último segundo, acabé pasando por encima del parachoques y rodé sobre mi estómago dejando caer la cámara. Fue un auténtico caso de atropello, y luego Sinatra salió corriendo. Podría haberle demandado.» Eccles llegó a presentar una denuncia contra Sinatra, pero la retiró cuando éste le escribió una carta pidiéndole disculpas.

–Aceleré sin darme cuenta de que tenía el volante girado –le dijo Sinatra a Jim Bacon, de la Associated Press–. El automóvil salió disparado antes de que pudiera enderezarlo. Lo siento.

Los ejecutivos de la MGM hablaron con Ava sobre toda esa publicidad desfavorable y le advirtieron de que la Legión de Decencia podía proscribir sus películas a menos que se casara con Sinatra o pusiera fin a su relación con él. Con el espectacular y muy importante estreno de *Magnolia* aproximándose, los estudios no querían perder sus posibilidades de convertirla en una estrella internacional. Además, era vital que Frank hiciera las paces con el cuarto poder. La MGM le enseñó lo escrito por el redactor cinematográfico del *Hollywood Citizen News*: «Una posición elevada exige que quien la ocupa sea un gran hombre. Mantener el equilibrio con los ojos de todo el mundo clavados en ti requiere carácter y dominio de uno mismo. Sinatra no da la talla en ninguno de los dos aspectos.»

Hedda Hopper predijo tristemente: «Dentro de un año Frank estará como un palo y Ava estará más hermosa que nunca.»

A mediados de agosto, Sinatra voló hacia Reno para cantar en el Riverside Hotel y estableció su residencia allí para obtener un divorcio de Nevada. También aceptó un ofrecimiento del Desert Inn en Las Vegas. Con una amplia sonrisa y ostentando un bigote, sorprendió a los periodistas saludándoles con un «espero que todo irá bien entre nosotros, chicos». En el hotel se mostró cooperador, afirmando que el fiasco de México había sido considerablemente exagerado. «Estaba disgustado», dijo, «porque un par de tipos se habían portado muy mal conmigo. Con todo, fueron una excepción porque la prensa ha hecho mucho por mí.»

Cuando Ava llegó a Reno se pasó todo el rato cogiendo a Frank de la mano mientras él le decía alegremente a los periodistas: «Creo que podéis publicar que la señorita Gardner y yo vamos a casarnos.» Aun así, admitió no saber cuáles eran los planes de Nancy, ya que ésta no se había atenido al calendario que habían fijado para divorciarse. Un reportero le preguntó a Ava por un artículo sobre ella publicado en una revista de fans titulado «Estoy harta de romances». Ava se rió y replicó: «¿Yo? Creo que se equivoca de persona. Me encanta estar enamorada.»

Durante el fin de semana del Día del Trabajo fueron al lago Tahoe con unos amigos. El 1 de septiembre, el *New York Daily Mirror* publicaba el siguiente titular: SINATRA TOMA UNA SOBREDOSIS DE SOMNÍFEROS. El artículo relataba su intento de suicidio tras haber tenido una violenta discusión con Ava.

«Jamás había oído nada tan ridículo», respondió Frank. «Habría sido el momento menos lógico para suicidarse. He estado intentando resolver este problema (el divorcio) durante dos años y estoy a punto de conseguirlo. No traté de suicidarme. Tuve una indigestión y nada más. Bueno, chicos, ¿qué escribiréis sobre mí la próxima vez? El martes por la noche la señorita Gardner, mi agente Hans Sanicole y su esposa cenamos en el Christmas Tree Inn del lago Tahoe. Ava regresaba a Hollywood aquella noche. Volvimos al lago, aunque yo no me sentía bien así que me tomé dos pastillas para dormir. La señorita Gardner se marchó en automóvil para Reno y volvió en avión a Hollywood. Por aquel entonces, ya era la madrugada del miércoles. Supongo que cometí una estupidez porque soy muy alérgico a los somníferos. También había bebido dos o tres coñacs. Me puse fatal. Era como si las pastillas se me hubiesen quedado atascadas a medio camino. Empecé a preocuparme y llamé a un amigo, quien me envió un médico que me hizo tomar un vaso de agua caliente con sal. Eso me hizo vomitar y lo arregló todo. Sinceramente, no pasó nada más.»

Ava voló de regreso a Reno de inmediato. Fue cortés y paciente con los periodistas. «Todo este asunto es ridículo», dijo mientras sostenía la mano de Frank. Pero la MGM consideró que ésta era la gota de agua que hacía rebosar el vaso. Tomaron cartas en el asunto y decidieron que la boda tendría lugar el 9 de septiembre, el día siguiente en que concluyera la residencia de seis semanas en Nevada de Sinatra. Dos días antes de la fecha propuesta Ava y Frank hicieron su «presentación» en Hollywood en el estreno de *Magnolia* en el Egyptian Theater. Ava tenía un aspecto magnífico con su traje de noche de color verde esmeralda con lazos negros y un collar de diamantes. La muchedumbre gritaba: «¡Ava!» y «¡Frankie!» Los ejecutivos de la MGM se sintieron aliviados, por decirlo suavemente. De hecho, estaban radiantes. El público no sólo vitoreó a la pareja, sino que *Magnolia* fue un gran éxito.

Asumiendo que dentro de cuarenta y ocho horas sería un hombre libre Sinatra dijo en una entrevista realizada aquella noche: «Me produce un gran placer y orgullo el ser capaz de acompañar públicamente a Ava. Ava lleva mucho tiempo siendo muy importante para mí..., casi un año. Estoy profundamente enamorado de ella y es maravilloso saber que podemos estar juntos sin herir a nadie. No siento ni el más mínimo rencor... hacia nadie.»

Pero mientras las grandes estrellas de Hollywood admiraban la reproducción de la sala del timón del gran barco de vapor *Cotton Blossom* y aplaudían la música de los banjos, Nancy Sinatra estaba recurriendo contra la sentencia de Nevada. Insistía en tener un divorcio de California, pedía revisiones del acuerdo sobre los bienes y unos atrasos de pensión alimenticia que ascendían a 40.000 dólares. Nancy demandó a Frank para que pagara las costas legales y obtuvo un mandamiento judicial según el que Frank no podía disponer de la casa de Palm Springs.

El hecho de acercarse tanto al matrimonio y tener que esperar de nuevo un tiempo indefinido les causó un efecto devastador, mayor en Frank que en Ava. Frank estaba dispuesto a darle a Nancy todo lo que quisiera. Hasta el momento Ava se lo había tomado bastante bien, pero estaba descubriendo que el estrellato y sus obligaciones con el estudio eran todavía peores que la empinada ascensión de la fama. Si Nancy cambiara de opinión en cuanto al divorcio dejando a todos los afectados igual que al principio, Ava tendría que tomar una decisión.

Los años de espera, las disputas, los artículos sobre el intento de suicidio de Frank, los acosos, el esconderse y la frustración hicieron mella en Ava. El 26 de septiembre se estaba probando un traje en la MGM cuando sufrió un desmayo y tuvo que ser llevada rápidamente al St. John's Hospital de Santa Mónica donde los médicos diagnosticaron una grave infección vírica y que tenía la presión extremadamente baja. Permaneció en el hospital durante casi tres semanas, la mayor parte del tiempo sin Frank, quien tenía un compromiso para cantar en Nueva York. El médico de Ava, William Weber Smith, dijo que se hallaba muy fatigada y que había perdido mucho peso. Se rumoreó que había tenido un aborto.

El 31 de octubre de 1951 Nancy obtuvo una sentencia firme de divorcio en Santa Mónica por la que se acusaba a su marido de crueldad mental. Al día siguiente Ava y Frank volaron a Las Vegas para una comparecencia privada ante el juez A. S. Henderson. Se alojaron en el Sands Hotel, sonrieron a los periodistas y cenaron con champaña en su suite.

Ava le dejó bien claro a la MGM que no quería una boda arreglada por el estudio y se negó a discutir de cualquier posible plan al respecto. Le aterrorizaba que los reporteros le arruinasen la boda, ignorando el hecho de que Howard Strickling había sido el responsable de su matrimonio en secreto con Mickey Rooney, que se llevó a cabo sin incidente alguno. El personal de Strickling sabía cómo proteger a sus estrellas. El hecho de que Frank hubiera sido despedido de la MGM tenía bastante irritada a Ava y eso se impuso a la confianza que le inspiraba Strickling, quien podría haberse encargado de todo con delicadeza y de una forma muy digna.

Sinatra no quería que la MGM tuviera ninguna participación en la ceremonia. Confiaba en sus amigos de la industria discográfica en su colaboración. Ava, que aún se encontraba recuperándose de los efectos de su reciente enfermedad, accedió a sus proyectos de casarse en Filadelfia, en la mansión del barrio alemán perteneciente a Isaac Levy, fundador de la CBS. Frank le pidió a su íntimo amigo Manie Sachs que le ayudara con los arreglos de la ceremonia y se encargara de entregarle la mano de la novia. El viernes 2 de noviembre la pareja recogió su licencia matrimonial. Dado que la ley de Pennsylvania exigía un período de espera de tres días, regresaron al Hampshire House de Nueva York. El sábado por la noche recibieron la visita de James Mason y su esposa y fueron al club nocturno Sugar Hill de Harlem. Ava se volvió loca de celos porque, al parecer, Frank estaba flirteando con una atractiva mujer sentada en otra mesa. Ava se volvió hacia Pamela Mason y exclamó: «Creo que he terminado con él. ¡No puedo confiar en él ni tan siquiera en vísperas de nuestra boda!» Tuvo una pelea a grito pelado con Frank y él respondió de la misma manera.

«Olvidémonos de esa jodida boda», siseó Ava, arrojando su diamante de seis quilates de compromiso a la otra punta del local y desapareció antes de que nadie pudiera detenerla. Sinatra corrió al Hampshire House, pero Ava no estaba allí.

Mientras tanto los reporteros no se habían estado quietos y estaban enterados de todo lo referente a la licencia matrimonial y el paradero de la célebre pareja. Circularon historias de que Ava había arrojado su anillo de compromiso por la ventana del Hampshire House y de que el anillo no pudo recuperarse. En realidad, fue un valioso brazalete de oro regalo de Howard Hughes a ella lo que salió volando por la ventana del Hampshire House durante una discusión con Frank acerca de la «amistad» de Ava con el millonario fue un valioso brazalete de oro que éste le había regalado.

–Espero que quien haya encontrado el brazalete supiera darse cuenta de lo valioso que era –dijo Ava después con expresión abatida.

El domingo la boda seguía en el alero. Bappie y James Mason

convencieron finalmente a Ava de que fuera a ver a Frank al día siguiente. Dolly Sinatra intervino invitándoles a una cena casera al estilo italiano. A la madre de Frank la emocionaba que su hijo fuera a casarse con una hermosa actriz de cine, pero eso sólo fue el comienzo y la amistad entre Dolly y Ava acabó llegando a ser muy profunda. Dolly quedó conquistada por los modales sencillos de Ava y consideró como un presagio de que se llevarían bien el que su cumpleaños fuese el día de Navidad y el de Ava la víspera de dicho día. Lo más importante era que ambas querían por encima de todo que Frank fuese feliz y volviera a triunfar. Para ellas el mundo giraba en torno a Frank. Ava hablaba poco de su carrera a excepción de las historias chistosas y habladurías atrevidas, que Dolly devoraba. Ava nunca había probado los platos típicos italianos que se sirvieron en la cena. Su considerable apetito encantó a Dolly, quien se sentía feliz de ver a Frank enamorado y alegre otra vez.

Mientras Ava departía con el clan Sinatra, los periodistas recorrían Filadelfia intentando averiguar la fecha, hora y lugar de la boda. Frank fue alertado y decidió celebrar la ceremonia en casa del hermano de Manie Sachs, Lester. El miércoles 7 de noviembre el cortejo nupcial salió de Hampshire House y en seguida se vio rodeado de reporteros. Frank se los sacó de encima, pero cuando la limusina se detuvo ante la casa de Lester, la prensa también estaba allí esperando. «¡Malditos tarados! ¿Cómo habrían podido enterarse de dónde estábamos?», gruñó Frank. «¡No quiero números de circo! ¡Dejaré sin sentido de un puñetazo al primer tipo que intente entrar con su cámara y hablo en serio!»

La lista de invitados era corta. El director de orquesta y arreglista musical Axel Stordahl fue el padrino y su esposa, June, la dama de honor. Los asistentes eran Bappie, Dolly y Marty, Ben Barton, socio de Frank y copropietario de su editora musical, y Dick Jones, un ex arreglista de Dorsey. Antes de que comenzara la ceremonia, Frank salió de la casa para hablar con los reporteros: «Mi fotógrafo personal les facilitará todas las fotos requeridas lo antes posible.» Uno de los reporteros se atrevió a decirle: «¡Mi editor quiere *mis* fotografías!» Sinatra le espetó: «Me apuesto cincuenta pavos a que no consigue una fotografía y otros cincuenta a que si intenta enfocarme, con su objetivo le echo a patadas!»

Una hora más tarde la novia, vestida con un traje malva de cóctel de falda plisada y con la parte superior sin tirantes hecha de tafetán rosa, empezó a descender las escaleras apoyada en el brazo de Manie Sachs. Dick Jones interpretó la marcha nupcial de Mendelssohn al piano. «Estaba tan excitada y nerviosa», confesó Ava, «que cuando comenzamos a bajar resbalé y bajamos tres escalones de golpe. Tuve una rápida visión de la novia hecha un lío al pie de las escaleras. Pero logramos recuperar el equilibrio y conseguimos hacer el resto del trayecto sin problemas. Tan pronto como vi a Frank dejé de sentirme nerviosa. Parecía tan tranquilo... Pero después me dijo que tenía un nudo en la garganta.»

La novia y el novio se intercambiaron unos delgados anillos de platino. Frank le regaló una estola de visón azul zafiro. Ella le regaló un gran dije de oro con San Cristóbal en un lado y San Francisco en el otro. En el interior estaba su fotografía.

–Bueno, ¡lo conseguimos! –exclamó Frank con una gran sonrisa.

Ava abrazó a Dolly, quien no pudo controlarse y se echó a llorar. Durante la cena (un buffet frío con champaña), Ava le envió un telegrama a Howard Strickling firmado como «Ava Sinatra». Su conjunto de viaje era un traje marrón, creación de Christian Dior y su nueva estola de visón. Antes de que los recién casados se marcharan alrededor de las ocho treinta, Manie Sachs se llevó a Ava a un rincón.

–Cuídale –le susurró–. Ha sufrido golpes terribles y es muy frágil. No te va a ser fácil vivir con un hombre cuya carrera pasa por un bache.

–Haré todo lo que pueda para hacerle feliz –prometió Ava.

–Entonces ayúdale a recuperar su confianza en sí mismo.

Los recién casados salieron de luna de miel de Filadelfia con tal apresuramiento que Ava olvidó su maleta. «Oh, qué demonios», le dijo a Frank, «tomemos el avión sin ella. Su vuelo charter aterrizó en Florida al amanecer. Los reporteros respetaron su intimidad en el Green Heron Hotel, pero sacaron algunas fotografías informales de ellos paseándose a lo largo de la playa en el distrito de Sunny Isles un día bastante frío. Iban cogidos de la mano y con los pies descalzos: Frank se había arremangado las perneras de los pantalones y Ava llevaba chaqueta, blusa y una falda informales.

Cuando llegó la maleta con el ajuar de novia, volaron hacia La Habana donde permanecieron algunos días en el lujoso Hotel Nacional. Volver a Nueva York significó otro enfrentamiento con la prensa.

–¿Dónde piensan residir? –preguntó un periodista.

–Eso no es asunto suyo –respondió Frank.

Ava le cogió de la mano y consiguió llevarse a Frank hacia la limusina que les esperaba.

DOCE

La batalla de los Sinatra

Habían planeado vivir en la casa de Palm Springs. «La volveremos a decorar», dijo Ava sonriendo. «Mamá Sinatra ha prometido enviarme las recetas de los platos favoritos de Frank. Oh, todo es tan emocionante y maravilloso. Aún no me he acostumbrado a mi nuevo apellido y necesito un par de segundos antes de responder cuando me llaman...: ¡la señora Frank Sinatra es la mujer más feliz del mundo!»

Esas palabras hacían pensar más en una nota publicitaria de la MGM que en la auténtica Ava. Las revistas de cine estaban llenas de artículos sobre la pareja más famosa del mundo. «Un nuevo nombre para la felicidad», era uno de los títulos. Unos cuantos meses después, sin embargo, los reporteros y los columnistas de rumores hablaban de «la batalla de los Sinatra». Dos meses después de la boda, Ava telefoneó a Artie.

–No puedo aguantarlo... –se quejó–. ¡Esta situación es absolutamente insoportable!

–Sí, todos lo sabemos –respondió Shaw–. Espera dos meses más y será peor.

–No puede ser peor.

Ava decía que el divorcio los arruinaría a ambos. Lo cierto es que a los Sinatra su tempestuoso matrimonio parecía sentarles bastante bien. Sus tornados domésticos resultaban emocionantes, particularmente para Eva, que se aburría en el paraíso. Cada nueva reconciliación hacía que Frank se enamorara más profundamente de ella. Una de sus llamadas reconciliadoras era el aroma de su perfume, que le atraía a donde estaba ella después de una discusión. Un amigo íntimo recuerda: «Tuvieron una pelea terrible y Frank entró en la cocina para hablar conmigo. Estaba muy deprimido y disgustado. Entonces yo olí un perfume muy agradable. Frank sonrió, dijo que todo se arreglaría y salió corriendo escaleras arriba. Un rato después los dos bajaron hechos unos tortolitos.»

A principios de diciembre de 1951 los Sinatra volaron a Londres, donde Frank tenía proyectado cantar en un acto de caridad anglo-americano patrocinado por el duque de Edimburgo. Ava había aceptado cantar un dúo con su esposo pero en el último segundo tuvo un ataque de miedo al público. El *New York Daily News* escribió: «La Voz se queda afónica en un festival de bostezos británicos.»

La estancia de los Sinatra en Londres también se vio deslucida por el robo de joyas valoradas en 20.000 dólares de la habitación del hotel: el ladrón escaló diez metros de pared para llegar hasta su ventana. Entre las joyas robadas se encontraban los gemelos de camafeo de Frank y el anillo de zafiro, pero el peor golpe fue la pérdida del collar de diamantes y esmeraldas que Sinatra había negado públicamente haberle regalado a Ava. Era su joya favorita porque sabía que cuando se la regaló Frank no podía permitirse ese gasto y en cuanto a ella respectaba no había nada capaz de sustituirla.

A su retorno a los Estados Unidos, Frank tuvo que enfrentarse a las críticas de sus nuevos discos: «London by night» y «April in Paris.» El *Post* de Nueva York dijo que estaban «muy mal cantados». *Downbeat* escribió: «Se percibe a un Frank fatigado, aburrido y para colmo, con muy poca voz.» Aunque Sinatra alcanzó el segundo puesto en la encuesta de popularidad realizada por *Downbeat*, sólo contabilizó 276 votos frente a 1.354 de Billy Eckstine.

El año 1952 fue el peor para Frank... y el mejor para Ava. La Fox quiso a Ava para *Las nieves del Kilimanjaro*, la versión cinematográfica de una narración corta de Ernest Hemingway, quien había sugerido a Ava para el papel de Cynthia. Ella es la chica de los años veinte a quien un cazador de caza mayor (Gregory Peck) ama y pierde y vuelve a encontrar agonizando en una batalla de la guerra civil española.

Ava tenía muchas ganas de hacer la película. Pero Frank no quería que trabajase. Necesitaba que Ava estuviera presente en su actuación del Paramount, que coincidiría con el estreno de *Meet Danny Wilson*, en abril. Ava se comportó honestamente con el director Henry King.

–Si puede asegurarme que terminaré *Las nieves del Kilimanjaro* a tiempo para irme con Frank a Nueva York, Frank me ha dicho que por su parte no hay problema –le explicó.

–Lo intentaré –dijo King.

–Tendrá que hacer algo mejor que intentarlo –replicó ella–. Frank no está animado. Me necesita. Tengo que estar a su lado y él insiste en que le acompañe.

King cambió el plan de rodaje. Sinatra detestaba volar solo a Nueva York, pero Ava le prometió estar con él para el estreno.

Aquello la haría estar sometida a una gran presión. Frank telefoneaba a diario para asegurarse que no habría aplazamientos. Cuando llegó a Nueva York, sus llamadas empezaron a poner nerviosa a Ava y eso afectó al resto del reparto, que percibían no sólo sus nervios sino también su temor. Estaba preocupada por la inseguridad de Frank, mas siendo como era una profesional estaba decidida a rendir lo máximo en *Las nieves del Kilimanjaro.* Aunque pequeño, su papel era el meollo de la película. King prometió filmar las escenas de Cynthia en diez días, pero la secuencia de la Guerra Civil requirió más tiempo del esperado.

–Tendrás que quedarte un día más. Lo siento –le dijo a Ava.

–¿Que lo sientes? –exclamó ella, casi llorando–. Ese bastardo me hará pasar por un verdadero infierno en cuanto se lo diga y no me quedará más remedio que callar y aguantarme.

Sinatra se puso muy furioso. Convirtió su último día de trabajo en una auténtica tortura telefoneándola repetidamente para asegurarse de que llegaría a tiempo. King consideró la interpretación de Ava soberbia, dadas las circunstancias. «Ninguna otra persona podría haber infundido a Cynthia la sensibilidad y la contundencia calidad que Ava le confirió», dijo. El *Los Angeles Examiner* escribió: «La encantadora Ava Gardner, con el mejor de los tres papeles femeninos de la película, lo domina todo con su calor y su ternura.» *Variety* dijo: «Interpreta el papel de Cynthia con un gran calor humano, mucha seducción y un considerable dominio.»

Frank tenía sus buenas razones para sentirse abandonado. Había decidido que establecería buenas relaciones con la prensa y llegó a Nueva York preparado para las entrevistas y las fotografías, pero los periodistas le ignoraron por completo y no dispararon ni un solo flash de magnesio delante de su rostro. Envió una nota a la Asociación de Fotógrafos de la Prensa: «En caso de que alguna vez deseen sacarme fotos, les aseguro que siempre me encontrarán preparado y dispuesto a dejarme retratar.» Título de cabecera de *Variety*: «SINATRA LE CANTA MELODIOSAMENTE A LA PRENSA: "OH, CÓMO LO LAMENTO AHORA".» El *New York World-Telegram* escribió: «NACIÓ EN 1942; SE ESFUMÓ EN 1952» y «LO QUE LLEGAN A CAMBIAR LAS COSAS EN UNA DÉCADA: UN LOCAL VACÍO.» Los reporteros bromearon acerca de una entrevista a una adolescente en el Paramount. Le preguntaron si le gustaba Frankie. La chica suspiró y respondió: «¡Creo que Frankie Laine es maravilloso!»

La actuación de Sinatra en el Paramount fue sosa y *Meet*

Danny Wilson acabó siendo un fracaso de taquilla. Como consecuencia, la Universal no tomó en consideración su opción para una nueva película. Su agencia artística (la MCA) prescindió de él como cliente, la CBHS canceló su espectáculo y Discos Columbia no renovó su contrato.

Frank y Ava dejaron Nueva York sin ruido y llegaron a Chicago, donde Frank tenía que aparecer en el club nocturno Chez Paree, que tenía un aforo de 1.200 localidades. Sólo asistieron 120 personas.

–Necesitamos unas vacaciones en Hawaii –le dijo Frank.

–No puedo –respondió ella–. Tengo que rodar *Sombrero* en México.

–¡Y yo te digo que nos vamos a Hawaii! –exclamó él.

La MGM suspendió indefinidamente el contrato de Ava. No se le ofrecieron papeles y no ingresó dinero alguno. Tomó a su servicio al superagente Charles Feldman, quien fue lo bastante astuto para informar a la Metro de que no negociaría un nuevo contrato de Ava mientras siguiera la suspensión. El estudio se volvió atrás, revocando la suspensión y ofreciéndole una indemnización por daños y perjuicios. El nuevo contrato de diez años estipulaba doce películas a 100.000 dólares por película. Ava habría logrado todavía más de no haber insistido en que la MGM aceptase que Frank fuera coestrella con ella en una de las películas. Solicitó una cláusula de embarazo y dietas para una acompañante cuando hubiera que rodar en Europa, muy probablemente pensando en Bappie.

En mayo de 1952 Ava dejó la huella de sus pies y manos sobre el cemento fresco en una ceremonia especial delante del Grauman's Chinese Theater en el Hollywood Boulevard. Habrían de pasar trece años más para que Frank lograse este honor. Apareció en el Coconut Grove de Los Ángeles obteniendo críticas bastante tibias. Ava llevaba días sin encontrarse bien pero quiso estar con él la primera noche. Unos cuantos días después tuvo que trasladarse con urgencia al hospital Cedros del Líbano y someterse a una intervención quirúrgica. Los detalles de su dolencia nunca fueron hechos públicos pero algunas amistades sospecharon que se trató de un aborto.

Los hombres en la vida de Ava también fueron noticia en 1951. En lugar de la habitual fuga con una amante, Artie Shaw se comprometió con la actriz Doris Dowling, mejor conocida por su papel de Gloria en *The Lost Weokent (Días sin huella*. Artie proyectaba casarse por séptima vez, pero dijo que estar comprometido también resultaba interesante: después de todo, siempre era un cambio.

El antiguo novio de Ava Howard Duff se casó con la actriz Ida Lupina, que ha había estado casada con el actor Louis Hayward y el guionista-productor Collier Young.

Mickey Rooney se divorció de Martha Vickers en junio de 1951. En su autobiografía escribió: «Yo necesitaba algo más profundo y sincero que ella no podía proporcionarme. Quería sinceridad y pasión. (Dios, Ava... ¿Por qué? ¿Por qué).»

Rooney no recuerda qué motivos le impulsaron a elegir el Shamrock Hotel de Houston para pasar un fin de semana de francachela alcohólica y píldoras somníferas con un camarada íntimo. «La idea del suicidio jamás se me pasó por la cabeza», dijo. «Necesitaba escapar, ocultarme unos días bajo el manto del sueño, allí donde nadie pudiese herirme. Tenía que dejar este mundo por un tiempo.»

Mickey regresó a Hollywood y se estableció en un piso de soltero con Don «Red» Barry, un actor que alcanzó cierta fama gracias a los «westerns» de la Republic rodados en los años cuarenta. Barry también era bajito y eso le producía un cierto complejo de inferioridad. Rooney permaneció soltero hasta noviembre de 1952 (el mismo mes que Ava se desposó con Sinatra) cuando contrajo su cuarto matrimonio con Elaine Mahnken, de quien se divorció siete años más tarde a cambio de dos casas, una lancha motora, un automóvil, caballos de carreras, joyas, todo el mobiliario y una pensión alimenticia de 21.000 dólares anuales durante diez años.

En una ocasión se le pidió que reflexionara sobre sus matrimonios, y Rooney dijo: «Cuando le dije a Ava que quería casarme con ella estaba enloquecido por la pasión. Cuando me declaré a Betty había bebido tanto que apenas si podía tenerme en pie. Cuando me declaré a Martha estaba desesperado, y cuando me declaré a Elaine estaba casi inconsciente... y punto.»

Howard Hughes estaba saliendo con la actriz Terry Moore, quien afirmaba haber dado a luz una hija suya en Alemania. La niña nació prematura y sobrevivió doce horas. Aun así, Hughes siguió yendo de flor en flor, persiguiendo a Mona Freeman, Mitzi Gaynor, Linda Darnell, Yvonne DeCarlo, Janet Leigh, Elizabeth Taylor y Jean Peters, con quien acabó casándose antes de recluirse. Mientras tanto, Hughes seguía haciendo vigilar a Ava y estaba al tanto de su paradero y de la situación de su matrimonio. Ava podía disponer de él durante las veinticuatro horas del día por teléfono si le hacía falta su ayuda. Sabía que muy pronto la necesitaría.

Hughes quería emparejar a Jane Russell con Robert Mitchum en una serie de películas que tomarían como modelo a la pareja

Bogart y Bacall. Pero aparte de *His Kind of Woman*, sólo llegó a realizar *Macao (Una aventurera en Macao)*. La pareja Jane-Bob funcionó tan mal como había funcionado la pareja Bob-Ava en *Odio y orgullo*. El *Los Angeles Examiner* escribió: «Tenemos la impresión de que Robert Mitchum no se tomó sus escenas de amor con la hermosa Ava tan entusiásticamente como se las podría haber tomado cualquier hombre de la calle al que se le diera esa misma oportunidad.» Mitchum la llamaba su «Ave auténtica... porque no necesitaba rellenar el busto».

Querían volver a hacer otra película juntos (y Hughes le ofreció a ella una enorme suma de dinero), pero la MGM castigó a Ava, como era su política si un artista contratado, de cualquier magnitud que fuese, se revelaba difícil. Ava tenía un buen contrato pero marcharse a Hawaii con Frank había sido una falta de disciplina. El precio fue un «western» mediocre. *Ride, Vaquero (Una vida por otra)*, con estrellas tales como Robert Taylor y Howard Keel, que se rodó en Kanab, Utah, un caluroso y polvoriento pueblo fantasma donde sólo había un hotel bastante miserable, el Perry. Ava descubrió que le resultaba imposible dormir sin aire acondicionado. «Desearía estar muerta», le dijo a Taylor, que también estaba descontento y disgustado. Él y Ava fueron buenos camaradas y Taylor intentó convencer al director John Farrow (padre de Mia Farrow) de que encontrase un alojamiento decente para Ava. Farrow, mujeriego y bebedor, ignoró la petición. Perry, el propietario del hotel, acabó ofreciéndole su casa, que estaba cerca del pueblo. Eso le supuso un cierto alivio, pero trabajar a temperaturas de más de 40 ºC con polvo metiéndose por los ojos, la nariz y la garganta resultaba intolerable. Taylor tenía avión propio y viajaba en él a Los Ángeles para ver a su novia, Ursula Thiess. Ava llamó a Frank para que le hiciera compañía durante el rodaje.

En la película Taylor interpreta a un bandolero llamado Rio cuya banda tiene aterrorizados a Gardner y Keel (el señor y la señora Cameron). Una reseña de la época: «No hay nada más aburrido que presenciar los polvorientos vagabundeos de estrellas tan prototípicamente urbanas como Taylor, Gardner y Keel. En resumen: una película cuyo lugar no es el escaparate de la joyería Tiffany's, sino el cubo de la basura más cercano.»

En *The Band Wagon*, Ava hizo una breve aparición sin figurar en los títulos de crédito: interpretaba a una artista de Hollywood que llega en tren a Nueva York.

La carrera de Sinatra se limitaba ahora a actuar en clubs nocturnos. Tenía continuos problemas con su voz. Algunos amigos se referían a estas infecciones de garganta llamándolas «gérmenes de culpa». Estaba dedicándole más tiempo a su familia que a Ava, lo cual provocaba continuas discusiones entre ellos. Ava no trató de ganarse a sus hijos, con los que no tuvo ninguna relación. Muchos años después, cuando Nancy Jr. estaba escribiendo un libro sobre su padre le envió cartas a amistades y conocidos «con los que había tenido una relación íntima». Ava se disgustó. «¿Una relación íntima?», exclamó riéndose. «¿No recuerda que estuve casada con él?»

El espíritu posesivo de Ava respecto a Frank se extendía a sus hijos. En este sentido él era igualmente posesivo y celoso con las amistades íntimas de Ava. Los dos eran personas inseguras y acomplejadas. Otro de sus eternos motivos de queja era la continua presencia de los amigotes de Sinatra. Ava les aguantó hasta que una noche fueron a cenar a un restaurante y Frank se pasó dos horas ignorándola mientras mantenía una prolongada conversación con un amigo. Ava abandonó el local y Frank no la echó de menos hasta el momento de volver a casa. Dos días después Ava llamó desde Italia. Cuando salió del restaurante se fue al aeropuerto y subió a bordo del primer avión que salía para Roma.

En el mes de septiembre de 1952 Frank actuó en el Riviera de Fort Lee, Nueva Jersey. *Variety* dijo: «El atractivo que le ganó a las adolescentes ya sólo funciona con el público que acude a los restaurantes y cafés baratos. Su espectáculo se sostiene más por su capacidad escénica que por el atractivo de sus canciones. Su actuación es notable por su aplomo y su conocimiento de cómo manejar a la multitud, sean cuales sean las desventuras de su vida personal y de su carrera.»

Ava asistió sola al estreno de *Las nieves del Kilimanjaro* en Nueva York sin ningún acompañante. Frank aprovechó el paréntesis entre dos actuaciones para subir a un coche, recorrió a toda velocidad el puente de George Washington, bajó por el West Side, y trajo de vuelta al Riviera a su esposa para la última representación. Cuando Ava descubrió a la antigua amiga de Frank Marilyn Maxwell sentada en primera fila, se quedó helada. Sinatra cantó «All of Me» dirigiéndose a la Maxwell –o así le pareció a Ava– por lo que se fue del club hecha un basilisco, tomó un avión para Hollywood y mandó por correo su anillo de boda al Riviera con una nota destemplada. Como de costumbre, se negó a responder a sus llamadas telefónicas. Frank quería cancelar su reserva en el Chase de San Luis, pero fue advertido de que no podía correr el riesgo de la mala publicidad que eso supondría. «Tengo problemas», le dijo a Sammy Davis, Jr. «Es lo que ocurre cuando te enamoras locamente.»

Sinatra leyó en las columnas de rumores que Ava asistía a todas las fiestas de Hollywood. «Es un mero conflicto de carreras profesionales», le dijo a la prensa, «veré a mi mujer dentro de unos diez días. Creo que todo acabará arreglándose. Es algo que puede ocurrir entre un hombre y su mujer..., una pequeña pelea sin importancia.»

La espera constituyó un tormento para Frank, pese a su éxito en San Luis.

–Estoy loco por ella y no creo que nuestra relación haya terminado. Pero, desde luego, todo está en el aire –le confesó a Earl Wilson.

La pérdida del anillo de boda de Ava acabó con su romántico plan de volver a ponerlo en su dedo cuando se reconciliaran. Se las arregló para conseguir un duplicado, y cuando volvió a Hollywood Ava estaba esperándole. Fueron a las corridas de Tijuana en automóvil y los fotografiaron cogidos de las manos, más contentos que nunca. Era la calma que precede al huracán.

Pocos días después se verían envueltos en un famoso escándalo que hoy en día sigue siendo comentado en voz baja por todo Hollywood. La prensa amarilla y los semanarios sensacionalistas (*Confidential* entre ellos) fueron muy explícitos en sus versiones y dejaron tan impresionados a los lectores que éstos acabaron creyendo la sórdida historia que se les ofrecía.

Ava creyó que la disputa de Palm Springs era muy divertida. Según ella, Frank quería irse por algunos días, pero Ava había hecho planes con Bappie. Frank se puso tozudo y se enfadó: «Bueno, Lana va a quedarse en la casa de Palm Springs. Si me necesitas estaré allí, tirándomela.»

Ava se lo tomó a risa, pero sabía que Frank y Lana habían salido juntos en el pasado, por lo que se metió en el coche con Bappie y fue a Palm Springs. Ava vio ante la puerta a Frank yendo y viniendo ante la casa. Frank acabó marchándose. Ava llamó a la puerta y encontró a Lana a punto de zambullirse en la piscina con su administrador, Ben Cole. Los dos se quedaron bastante sorprendidos al verla pero Ava se encogió de hombros y exclamó: «Demonios, hay sitio de sobra para todos.» Cinco minutos después, según ella, Frank irrumpió en la casa y les gritó: «¡Fuera de aquí!» Ava dijo que la casa también era suya, y empezó a recoger sus cosas. Frank perdió los estribos y empezó a tirarlo todo por la ventana. Lana y Cole salieron corriendo y volvieron un poco más tarde para recoger sus maletas encontrándose con que la casa estaba llena de policías.

Lana alegó que Frank había dicho que estaba de acuerdo con que ella y Cole pasaran el fin de semana en la casa. Le sorprendió ver a Ava, «porque Frank y ella se habían separado». Estaban comiendo pollo frito en la cocina cuando Frank entró de repente y gritó: «¡Malditas fulanas, apuesto a que me habéis estado poniendo verde!» Se volvió hacia Ava y le dijo: «¡Tú! ¡Ve al dormitorio, tengo que hablar contigo!» Lana y Ben se marcharon de la casa en cuanto oyeron ruido de muebles rotos en el dormitorio. Cuando volvieron Frank seguía discutiendo con Ava. Acabaron marchándose con ella a un edificio de apartamentos.

Lana explicó en sus memorias que ninguno de ellos volvió a hablar de aquella noche, pero aun así hubo muchos rumores desagradables, entre ellos que Frank las había sorprendido en la cama.

El *L. A. Mirror*: UNA PELEA DE TOCADOR LLEVA A FRANKIE Y AVA AL PALACIO DE JUSTICIA.

El *L. A. Times*: AVA Y FRANK SE PELEAN EN EL DORMITORIO PERO LA COSA SIGUE SIN ESTAR DEMASIADO CLARA.

En su libro sobre la Turner, su ex secretario Taylor Pero escribió que Lana (recién divorciada de Bob Topping) voló a Palm Springs aquel fin de semana de octubre para escapar de su celoso amigo Fernando Lamas. Lana y Ava estaban comparando notas sobre Artie y Frank, quien las sorprendió cuando le «estaban poniendo verde».

Pero dijo que después de la gran disputa Lana y Ava se fueron a México de vacaciones.

La explicación de Sinatra parece ser la versión más aceptada. El difunto Jackie Gleason confió: «Frank no podía olvidar lo que había oído. Me telefoneó de madrugada y estaba tan dolido que se pasó mucho rato hablando conmigo sobre lo ocurrido.»

Ava cambió su número de teléfono para evitar que Frank pudiera llamarla. Estaba preparándose para viajar al África, donde rodaría *Mogambo* con Clark Gable y Grace Kelly. Frank no podía costearse el billete del avión y Ava se había ofrecido a pagarlo para que pudiesen estar juntos, pero tras aquel desastroso fin de semana en Palm Springs estaba decidida a irse sola.

Aquella ruptura fue más seria que ninguna otra. Un amigo de Ava tuvo la impresión de que estaba embarazada. Una fuente próxima a Frank dio a entender lo mismo porque «... él quería tener el bebé». El compinche de Sinatra admite no estar seguro de si Frank se «refería a "un" bebé o "al" bebé y no hice preguntas. Ava adolecía de una historia de anemia crónica que la predisponía al aborto. No podía comer y adelgazaba. Todo estaba perdido: Ava, el bebé, el viaje a África..., todo, dijo».

Sinatra acabó pidiéndole a Earl Wilson que publicara su ruego de reconciliación, y el 27 de octubre el columnista escribió lo siguiente: FRANKIE SE RINDE: QUIERE QUE AVA VUELVA CON ÉL Y ACEPTA CUALQUIER CONDICIÓN. Ava telefoneó a Frank y asistieron juntos a una convocatoria en pro del candidato demócrata presidencial Adlai Stevenson en el Palladium Ballroom. Ava subió al estrado con un traje de noche de satén negro sin tirantes, avanzó hacia el micrófono y dijo: «Yo no soy capaz de hacer nada, pero puedo presentaros a un hombre realmente maravilloso. Soy una gran admiradora suya. Señoras y señores, mi marido, Frank Sinatra.»

Ava estuvo radiante y Frank cantó de maravilla. Anunciaron sus planes de visitar a la familia de Ava antes de salir para África.

Mogambo era una nueva versión de *Red Dust (Tierra de pasión)*, una película de 1932 interpretada por Clark Gable y Jean Harlow. La nueva versión giraba alrededor de Gable, un cazador blanco de caza mayor en África, una mujer casada (Grace Kelly) de safari con su marido, y Ava, que interpretaba a una chica de conjunto llamada Honey Bear. Originariamente, Stewart Granger fue elegido para interpretar el principal papel masculino hasta que la MGM se decidió por Gable, quien necesitaba una buena película para darle un empujón a su carrera. A Ava le decepcionó que Granger no fuera a ser su coestrella. Granger le resultaba tan atractivo como Bob Mitchum. Sinatra estaba celoso de sus galanes masculinos, lo cual incluía a Clark Gable, recientemente divorciado, quien estaba saliendo con todo un batallón de bellas jóvenes. Pero lo que más le atormentaba era saber que Ava se pasaría cinco meses fuera de los Estados Unidos. Después de leer la novela de James Jones *De aquí a la eternidad*, Frank habló con sus agentes sobre el proyecto de llevarla al cine anunciado por la Columbia. Por primera vez en su vida Frank dijo: «He leído algo que realmente sería capaz de hacer. Lo intuí, no sé explicarlo de otra manera... Tenía la impresión de que podía hacerlo y no podía sacármelo de la cabeza. Estaba convencido de que era el único capaz de interpretar al soldado raso Angelo Maggio, ese pequeño y tenaz norteamericano de origen italiano. Conocí a Maggio. Fui al colegio con él en Hoboken. Aguanté las mismas palizas que él. Podría haber sido Maggio.»

Antes de salir para África, Sinatra se citó con el feroz jefe de la Columbia Harry Cohn.

–Tú eres cantante, no actor –observó Cohn.

–En cuanto al dinero... –empezó a decir Frank.

–¿Quién habla de dinero? –gruñó Cohn.

–Solía cobrar 150.000 dólares por película.

–Solías.

–Sí. Lo haré por mil a la semana.

–Cristo, Frank, ya veo que realmente quieres el papel, ¿eh,

Frank? Bueno, ya veremos. Tendré que hacer algunas pruebas.

Cohn no había quedado muy convencido, y Sinatra lo intuyó. Llamó a sus agentes y les dijo: «Lo haré gratis. ¡Gratis!»

A Cohn le encantaba explicar la historia de cómo Frank le había suplicado el papel.

–Debe 110.000 dólares de impuestos atrasados, ¡pero se ofreció a pagarme si podía interpretar a Maggio!

Ava habló con la mujer de Cohn, Joan, y le explicó la seriedad de la situación. «Temo que Frank pueda suicidarse», le dijo. «Lo único que pido es que Harry le haga una prueba. Eso es todo.» Ava lo hizo de *motu propio* y no quería que Frank se enterase. Joan prometió hacer lo que pudiese, aun sabiendo que para Cohn Sinatra no era más que un bailarín-cantante venido a menos. Frank consiguió que le hicieran una prueba para el papel gracias a Ava, pero no solamente porque ella se pusiera en contacto con las personas adecuadas. Cohn, después de pensárselo, comprendió que tal vez necesitase a Ava Gardner para una película algún día y que Ava no querría trabajar con él si no le daba a Frank una oportunidad para el papel de Maggio. Antes de irse para África, Ava volvió a hablar con Harry, quien llamó a Sinatra.

–Te mantendré al corriente –le dijo.

Frank estuvo de bastante buen humor hasta que a sus oídos llegaron noticias de que se les estaban haciendo pruebas a otros actores. Cada vez faltaban menos días para que Ava se fuese al África. Fue a ver a Cohn, quien estaba visible, pero Frank fue informado que aún no se había fijado el día de su prueba. El hecho de que Eli Wallach, un actor de gran talento, hubiera sido probado para Maggio fue una aguda decepción.

El 7 de noviembre los Sinatra celebraban su primer aniversario de boda en el avión con destino a Nairobi. Frank le regaló un anillo con diamante. El obsequio de Ava fue un reloj de pulsera extraplano de platino. Clark Gable les esperaba en el aeropuerto y los condujo al New Stanley Hotel. Ava decidió dar una fiesta de aniversario. «¡Es una ocasión muy apropiada!», exclamó ella. «He estado casada dos veces, pero nunca un año entero.»

Grace Kelly, de veinticuatro años, era una recién llegada a la MGM. Aparte de un pequeño papel en *High Noon (Sólo ante el peligro)*, era relativamente desconocida. Su relación amorosa con Gary Cooper no era ningún secreto para la industria cinematográfica. El director de *Mogambo*, el duro veterano John Ford, hizo el siguiente comentario sobre la interpretación de Grace en el «western» premiado por la Academia: «Todo lo que hizo fue dispararle a un tipo por la espalda. Cooper tendría que haberle dado un puntapié y devolverla al Este.» Pero cuando Ford vio su prueba cinematográfica para *Mogambo* dijo: «Estaba buscando su tipo para el papel de Linda. Ya sabes, la dama de hielo que acaba siendo realmente ardiente entre las sábanas.»

Ir al continente negro sola era una perspectiva muy emocionante para Grace, quien le dijo a una amistad suya: «Voy a participar en una película con el anciano Clark Gable, la anciana Ava Gardner y el anciano John Ford.»

Afortunadamente, el comentario no fue del dominio público hasta muchos años más tarde. Clark sólo tenía cincuenta y un años y Ava se aproximaba a la treintena. Ford no se dejaba impresionar por las observaciones impertinentes. Se refería a la futura princesa de Mónaco como «Kelly».

Pese a venir de una familia muy estricta Grace se las había arreglado para tener algunas historias amorosas, pero no era una mujer de mundo. La verdadera Grace Kelly emergería en África bajo la tutela de Clark Gable, Ava Gardner y John Ford, quienes eran una raza aparte del resto de la humanidad. Sinatra acabó intimando con Grace, pero en 1952 todavía pertenecía en cuerpo y alma a Ava. Sin embargo, Gable no dejó de notar el gran parecido entre Carole Lombard y Grace, quien se enamoró perdidamente del «Rey». John Ford presenció las batallas de los Sinatra y el florecer del romance de mayo-diciembre entre Kelly y Gable con tan poco interés como la campaña que los guerrilleros Mau Mau emprendieron contra los residentes blancos. A Ford no le importaba quién durmiera con quién o quién discutiera con quién mientras cada cual fuese puntual en su trabajo y se supiera sus réplicas. Se mostró muy poco comprensivo con los mareos matinales de Ava, los temblores de Gable y la falta de experiencia de Kelly. Ford era un director de hombres especializado en los «westerns» del veterano John Wayne, y sentía muy poco respeto hacia las actrices hermosas. No obstante, le enseñaría a Grace Kelly cómo interpretar y lograría una estupenda interpretación de Ava que le valió la nominación para el premio de la Academia.

El New Stanley Hotel era un lujo para disfrutar durante un fin de semana ocasional de libertad. Sin embargo, el presupuesto de la MGM les proporcionó un cómodo alojamiento cerca del monte Kenya. La pista de aterrizaje de 1.645 metros había sido literalmente arrancada a la selva virgen. Las tiendas tenían el suelo alfombrado y eran bastante elegantes. Contaban con trece comedores. Había una sala de proyecciones, una sección de diversiones con mesas de billar y un hospital con una unidad de rayos X. Los miembros del reparto y del equipo técnico tenían agua corriente fría y caliente. Detrás de cada tienda había dos amplias calderas de aceite, una de ellas alimentada con leña de quemar. Deambulando por el rodaje había 75 blancos y 350 nativos.

Gable explicó que la leña de quemar detrás de cada tienda servía para dos objetivos: «Calienta el agua y mantiene alejados a los leones durante la noche.»

Ava no se dejó impresionar. Gable la rodeó con el brazo y le dijo:

–Querida mía, tenemos con nosotros a Buddy Allen, un auténtico cazador blanco de caza mayor. Me llevará con él de safari, lo digo por si quieres acompañarme.

–No, gracias –dijo ella frunciendo el ceño–. Odio las matanzas, sean de la clase que sean.

Grace aceptó su ofrecimiento, y en sus días libres se levantaban temprano «dando tumbos de un lado para otro en una lata de sardinas sin encontrar nada salvo mosquitos y calor», tal y como lo describió Gable.

Cuando no trabajaba Ava dormía hasta la hora del cóctel, pero Frank tenía grandes dificultades para conciliar el sueño. Cada día esperaba recibir noticias de la Columbia sobre su prueba cinematográfica. ¿Habría cambiado de parecer Cohn? ¿Llegaría el telegrama por mediación de la unidad de la MGM en plena selva virgen? ¿Quién más estaba realizando pruebas para el papel de Maggio? La presión iba en aumento. Descargó todas sus frustraciones sobre Ava, quien no se encontraba muy bien de ánimo. Los 32 ºC de temperatura le quitaban las pocas fuerzas que le quedaban. El primer día ante la cámara John Ford la criticó sin piedad. Ava acabó hartándose y contraatacó usando su vocabulario más escogido. Después se marchó del plató hecha una furia, pero Ford la siguió y la acorraló en un lugar apartado de todo el mundo. «Eres condenadamente buena», le dijo secamente. «Tranquilízate.» En su opinión, ninguna otra actriz podría haber interpretado a Honey Bear, la corista norteamericana desamparada que acaba por casualidad en el campamento y en la cama de un cazador blanco. Ford quería sacar a la luz todo el fuego y la alegría que había en ella y necesitaba hacerle comprender que podía interpretar el papel sin esforzarse tanto por complacerle.

La tensión se aminoró algo en cuando Frank recibió un telegrama diciéndole que se presentase lo antes posible para la prueba cinematográfica. Dado que la Columbia no se sufragaba los gastos del avión, Ava corrió con ellos. Treinta y seis horas después de que llegase el telegrama Frank se encontraba en Hollywood. El productor Buddy Adler y el director Fred Zinnemann estuvieron callados durante toda la prueba. Sinatra *era* Maggio. Pero Harry Cohn tenía la última palabra, y puesto que se hallaba fuera de la ciudad, Frank decidió volver a África y pasó el fin de semana con su mujer.

Varios días después Sinatra salió para California, Ava se mareó y tuvo un desmayo en el plató. Lo atribuyó al calor y la humedad, los constantes aplazamientos debidos al mal tiempo y su temor de que Frank perdiera su anhelado papel en *De aquí a la eternidad.*

Ford estaba bastante preocupado por la poca salud de Ava y decidió ponerse en contacto con los ejecutivos de la MGM en Hollywood solicitando el permiso para que volase a Londres con objeto de que le hicieran un chequeo. La respuesta decía: «Creemos viaje Gardner poco prudente por razones obvias. Sugerimos emplee sus dotes persuasivas y consiga que la dama se quede donde está.»

Ford replicó telegráficamente: «Gardner está dando una interpretación magnífica... muy encantadora y dispuesta a colaborar... sin embargo realmente muy enferma desde su llegada a África y estimo imperativo consultar médicos en Londres sin lo cual trágicos resultados... no afecta plan de rodaje... tiempo aquí pésimo pero seguimos adelante... repito creo imprescindible viaje.»

El 23 de noviembre de 1952 Ava voló a Londres con su agente de publicidad Morgan Hudgins y la esposa del cámara Robert Surtees. Se alojaron en el Savoy Hotel y aquella tarde Ava fue admitida en el Hospital Chelsea para mujeres donde permaneció varios días. A la prensa se le dijo que estaba sufriendo de anemia aguda. La revista *Look* informó que se trataba de disentería. Robert Surtees contó otra historia: «En esa etapa de su relación Ava sentía tal odio hacia Frank que no podía soportar la idea de tener un hijo suyo. Fue a Londres para abortar. Lo sé porque mi esposa fue a Inglaterra para estar a su lado durante toda la intervención quirúrgica, hacerle compañía después y traerla de vuelta en avión. Ava le dijo: "Odiaba tanto a Frankie que no quería que ese niño naciera". Ava también dijo que le habían mandado la factura del anillo que Frank le había regalado el día de su aniversario.»

No obstante, Ava le dijo al escritor Joe Hyams que el aborto no había sido provocado: «Toda mi vida quise tener un hijo, y la noticia de que lo había perdido fue el peor golpe que nunca recibí. aunque mi matrimonio con Frank se iba agrietando más y más cada día que pasaba, eso me tenía sin cuidado. Quería un bebé suyo.»

Habiendo adelgazado cuatro kilos, desanimada y hastiada, Ava volvió a Nairobi con tres meses más de trabajo en *Mogambo* por delante. Recibió la noticia de que Frank estaría en África durante las navidades con una compleja mezcla de emociones, deseando estar con él y temiéndolo al mismo tiempo. Frank llegó cargado de regalos pagados con dinero prestado. Ava se encogió de hombros ante su nueva estola de visón y la dejó a un lado. A Gable casi se le cayó la dentadura postiza. Él casi nunca hacía regalos tan caros. «Yo nunca dejé que una mujer me tratase así», refunfuñó. Ava sintió deseos de decirle: «¿Por qué no le mandas la factura?»

Ava seguía siendo una bomba a punto de estallar y John Ford lo sabía. Cuando los funcionarios ingleses presentaron una queja oficial diciendo que «la señorita Gardner se paseaba desnuda delante de los chicos nativos que le preparaban el baño», Ford intentó que Ava no se enterase. Ava se enteró y, según Surtees, como reto se sacó sus ropas y corrió a través del campamento ante todo el mundo.

Grace miró a Clark, quien encendió un cigarrillo.

–¿Algún problema? –le preguntó, como sin darle importancia.

–No –replicó ella muy seria.

–Que quede clara una cosa, niña. Ava tiene un corazón mayor que cualquier otra persona que conozco. Y si crees que estoy defendiéndola, ¡eso es justamente lo que estoy haciendo! ¿Recuerdas aquella hembra de hipopótamo que atacó nuestra canoa en el río?

–¿Cómo habría podido olvidarlo?

–Ava estaba sola en otra embarcación. Podría haber resultado muerta. ¿Y qué me dices de los rinocerontes atacando al camión? No gritó, ni le entró pánico ni se quejó. En este momento es una chica aturdida que está divirtiéndose de una forma inofensiva. Ava es una muchacha magnífica y tiene un gran orgullo.

A medida que se acercaba la Navidad, el grupo que rodaba *Mogambo* fue convirtiéndose en una especie de familia. Frank consiguió tallarines y todos los ingredientes para la salsa casera de Dolly Sinatra que Ava sabía hacer de maravilla. Ella y Grace tomaron prestados los vestidos de noche de la tienda del guardarropas para la noche de Navidad. El generador se estropeó, pero sólo hubieron risas en medio de la oscuridad. «Comimos a la luz de las velas», contó Gable. «Me pareció que eso proporcionaba un ambiente muy cálido y romántico. La salsa para la pasta de Ava fue la culpable del cortocircuito, pero valió la pena. El día de Navidad encontré mi calcetín colgando de mi tienda. Grace lo había llenado de regalos. Adornamos el árbol, cantamos villancicos con los nativos y disfrutamos de una comida mandada en avión por la MGM: pavo, "puddings" navideños, champaña y grandes cantidades de whisky. John (Ford) recitó "The night before Christmas", algo que no esperábamos de él. Fuimos una familia y experimenté una emoción muy especial. Nunca lo olvidaré.»

Tiempo después Ava recordaría lo pensativo que estuvo Frank

durante esas fiestas. Colocó arbolillos delante de su tienda y los adornó con lucecitas de colores. Durante sus horas de ocio también montó una ducha para Ava. «Consistía en una bomba que extraía el agua del río, la hacía pasar por una tubería y la dejaba caer encima de mi cabeza», explicó. «Además construyó una pequeña cabaña de madera alrededor de su aparato y cada atardecer durante el crepúsculo Frank bombeaba el agua del río para mí.»

Los Sinatra tuvieron sus discusiones durante las fiestas, pero estuvieron muy cerca el uno del otro, tanto como no lo habían estado desde hacía tiempo. Cuando Ford fue invitado por el gobernador británico de Uganda, sir Andrew Cohan y su esposa, el sardónico humor del ceñudo director se ensañó con Ava.

–¿Por qué no le cuentas al gobernador lo que ves en ese enano de 50 kilos con el que estás casada? –le preguntó.

–Bueno –replicó Ava– ¡Hay tres kilos de Frank y 47 kilos de pene!

Todo el mundo encontró muy divertida la respuesta, incluso el gobernador y su esposa. Ford fue el único que se quedó desconcertado. Hasta llegó a palidecer. Era el tipo de respuestas por las que Clark adoraba a Ava. Fue el que se rió con mayor entusiasmo de la descripción que hizo de él. «¿Clark?», dijo Ava: «Es la clase de tipo al que le dices: "Hola Clark, ¿cómo estás?"; y no sabe qué ha de contestarte.»

Sinatra se portaba lo mejor posible mientras esperaba los resultados de su prueba cinematográfica. Cuando supo que el papel de Maggio era suyo y que cobraría 8.000 dólares por él, Frank empezó a ir y venir delante de su tienda como una pantera al acecho, blandiendo el telegrama en su mano. «¡Ahora sí que le daré una lección a esos listillos!», exclamaba una y otra vez. «¡Yo le enseñaré lo que es bueno a esos hijos de mala madre!»

El triunfo de Frank, sin embargo, llegaría al final de su matrimonio. Ava le prefería deprimido y sin trabajo. «Cuando estaba en la cima era un monstruo sagrado convencido de que en el mundo no había nadie más que él», dijo Ava.

TRECE

Punto de no retorno

Cuando fue difundiéndose por Hollywood que Sinatra formaría parte del reparto de estrellas que interpretaría *De aquí a la eternidad* –Burt Lancaster, Deborah Kerr, Montgomery Clift, y Donna Reed– se rumoreó que la Mafia había presionado a Harry Cohn, quien fue el primero en negarlo. «La prueba cinematográfica de Sinatra demostró que era la persona idónea para el papel», dijo Cohn. (Eli Wallach era demasiado musculoso para interpretar al frágil Maggio.)

Pero de no ser por Ava, Frank ni tan siquiera habría sido tomado en consideración para el papel. Frank no lo sabía y estaba orgulloso de haberlo conseguido gracias a su tozuda campaña.

Ava celebró su trigésimo cumpleaños sumida en un laberinto de confusiones: estaba contenta por Frank pero detestaba al «monstruo sagrado» que estaba emergiendo: el egoísta al que tanto detestó después de cumplir los cuarenta años, cuando Frank estaba en la cumbre de su carrera. El breve interludio de paz con el modesto árbol de Navidad y la ducha improvisada estaba llegando a su fin. Las noches románticas junto al fuego de la chimenea comiendo espaguetis caseros se habían acabado, y esas pequeñas cosas eran precisamente las que más amaba.

Poco después de Navidad, Gable pidió a Grace y a los Sinatra que pasaran un fin de semana en una playa del océano Índico. «En Malindi se está mucho más fresco», les dijo, «y podemos nadar sin cocodrilos. Me han contado que es un lugar precioso.»

Tuvieron que ir en un avión bastante viejo. «Viejo se quedaba corto», dijo Gable. «Ese maldito trasto estaba envuelto en cables para que no se cayera a pedazos, pero era el único medio de transporte utilizable a nuestra disposición. A los otros no les importó, pero yo tuve una larga conversación con el piloto, quien me aseguró que no había que preocuparse por nada. No me dejó muy convencido: nuestros cuatro cuerpos quizá fuesen las mercancías más valiosas de todo Hollywood e iban a correr un riesgo considerable. A la MGM no le habría hecho ninguna gracia.»

Frank y Ava aprovecharon la paz de aquel sitio para estar a solas. El hotel era pequeño, agradable y tranquilo. La vista sobre el océano Índico era todo un sedante y el frescor de sus brisas un cambio muy bienvenido después del húmedo calor de Tanganyka.

Antes de que el equipo de *Mogambo* se trasladara al desolado desierto de Isoila, en Uganda, los Sinatra volaron a París por unos días. Fue allí donde Frank recibió la noticia de que debía presentarse para iniciar el rodaje *De aquí a la eternidad*, que se filmaba en Hawaii. Frank dijo que se encontrarían en Londres, donde Ava tenía que participar en *Knights of the Round Table (Los caballeros del rey Arturo)* con Robert Taylor. El resto de su estancia en África fue bastante agradable porque ella y Grace Kelly se habían hecho muy amigas. Pese a que «Grace» fuese la candidata más improbable, siguió siendo una sincera amiga de Ava a lo largo de su reinado como princesa de Mónaco. La única diferencia entre ambas mujeres era la franqueza de Ava, particularmente en lo referente a su vida sexual. La imagen de Grace era mucho más reservada. Gardner dijo lo que Kelly reservaba a su pensamiento.

En una ocasión pasaron ante un grupo de guerreros watusi, Ava se volvió hacia Grace y le dijo: «Me pregunto si sus penes son tan grandes como dicen.» Grace se sonrojó y siguió caminando, pero Ava le subió el taparrabos a un watusi y un magnífico pene quedó revelado a la luz del sol. Grace miró a pesar suyo.

–Frank lo tiene mayor –dijo Ava encogiéndose de hombros.

Cuando se terminó *Mogambo*, Ava y Grace volaron hacia Roma con los Surtees.

–Tan pronto como llegamos –explicó Robert Surtees–, Ava quiso ver todos los burdeles de la ciudad en una noche. Grace también quiso ir. En uno de ellos nos cruzamos con un tipo que se sintió atraído por Grace y subió en la parte trasera del automóvil a fin de «ligar» con ella mientras nosotros continuábamos la ronda. Ava se desternillaba de risa. Creí que iba a reventar. Fuimos de un lugar a otro. A Ava le encantaba hablar con las muchachas e intercambiar chistes subidos de tono con ellas.

No volvimos al hotel hasta las tres de la madrugada.

Las chicas volaron a Londres para completar las escenas de interiores de *Mogambo*. Grace, que se estaba preparando para el estrellato, se alojó en el lujoso Hotel Savoy. Los publicistas de la MGM británica prepararon un plan de apariciones públicas y entrevistas para ella. En cambio, Gable eligió el pintoresco Hotel Connaught para evitar la prensa mientras que Ava alquiló un alojamiento en Hyde Park Gate y tuvo abierta su casa noche y día para sus compañeros de Hollywood que se hallaban en Londres por motivos fiscales.

Grace buscó refugio allí y le abrió su corazón contándole lo aburrido y pesado que le resultaba ser una aspirante a estrella de la MGM.

–Prefería el escenario –le dijo–, y firmé el contrato con la Metro para hacer *Mogambo* con Clark. Hemingway tenía razón cuando escribió que África cambia a las personas. Algunas crecen, otras envejecen, y otras enloquecen. Yo crecí y detesto tener que pasar por todo el proceso de convertirse en estrella. No tengo ni la más mínima libertad. Me horroriza pensar a qué deberé enfrentarme en Hollywood.

–Son unos cerdos –dijo Ava–. Pero ya has conseguido convertirte en estrella. Clark está ayudando a Ford a montar *Mogambo.* Es buena. Realmente buena. Ya eres una estrella, cariño.

–Clark me dijo que disfrutara cada minuto de ello.

–Sí, por eso se está escondiendo en el Connaught.

–¿Va a dejar la MGM?

–No van a renovar su contrato –dijo Ava–. Clark quiere dejarlos plantados antes de que llegue ese momento. Después de veinte años resulta duro, pero él nunca admitirá que le duele.

–No quiero dejarle abandonado en Londres. Está bebiendo demasiado. Una botella entera de coñac antes de comer...

–Cariño, en este negocio eso forma parte de lo que esperan de ti. No le abandonaré. Bob Taylor está aquí. Él y Clark son buenos camaradas.

–Le quiero –dijo Grace con lágrimas en los ojos.

–Como ya te he dicho, en este negocio eso forma parte de lo que esperan de ti. Bueno, cariño, ¿quieres otra copa?

Sinatra soñó, durmió y comió su papel de Maggio. Montgomery Clift adoraba a Frank y acabaron convirtiéndose en buenos amigos y camaradas de copas. En Hawaii pasaron todo su tiempo libre juntos. Cada noche seguían el mismo ritual: Se instalaban en la habitación de Frank a las diez para llamar por teléfono a Ava, que seguía en África. Si no estaba disponible, Sinatra empezaba a darle a la botella. Hablaba constantemente de su mujer. «Hemos de arreglar las cosas», decía. El resto del reparto escuchaba pacientemente sus elogios a Ava. «No es que sea meramente hermosa», les decía. «Ava es la mujer más hermosa del mundo.»

Sinatra se portó muy bien durante todo el rodaje y sólo hubo un momento difícil. Quería hacer una escena con Montgomery sentados, prescindiendo del guión. Al director Fred Zinnemann no le gustó la idea, y a Clift tampoco. Sinatra insistió. Discutieron. Frank le dio un puñetazo a Monty. Eran tan buenos amigos que Sinatra sabía que Clift lo aguantaría. Más de una vez había tenido que darle de bofetadas en el plató para que se le pasase la borrachera.

De aquí a la eternidad costó 2,5 millones de dólares y recaudó casi 20 en un año. Los críticos fueron unánimes sobre Sinatra: estaba soberbio. La película y sus cinco actores principales fueron nominados para los premios de la Academia: Montgomery Clift, Burt Lancaster, Deborah Kerr, Frank Sinatra y Donna Redd. (Dado que Clift y Lancaster fueron nominados en la mejor categoría de actores, Sinatra fue clasificado como actor secundario, lo cual redundó en su beneficio, puesto que William Holden obtuvo el Oscar al mejor actor por *Stalag 17 (Traidor en el infierno).*

Ava Gardner fue nominada como mejor actriz por su interpretación de Honey Bear en *Mogambo.* Bosley Crowther del *New York Times,* que era conocido por su dureza con Ava, dijo en su crítica: «...La señorita Gardner es la gran vencedora de la película. La cámara la mima y le da prioridad, y ella sabe aprovecharlo plenamente. Como hemos dicho antes, la señorita Gardner es la vampiresa calculadora más atractiva y tentadora que se pueda imaginar.»

En mayo de 1953 Frank fue contratado para una gira europea de tres meses y le pidió a Ava que le acompañara. El que se lo *pidiera* y no se lo *exigiera* fue cosa del nuevo Sinatra. Antes de que saliera para Londres, Louella Parsons escribió: «El Sinatra nervioso y eternamente irritado que declaró la guerra a la prensa y permitió que su enfurecido carácter italiano le metiera en líos es un personaje del pasado. El nuevo Frankie ha ganado unos kilos. Tiene los ojos límpidos y más colmados; se encuentra feliz. Es un nuevo Frankie.»

Parecía estar muy seguro del éxito de su gira y no presionó a Ava, quien estaba haciendo las pruebas de su vestuario para *Los caballeros del rey Arturo.* La actitud tranquila y despreocupada de Frank despertó sus sospechas y Ava empezó a pensar que quizá hubiera otra mujer. No se habían visto desde hacía cuatro meses y el reencuentro había sido más romántico de lo que cada uno esperaba. Frank parecía más dispuesto que antes a llevársela consigo. «Será una segunda luna de miel», le dijo. «Me encuentro muy bien y mi voz está mejor que nunca.»

Ava le comunicó a los ejecutivos de la MGM que quería unas cuantas semanas de libertad. Se las negaron. Ava los mandó al infierno. El viaje tuvo mal comienzo: se les averió el automóvil y perdieron el avión de Milán. Tuvieron que volar a Roma donde, irónicamente, se estaban exhibiendo varias películas de Ava. Sus seguidores y la prensa ignoraron a Frank, quien fue abucheado en medio de su concierto de Nápoles porque la multitud sólo quería una cosa: «¡Ava! ¡Ava!» Hubo que llamar a la policía y se acordó que Ava debería hacer una aparición para aplacar a la colérica muchedumbre. Ava salió al escenario, saludó con la mano y se retiró. El público se volvió loco: «¡Ava! ¡Ava!» Cuando le volvieron a abuchear, Ava tomó el tren para Milán. Un diario napolitano escribió: FRANK SINATRA ABUCHEADO MIENTRAS AVA SE LARGA DE LA CIUDAD.

En Dinamarca y Suecia, Sinatra cantó en teatros semillenos. Un periódico escandinavo dijo: SEÑOR SINATRA: ¡VUELVE A CASA! Frank canceló el resto de la gira y regresó a Londres a reunirse con Ava. Que el triunfo de su esposa le hiciera sombra no le gustaba nada. Sus explosiones de ira durante la gira de conciertos estaban poniendo las bases para un estallido aún mayor.

En Londres alquilaron un apartamento en St. Johns Wood mientras Ava estaba trabajando en *Los caballeros del rey Arturo* con Robert Taylor. Ava odiaba los trajes de época y el tener que levantarse a las cinco de la mañana para ponerse corpiños apretados y faldas. Taylor hacía de Lancelote y Ava de reina Ginebra, lo que en su opinión resultaba bastante ridículo después de haber interpretado a Honey Bear. La película no fue una de las mejores de Ava. Su actuación fue envarada y sus expresiones faciales carentes de vida restaron belleza a su hermosura. «¿Qué diablos estoy haciendo en una película de época?», murmuró irritada.

Ella y Frank pasaron noches tranquilas en su apartamento de alquiler. «Queríamos un hogar, no una suite de hotel», dijo Ava.

Una noche invitaron a Stewart Granger y Jean Simmons al club nocturno Ambassadors donde Frank estaba cantando. Los Granger llegaron al apartamento de St. Johns Wood durante una violenta discusión que terminó en un completo silencio. Frank dijo que iría solo al club y le pidió a los Granger que acompañaran a Ava. «Es imposible vivir con él», se lamentó amargamente Ava durante el camino. En el Ambassadors Sinatra le cantó sus canciones de amor y Ava lloró. «¡Fijaos en ese maldito hijo de perra! ¿Cómo no voy a quererle?» El resto de la velada transcurrió plácidamente.

Ava había casi acabado la película y planeaba volar a Nueva York para asistir al estreno de *De aquí a la eternidad* y al debut de Frank en el Club 500 en Atlantic City. Frank se negó a esperarla. «Termina tu película. Yo he de ensayar», le dijo. «¡Yo también tengo una carrera!» Su pelea resultó tan violenta que los otros inquilinos avisaron al propietario, quien amenazó a los Sinatra con desahuciarlos.

Frank se marchó solo a Nueva York y se alojó en el Waldorf Astoria el día 12 de agosto. Ava voló a Madrid para una semana de reposo. Procuró mantener su paradero en secreto. Mientras estaba de vacaciones, le presentaron al torero más famoso de España, Luis Miguel Dominguín, a quien Hemingway describió como una «combinación de don Juan y de Hamlet». Cuando Ava conoció al torero Dominguín estaba recuperándose de una grave cornada en el estómago. El torero alto, enjuto y mujeriego atrajo a Ava, quien en aquellos momentos todavía no estaba preparada para mantener una relación extramatrimonial. Cuando sintió que estaba a punto de ceder a la tentación cogió el avión para Nueva York el 2 de septiembre y se alojó en el Hampshire House. Frank se enteró de la llegada de su mujer por la prensa matutina. Le dolió mucho que no le hubiera llamado. Ava, por su parte, estaba algo nerviosa: Frank no la había telefoneado ni una sola vez. Los reporteros se pusieron en contacto con Frank, quien les dijo que había visto una fotografía de Ava en el aeropuerto de Nueva York. «Ignoraba que se hallase en la ciudad. No me cabe en la cabeza. No puedo hacer ninguna declaración porque no sé lo que está sucediendo.»

Ava no hizo el menor comentario. «¡Es mi matrimonio y mi vida!», exclamó. Cuando Frank debutó en el Riviera, Ava se fue a un espectáculo teatral de Broadway.

Dolly Sinatra invitó a cenar a Ava en la casa de Nueva Jersey a la noche siguiente. También llamó a Frank, quien dijo que iría entre actuación y actuación.

–¿Quién va a estar? –le preguntó Sinatra.

–¡Oh, no te preocupes por eso! –replicó Dolly–. ¡Tú limítate a venir!

Cuando Frank entró y vio a Ava, intentó ocultar su alegría. Una Dolly decidida los juntó en la cocina y Ava volvió con él al segundo pase del espectáculo en el Riviera. Earl Wilson informó:

–Tener a Ava en el público hizo que Frank alterara su actuación prescindiendo de algo que le había hecho mucha gracia a los espectadores, durante sus discusiones con Ava. Cuando cantaba «I Get a Kick Out of You»*, Frankie fingía que el amor, representado por Ava, estaba dándole puntapiés en el trasero. Prescindió de eso.

Al día siguiente, Frank se trasladó al Hampshire House. Pero

* «To get a kick» es tanto recibir una emoción fuerte (generalmente a causa del amor) como recibir una patada, de ahí el juego de palabras. (*N. del T*)

cuando apareció a las cuatro de la madrugada, Ava se quejó amargamente.

–No me atosigues tanto, pequeña –le dijo Frank.

El 2 de octubre asistieron al estreno de *Mogambo* en el Radio City Music Hall y volaron a Hollywood al día siguiente. Casi inmediatamente Frank fue a Las Vegas para una aparición en el Sands Hotel. Ava asistió al estreno de *Mogambo* sin él. Los periódicos dijeron que estaba soberbia: llevaba un traje de noche de satén color crema con un corte en la falda y una estola de zorro. Al día siguiente se encontraba en Palm Springs y una vez más los Sinatra habían dejado de hablarse el uno al otro porque Frank pensaba que el sitio de ella estaba a su lado en Las Vegas.

Todos trataron de lograr una reconciliación: Dolly, Earl Wilson, Hewdda Hopper, Louella Parsons y Bappie. Sabían que sólo era cuestión de que Ava o Frank cogieran el teléfono. Antes de que uno de los dos cediera, una fotografía de Sinatra con dos coristas vestidas con trajes de noche apareció en el periódico.

El abogado de Ava concertó una cita con Sinatra, quién tomó el avión para Los Ángeles, pero no acudió a dicha entrevista. El 29 de octubre de 1953 la MGM anunció oficialmente que los Sinatra habían agotado todos los medios posibles para solucionar sus diferencias y no podían hallar bases mutuas sobre las que continuar su matrimonio.

Frank no podía comer ni dormir.

–Para mí no habrá ninguna otra mujer, ni aunque haga falta esperar setenta y cinco años para conseguir el divorcio.

Ava se rió: «Frank no me ama. Lo que haría sería acabar saliendo con otra chica..., con la primera que se le pusiese a tiro.»

Earl Wilson, que actuaba de intermediario, escribió en su columna: «Es sorprendente que Ava, a la que se viene considerando una de las mujeres con mayor atractivo sexual de Hollywood, tenga la impresión de que Frank no tiene bastante con ella y persigue a otras mujeres. Sin embargo, eso es lo que piensa, y le ocurre con mucha frecuencia.»

Pero Ava seguía en sus trece: «Tal vez si hubiese estado dispuesta a compartir a Frank con otras mujeres, podríamos haber sido más felices.»

Hedda Hopper no ayudó a calmar los ánimos cuando informó de que Frank Sinatra fue visto «de muy buen humor con una muchacha no identificada en Las Vegas».

Ava y Frank le daban mucha importancia a los sacrificios exigidos por sus carreras. Considerando los riesgos que Ava había corrido con la MGM, no había punto de comparación. Frank se quejaba diciendo que Ava debía estar a su lado. En vez de acompañarle, Ava se marchaba a Roma para rodar *La condesa descalza*. Algunos amigos estaban preocupados por las condiciones físicas y mentales de Sinatra. Se hallaba al borde de otro derrumbamiento, o de algo peor: el suicidio. Cuando el peso de Frank bajó a 47 kilos, su médico lo internó en el hospital para someterlo a observación. Ava llamó para informarse sobre su salud. Tuvieron una conversación bastante amistosa y eso entusiasmó tanto a Sinatra que tomó la decisión de marcharse del hospital e hizo las gestiones necesarias para acompañar a su esposa a Italia. Mientras esperaba el momento de partir grabó varias canciones, una de las cuales llevaba el sugerente título de «Why Should I Cry Over You?». («¿Por qué debería llorar por ti?»)

Ava, sin embargo, quería alejarse lo más posible de Frank. Cuando la MGM rehusó a prestarla a la United Artists para *La condesa descalza*, pasó por encima de Schary enviándole un memorándum a Nicholas Schenck, el presidente de la cadena Loewe, que distribuía las películas de la Metro.

Ava decía tener «muchísimas ganas» de interpretar esa película porque era perfecta para ella y había algo todavía más importante: el hecho de pasar varios meses en el extranjero aliviaría sus problemas personales. Ava recalcaba que era incapaz de ahorrar dinero y conseguir una cierta seguridad personal. ¿Estaría dispuesta la Metro a darle la oportunidad para hacer una película de su elección? En caso afirmativo, estaba preparada para salir inmediatamente hacia Europa.

Elizabeth Taylor también quería el papel de María Vargas.

–Quiero hacer *La condesa descalza*. Nunca había leído un guión que me hiciera sentir tantos deseos de interpretarlo –le dijo a los ejecutivos de la MGM.

Rita Hayworth acababa de divorciarse del príncipe Ali Khan y era la candidata con más probabilidades, pero tuvo la impresión de que el personaje era «tan parecido a mí que no me sentiría cómoda interpretándolo».

Cuando la United Artists ofreció 200.000 dólares y un 10 % sobre los beneficios de la película por los servicios de Ava, ella se hallaba camino de Roma.

En noviembre de 1953 Jimmy van Hausen tuvo que llevar corriendo a su amigo Sinatra al hospital Monte Sinaí. Sus médicos dijeron que estaba sufriendo de una aguda tensión emocional.

Sus grabaciones de «My One and Only Love» y «There Will Never Be Another You» eran lo suficientemente conmovedoras para llegar a los corazones de todos los que habían amado y perdido a su ser amado. El director de orquesta Nelson Riddle dijo: «Eso fue cosa de Ava: ella le enseñó cantar canciones de amor desesperado. Así es como aprendió. Ella fue el mayor amor de su vida y lo perdió.»

Frank siguió llamando a Ava y siguió hundiéndose en la depresión, hablando incesantemente sobre la mujer que adoraba y diciendo que ya no tenía ninguna esperanza de recuperar su amor. No podían vivir juntos y no podían vivir separados. Ava estaba intentando librarse de él, y sólo una ruptura completa y un trabajo absorbente podrían devolverle la paz mental. Cuando no le pidió que fuera con ella Frank se sintió destrozado. Por el momento Ava era realmente «la condesa descalza», una muchacha española destruida por la felicidad. María Vargas comenzó su carrera bailando en los clubs nocturnos y se convirtió en una famosa estrella de cine a la que entusiasmaba ir descalza. Un escritor (Humphrey Bogart), que se hace amigo de María, la observa ir de un amante a otro. El matrimonio con un conde italiano importante (Rossano Brazzi) acabará con la existencia de María.

Si Sinatra era Maggio, Garbo, Margarita Gautier, Heston, Moisés y Leigh, Escarlata O'Hara, Gardner fue la condesa descalza. Después siempre se la identificaría con el papel de María Vargas.

Cuando llegó a Roma Ava prefirió vivir en un apartamento a alojarse en un hotel. Encontró un piso sucio y mohoso para espanto de su agente publicitario David Hanna, quien la visitó para encontrarse a Ava limpiando el piso con la ayuda de su chófer, el cocinero y dos criadas.

Se mantuvo serena durante su conferencia de prensa. No se autorizaron preguntas personales y Hanna recibió instrucciones de controlar una orquesta para la recepción y mantener el salón de baile sumido en la penumbra que resultaba mucho más favorecedora para Ava (jóvenes o maduras, las actrices de la MGM siempre sabían cómo ofrecer el mejor aspecto posible).

Ava disfrutó de la vida nocturna romana y, especialmente, del espectáculo del comediante italiano Walter Chiari. Fue entre bastidores para conocer a ese atractivo joven de cabello rizado y se convirtió en una asidua de su apartamento del Corso d'Italia. Pero Ava estaba impaciente por pasar las Navidades con Luis Miguel Dominguín y sus amigos en Madrid. El director Mankiewicz le dio una semana de vacaciones, pero antes de abandonar Roma recibió una llamada de Frank, quien le dijo que estaría en España para su cumpleaños.

–¡Maldita sea, tenía muchas ganas de ir a Madrid! ¿Por qué tiene que portarse así? –se quejó a Hanna.

Hanna empezó a sudar de miedo.
–Espero que no pensará venir a Roma, ¿verdad?
–Él dice que sí.
–La prensa te crucificará.
–Lo sé. Será horrible, pero ¿qué puedo hacer? No puedo decirle que no venga.
Las vacaciones navideñas en Madrid transcurrieron de forma bastante tranquila. Frank pilló un fuerte resfriado y cuando yacía enfermo en cama Ava salía para ver a su torero. Cuando los Sinatra llegaron a Roma Frank se hallaba de mal talante y le había contagiado el resfriado a Ava. Su celebración de la víspera de Año Nuevo fue bastante apagada, según los invitados.
Que Ava pillase el sarampión no ayudó a mejorar la situación. Ella y Frank pasaron algunos días juntos sin ver a nadie antes de que él se fuera silenciosamente de Italia. Ava le dijo que la reconciliación era imposible. Tan pronto como el avión de Sinatra hubo despegado Luis Miguel llegó lo más discretamente posible y se inscribió en el hotel Corso. Humphrey Bogart, que llegó para tomar parte en *La condesa descalza* después de las fiestas navideñas era amigo de Frank y eso hizo que se pusiera de su lado. Bogie le soltaba indirectas a Ava siempre que tenía oportunidad. Ella las recibía con indiferencia.
–Nunca lograré entender a las mujeres –le dijo a Ava–. Media población femenina se lanzaría a los pies de Frank, y aquí estás tú divirtiéndote y tonteando con tipos que usan capa y zapatillas de bailarina.
–¿No crees que estás metiendo las narices en algo que no te concierne? –replicó ella.
A Bogart no le impresionaban el séquito de ayudantes que la acompañaban a la ida y a la vuelta del plató. Al llegar al trabajo, una mañana le dijo a Ava:
–Dame un poco de ventaja. No quiero acabar pisoteado por tu séquito. Y si espero a que haya pasado, no llegaría hasta el martes.
–Te concederé diez minutos de ventaja –respondió ella–. Después tendrás que arreglártelas como puedas.
Bogart le tomaba el pelo burlándose de su acento meridional que emergía cuando bebía demasiado y le puso el sobrenombre de «gitana de las colinas».
–¿Ya saben esos amigos toreros tuyos que no eres más que una mocosa de las montañas? –le preguntó sarcásticamente.
–Eso es precisamente lo que les atrae, cariñito –replicó ella.
La mujer de Bogie, Lauren Bacall, se reunió con él en Roma y le trajo a Ava su pastel favorito de coco de parte de Frank. «No pudo importarle menos», recordó Bacall. «Me dijo que lo dejara

encima de una mesa: ni me dio las gracias..., nada. Reaccionó así porque el pastel era un regalo de Frank; estaba harta de él, pero a Frank no le ocurría lo mismo con Ava.»

Ava se concentró en *La condesa descalza* y hasta aprendió a bailar flamenco. La secuencia más difícil era una escena sin doble donde la relación entre un hombre y una mujer se expresaba a través de un dúo de flamenco. «Estuve practicando todas las noches durante tres semanas», dijo ella. Acabó con los pies llenos de cortes y magulladuras, ya que bailaba descalza, y al final cayó postrada en una silla mientras un centenar de gitanos contratados como extras aplaudían.

Cuando la doble de Ava no se presentó en un frío día de febrero para rodar la secuencia de un baño en el helado Mediterráneo, Ava hizo la escena ella misma. Mankiewicz quería eliminar la escena, pero Ava no quiso ni oír hablar de ello. Emergió de las aguas refrescada y radiante.

Teniendo en cuenta la visita de Frank, las quejas de Rossano Brazzi por cualquier cosilla y la evidente enemistad de Bogart hacia ella, Ava supo censurar su sentido del humor y su dedicación por el trabajo. La compañía de Luis Miguel contribuyó a mantener esa actitud positiva y la decidió a comprar una casa en Madrid.

La condesa descalza fue recibida con poco entusiasmo por la crítica. Algunos críticos opinaron en que Joseph Mankiewicz había dirigido una película irregular cuyo resultado final eran tan poco satisfactorio como impotente era el conde italiano. *Variety* y el *New York Times*, con todo, indicaron que había demasiado énfasis en el encanto fatal del personaje de Ava, lo cual le ponía difícil conseguir que «hombres hechos y derechos se desmayaran al recibir una mirada suya».

Edmund O'Brien, que interpretaba al amable agente de prensa, obtuvo un Oscar como mejor actor secundario.

La hermosa estatua griega utilizada en la escena del cementerio de *La condesa descalza* era una réplica exacta de la cara y el cuerpo de Ava. Frank quiso quedársela nada más verla y Mankiewicz accedió a ello al terminar la película. La estatua fue instalada en el patio trasero de su residencia de Hollywood y acabó convirtiéndose en una especie de santuario. Frank tenía fotos de Ava por toda la casa, incluso en los cuartos de baño. En una reunión de jugadores de cartas, una noche, los jugadores encontraron a Frank en el dormitorio con lágrimas en los ojos y haciendo un brindis, a Ava, mirando su foto favorita. Lo dejaron solo hasta que oyeron un estrépito. Frank había cogido la fotografía de Ava y la había roto con marco y todo. Acto seguido rasgó la foto. «¡No quiero volver a verla nunca más!», gritó. «Dejadme solo.» Un rato después sus amigos encontraron a Frank tratando de recomponer la fotografía, pero faltaba la nariz de Ava. Todos se pusieron a gatas para buscarla. Llamaron a la puerta principal y cuando Frank fue a abrirla, se estableció una corriente de aire que hizo aparecer el pedazo que faltaba. Frank se puso tan contento que le regaló su reloj de oro al chico de los recados.

Sinatra estaba sufriendo de depresión e insomnio. Pasaba las noches a oscuras con luces indirectas que enfocaban las fotos de Ava, acompañado por una botella de coñac. «Sé que podríamos haberlo arreglado», dijo a sus amigos.

En marzo de 1954 Ava compró una casa en La Moraleda, el más elegante suburbio ajardinado de todo Madrid, por 66.000 dólares. Se la veía por todas partes con Luis Miguel quien, como informó la prensa americana, era no sólo un célebre matador: también era hijo de una prominente familia madrileña y millonario por derecho propio. No sólo era un gran torero: además, era un refinado y brillante caballero que se codeaba con la alta sociedad internacional.

Pese a ello, Ava seguía mostrándose fría con él. Se negó a vivir con Dominguín y no quiso prometerse de forma pública. Éste era uno de sus más intrigantes atributos... y el que suponía un desafío mayor. Sinatra nunca pudo dominarla y para él Ava siempre siguió siendo un misterio. Pese al amor, la devoción y los sacrificios, Ava se refería a él llamándole «vagabundo» y un «gángster»: apelativo que nadie más hubiera osado utilizar ni tan siquiera en broma.

Dominguín era un rival de consideración. Aquel español de espléndida constitución física poseía todo lo que le faltaba a Sinatra. Luis tenía una abundante cabellera morena y Frank llevaba bisoñé. Luis no tenía miedo de nada, ni en el ruedo ni fuera de él. La fuerza de Frank estribaba en sus guardaespaldas. Luis era un compañero atento y romántico. Frank siempre quería estar rodeado por sus compinches. Los amigos íntimos de Dominguín eran Picasso y Stravinski. Los camaradas de Sinatra eran «unos granujas».

Pese al contraste la huidiza Ava seguía necesitando a Frank como si fuese una droga. Luis alivió sus penas y dolores mientras intentaba librarse de su obsesión.

Sinatra salió con muchas mujeres incluso con Judy Garland y Elizabeth Taylor, que en aquel entonces sólo deseaba una cosa: convertirse en la próxima señora Frank Sinatra. Tal vez ésta sea la razón de que la señorita Taylor comentara: «Ava Gardner es más hermosa que yo.»

Solitario y vulnerable, Frank le hizo proposiciones de matrimonio a varias mujeres que, afortunadamente para todas las implicadas, le dieron calabazas. Su santuario de fotografías de Ava y la estatua que le enseñaba a todo el mundo eran una prueba inequívoca de que Frank seguía locamente enamorado de ella.

La noche del 25 de marzo de 1954 Sinatra recibió su Oscar como el mejor actor secundario en el Pantages Theater de Hollywood. Besó a Nancy Jr. y estrechó la mano de su hijo antes de subir corriendo al escenario.

Ava, nominada como mejor actriz (*Mogambo*), perdió ante Audrey Hepburn [*Roman Holiday (Vacaciones en Roma)*]. Envió un telegrama de felicitación a su marido, congratulándose sinceramente por él. Pese a que nunca aceptase honra alguna por el logro de Frank en *De aquí a la eternidad*, los miembros de la Academia que oyeron cómo Sinatra le expresaba su gratitud a Harry Cohn y a su equipo productor sabían cuál era la verdad.

Ava era mucho más feliz estando a la mayor distancia posible de «Ciudad Oropel», viendo cómo Dominguín se preparaba para su gira suramericana, tras haber estado un año ausente del ruedo. Pero en abril fue hospitalizada a causa de un doloroso cálculo biliar. Luis hizo colocar otra cama en su habitación y no se separó de ella. Hizo una llamada a su buen amigo Ernest Hemingway, que se hallaba en el Hotel Palace de Madrid, y le pidió que viniese a ver a Ava. Hemingway confiaba encontrarse con la Ava que había interpretado papeles en *Forajidos* y *Las nieves del Kilimanjaro.* Cuando entró en la habitación del hospital Ava estaba discutiendo con un ejecutivo de la MGM: querían que interpretara a la cantante Ruth Etting en *Love Me or Leave Me.* Ava rechazó el papel. «Por el amor de Dios, ¿qué pretende que haga?», exclamó entre dientes por teléfono: «¿Quiere que esté de pie abriendo y cerrando la boca igual que una carpa gigante mientras ustedes ponen musiquilla de fondo?»

La MGM la amenazó con suspenderla, pero Ava sufría unos dolores tan grandes que no tenía tiempo para preocuparse por eso. Cuando vio a Hemingway sonrió.

–¡Oh, cómo me alegra que haya venido! ¡No tengo a nadie con quien hablar! ¿Sabe quién ha sido la única persona que me ha enviado un telegrama? ¡Bob Mitchum!

Hemingway le apretó la mano.

–¿Es verdad que está planeando quedarse a vivir en España? –preguntó.

–Sí. No me gusta Nueva York o París. ¿Para qué voy a volver allí? No tengo coche, ni casa, nada. Sinatra no tiene nada. Todo lo que saqué de mis matrimonios fueron mis dos años de psicoanálisis pagados por Artie Shaw.

–Hija, si he de serte sincero, los psicoanalistas me dan mucho miedo. Aún no he conocido a ninguno que tenga sentido del humor.

–¿Quiere decir que nunca se ha psicoanalizado? –le preguntó ella.

–Claro que sí. Máquina de escribir portátil Corona del número tres. Ése es mi psicoanalista. Verdad... No creo en el psicoanálisis, pero me he pasado montones de horas matando animales y peces, por lo que pienso acabar con mi vida. Cuando un hombre odia a la muerte tanto como yo la odio disfruta confiriéndose a sí mismo el atributo divino de darse por vencido.

–Eso es demasiado profundo para mí, papá.

Hemingway aprobaba a Dominguín y el que quisiera estar junto a Ava. El escritor estaba prendado de ella pero no la asediaba. Se profesaban una admiración mutua que acabó dando como resultado una amistad muy estrecha. Ava no solamente intervino en otra película basada en una obra de Hemingway, sino que también visitó en La Finca, su casa de Cuba.

Las discusiones con Frank y la MGM quedaban muy lejos. Ava se restableció tranquilamente y conservó el cálculo biliar como recuerdo. Pasaba el tiempo con Dominguín y Hemingway hasta que no pudo seguir posponiendo su regreso a los Estados Unidos donde Dore Schary, Frank Sinatra –y Howard Hughes– esperaban pacientemente.

Hemingway le preguntó a Ava si lo de Dominguín iba en serio.

–¿Cómo voy a saberlo? –replicó ella encogiéndose de hombros–. Llevamos tres meses juntos pero no hablo español y él habla muy poco inglés, de modo que no nos ha sido posible comunicarnos.

–No te preocupes –«Papá» sonrió–. Os habéis comunicando muy bien.

Dominguín quería que Ava le acompañase a América del Sur para la gira y ella se lo estaba pensando. Pero lo primero y más urgente era rellenar los papeles del divorcio. Antes de establecer su residencia en Nevada, Ava se presentó en la MGM y se negó rotundamente a interpretar *Love Me or Leave Me*. No quería pasarse toda la película «doblando» a una cantante y no estaba dispuesta a ser Ruth Etting, que hizo carrera gracias a la protección de un «gángster» de poca monta (James Cagney haría el papel de The Gimp). Doris Day tampoco tenía muchas ganas de trabajar en la película. No estaba muy segura de que su público aceptara el que fuese la querida de un gángster. Acabó interpretando el papel y la película tuvo un gran éxito.

Ava fue suspendida por la MGM, lo que era de esperar. Salió en automóvil para el lago Tahoe el mes de mayor a fin de alquilar una casa y establecer su residencia en Nevada para el divorcio.

–Sinatra y yo no volveremos a vivir juntos –le dijo a Hedda Hopper.

Una vez en Tahoe se puso en contacto con Howard Hughes para que le buscase un buen abogado. Pocas horas después los espías de Hughes estaban por todas partes, incluso en los botes de pesca del lago cercano a su casa. Luis Miguel voló desde España para estar con Ava, quien se había puesto en contacto con la United Artists para hablar de una posible gira sudamericana con el fin de promocionar *La condesa descalza*: la gira coincidiría con las corridas de Dominguín. El estudio se tragó el anzuelo, pero durante la gira Ava estaría tan solicitada que vio muy poco a Dominguín.

Después de una semana de ser seguido a todas partes por los espías de Hughes, Luis Miguel regresó a Madrid. El multimillonario apareció nada más marcharse el torero y Ava y Howard volvieron a formar pareja.

No se sabe con precisión cuándo le compró una modesta casa en Palm Springs (cerca del aeropuerto, para que a Hughes le fuera más cómodo visitarla). Esta casa sería su residencia en Estados Unidos.

Dejando aparte los informes de que Ava y Howard fueron vistos juntos en Tahoe y Reno, nadie la vio o habló con ella a excepción de Bappie. La prensa se presentó el día en que se la citó para declarar ante el tribunal, pero Ava no acudió a la comparencia. Naturalmente, podía presentarse en una fecha posterior pues ya había concluido su período de residencia en Nevada.

El publicista David Hanna intentó ponerse en contacto con Ava para hablar de la gira publicitaria de la United Artists destinada a promocionar la *La condesa descalza*, pero Ava se había volatilizado. Sólo un hombre podía haber logrado tal milagro. Howard Hughes la había llevado en avión a Miami donde obtuvo un pasaje para La Habana para ir a visitar a su amigo Ernest Hemingway.

Los artículos de prensa referentes a la decisión de Ava de no presentarse a recoger su sentencia de divorcio daban explicaciones distintas. Frank estaba actuando en el Sands de Las Vegas, en el mismo estado de Nevada, y algunos reporteros pensaron que quizá se habían reconciliado en secreto. Otros afirmaban que Ava había cambiado de parecer o que se había vuelto atrás en el último minuto para darle otra oportunidad a Sinatra. El agente de prensa de Ava dio una explicación, pero no una respuesta: «Le faltó valor para afrontar a la artillería pesada que la estaba esperando ante la sala del tribunal.» La historia más creíble era que Ava estaba negociando un arreglo financiero y aún no había conseguido lo que quería.

A fin de eludir a los periodistas, Hanna se entrevistó con Ava en La Habana, desde donde siguieron viaje a Perú y Argentina para promocionar *La condesa descalza.* Ava tenía muchas ganas de visitar Brasil, pero la muchedumbre del aeropuerto de Río enloqueció nada más verla. Cuando trataba de abrirse paso por entre el gentío, se rompió el tacón de su zapato. Ava se sacó el otro zapato y... ¡la auténtica condesa descalza pisó suelo brasileño! Este «truco publicitario» fruto de la casualidad provocó titulares de la prensa a lo largo del mundo. En realidad Ava estaba furiosa: había esperado gozar de una protección más eficiente en el aeropuerto. Impaciente e irritada, pudo llegar a un taxi desvencijado y como el taxista no supo entenderla, le pegó en la cabeza con su zapato roto.

Una Ava desgreñada llegó al viejo y raído hotel Gloria, en el que la United Artists había hecho las reservas. Ella y Hanna tomaron un martini en la habitación de Ava y a continuación llamó a conserjería. «¡Me marcho!», le dijo al recepcionista. El gerente le dijo que no podía marcharse porque el Gloria le había reservado sus habitaciones y se iban a celebrar dos recepciones para la prensa, tal y como se había acordado con la United Artists. Ava arrojó su copa de martini contra el suelo, llamó al elegante Copacabana, y se marchó.

Al día siguiente se vio envuelta en un escándalo. El gerente del hotel Gloria afirmó haber expulsado a la señorita Gardner porque había llegado borracha, descalza y con ganas de armar jaleo. La prensa sacó fotos de la cama deshecha y la copa de martini hecha añicos. La historia publicada en los periódicos era que Ava le había arrojado el martini a David Hanna con copa incluida. Ava convocó una conferencia de prensa y explicó lo sucedido. Le dio amablemente las gracias a los periodistas, pero le dijo a Hanna que no quería volver a ver Río en su vida. «Mira, David, dentro de veinte años seguirán diciendo que eres el hombre a quien Ava Gardner le arrojó una copa. Nadie se ha puesto en contacto conmigo para pedirme mi versión del asunto, ni Frank, ni mi agente, ni nadie: ¡ni una maldita alma! ¿Y sabes por qué? Porque creen toda esa historia.»

Canceló sus planes publicitarios en Río y se fue a Nueva York a descansar antes del estreno. Luis Miguel se encontró con ella en el Drake Hotel y los dos pasaron unos días sin salir del hotel. Ava volvió rechazar su proposición de matrimonio. Dominguín regresó a España y desapareció de su existencia.

Después del estreno Ava volvió a Palm Springs con Bappie y un secretario proporcionado por Howard Hughes al que Ava se refería llamándole «su espía».

Llegó a un acuerdo con la MGM respecto a su nuevo proyecto,

Bhowani Junction (Cruce de destinos), que sería dirigida por el gran director George Cukor. Había que encontrar un lugar apropiado para el rodaje y Ava dijo que se prestaría a hacer otra gira para promocionar *La condesa descalza*. David Hanna la acompañó a Oriente, El Cairo, Atenas y Roma. Celebró los treinta y un años en Estocolmo.

Durante sus viajes, Ava no salió con nadie. Sólo se veía con Howard Hughes, aunque casi todos sus encuentros tenían lugar en secreto. Uno de los motivos que determinaron la elección de una casa cercana al aeropuerto era que así Hughes podía aterrizar a cualquier hora, generalmente en plena noche. Su «espía» no se alejaba nunca de Ava, que le permitía nadar en la piscina o tomar una copa. Hacía recados, y, en general, se encontraba allí para satisfacer cualquier necesidad de Ava, informando a su jefe de todos sus movimientos.

Hughes quería casarse con Ava, y le hizo regalos prenupciales muy generosos. Le ofreció todo lo que uno pueda imaginarse. Ava se sentía halagada, pero no deseaba casarse con él. Una entrevista publicada en *Look* citaba una frase suya: Ava no le daría nunca el sí «porque Hughes sigue empeñado en casarse conmigo y eso me soluciona muchos problemas. Supongamos que estoy en Palm Springs y quiero ir de compras a Ciudad de Méjico. Lo único que he de hacer es llamarle por teléfono y a los pocos minutos tengo a un chófer esperándome delante de la puerta para llevarme al aeropuerto, donde hay un avión esperando para llevarme a Ciudad de Méjico. Y cuando llegas allá, viene a recibirte una limusina con chófer que te conduce al mejor hotel de la ciudad donde te está esperando una suite. Si quieres permanecer sola y tranquila, él lo arregla».

Hughes le ofreció 250.000 dólares en metálico si hacía una película para él. Ava rechazó el dinero y le dijo a Howard que fuera a hablar con su agente, como cualquier otra persona.

No tener a ningún joven enamorado cortejándola hacía que Ava se encontrase en una situación excepcionalmente vulnerable. El periodista Joe Hyams, casado con la actriz Elke Sommer, se dirigió en automóvil a Palm Springs para entrevistarla. Ava le permitió usar magnetofón siempre y cuando las cintas no se hicieran públicas. Hasta un block y un lápiz paralizaban su lengua y la ponían nerviosa. A medida que el día avanzaba, Ava dijo que quería tener un poco de distracción, y convenció a Hyams de que podían ir en coche a Mexicali, al otro lado de la frontera. Durante el trayecto insistió en detenerse una y otra vez para tomar una copa. El apuesto y moreno Hyams pidió Coca-Cola porque nunca había adquirido la costumbre de beber alcohol. Se mantuvo sobrio mientras Ava se iba poniendo alegre, aunque le fastidiaba que Joe siguiera haciéndole preguntas de bar a bar durante el trayecto a Mexicali.

Hyams fue abordado por un hombre que quería saber si la mujer sentada en su mesa era Ava Gardner. La respuesta fue: «No, sólo se le parece.» El hombre no quedó muy convencido.

–Es usted tan guapa como ella –le dijo sarcásticamente–, lo cual es una gran suerte pero espero que su conducta moral sea algo mejor que la de Ava.

Ava no se inmutó. Cuando el hombre se hubo marchado miró a Hyams y le dijo: «Vaya donde vaya siempre ocurre lo mismo. Gracias a las cosas repugnantes que los periodistas como usted escriben sobre mí...» Joe, periodista amable e inteligente, dio muestras de su tacto y procuró cambiar de tema. Ava habló sobre su infancia y cómo adoraba a su padre, pero estaba convencida de no haber hecho todo lo que estaba en su mano para que sus últimos días le resultaran más agradables y eso la obsesionaba. «En cierto sentido, eso resume mis relaciones con los otros hombres de mi vida», dijo Ava. «Nunca recibo todo el amor que doy.»

–¿Es que se siente culpable por la muerte de su padre?–, preguntó Joe.

Ella se inclinó a través de la mesa y trató de golpearle en la cabeza. Hyams esquivó el golpe y tiró su silla al suelo durante la acción. «La hice levantar de su asiento», contó Hyams, «y me dispuse a ponérmela encima de los muslos para darle una azotaina. Era la primera vez que la tocaba y me sorprendió que pesara tan poco y fuese tan suave y femenina.» La soltó, la miró con cara muy seria y le dijo: «!No vuelva a hacerlo nunca más!»

Ava se rió y empezó a dar palmadas como si estuviera en un tablado flamenco. «Tendría que haber sido bailarina», dijo. Hyams le preguntó qué le habría gustado ser, si no fuese actriz.

–Me habría gustado ser la reina Isabel– fue su respuesta–, porque tenía marido e hijos y el pueblo la quería y admiraba. Nunca tendré las únicas cosas que realmente he deseado: un marido y unos hijos. Soy terriblemente posesiva con las personas... Quiero verlas, tocarlas. Rodeaba a sus maridos con tal amor que éstos acababan buscando otras mujeres... porque «mi esposa me quiere demasiado».

Dejaron el bar y se fueron a dar un paseo.

–Quiero quedarme a pasar la noche ahí– anunció Ava, señalando a un hotel andrajoso.

–Esta noche no– replicó Hyams–. La llevaré a su casa.

Ava se enfadó y apoyó los pies descalzos sobre el salpicador del coche. En un momento del trayecto se irguió en el asiento y señaló un motel.

–¡Quiero quedarme ahí!

Hyams siguió adelante. La tentación era grande, por supuesto, pero tenía un trabajo que hacer: entrevistar a Ava Gardner... y aunque había conseguido una gran cantidad de información, siempre habría otro día y esperaba que otra entrevista con la Condesa Descalza. Ava quiso saber por qué no podía alojarse en el motel.

–Porque probablemente acabaría en su habitación –le respondió secamente Hyams–, haría cualquier cosa para satisfacerle y como sé que no soy ningún gran amante, lo más probable es que no lo consiguiera. A la mañana siguiente me sentiría frustrado como hombre y usted se levantaría con ojos echando chispas y el rabo erizado y me diría: «Hasta nunca bocazas. Ahora ya sé como las gastas». Y eso hubiera sido el final de nuestras entrevistas.

Su explicación pareció dejarla satisfecha. Se volvió hacia él y le lanzó una mirada aviesa.

–¡Hijo de perra! –exclamó sonriendo–. Veo que ya empiezas a conocerme, ¿eh?

Joe Hyams la llamó unas cuantas veces después de haber hecho la ronda de todos los clubs nocturnos de Los Ángeles con interiores poco iluminados. Ava sabía que llevaba un magnetofón oculto, pero le gustaba tener un acompañante. Cuando dejó oficialmente los Estados Unidos para irse a vivir a Madrid, fue una de las cuatro personas –aparte del agente de prensa de la MGM, su administrador y su peluquera– que estuvieron ahí para verla marchar. Cuando subió por la escalerilla diciendo adiós, uno de los del pequeño grupo comentó: «Allí va Ava, sin dejar nada detrás y sin esperar la llegada de nada.»

CATORCE

Me va muy bien sin ti

El exilio en España que Ava se había autoimpuesto le permitía ser libre y que nadie se metiera en su vida íntima. La casa de ladrillo rojo con tres dormitorios situada a las afueras de Madrid no tenía teléfono. La comunicación con ella sólo podía darse mediante el telegrama o, si se había hecho algún arreglo previo, a través del Hotel Hilton.

Ava estaba harta de multitudes, periodistas y espías de Hughes; y en caso de que aún le quedaran algunas dudas respecto a si debía abandonar los Estados Unidos o no un artículo escandaloso sobre ella publicado en la revista *Confidential* acabó definitivamente con esas dudas. El artículo decía que tenía amoríos con Sammy Davis y otros «amigos de tez muy bronceada». Ava había posado con el cantante negro para la revista *Ebony* en el Hotel Drake poco después de su regreso de Sudamérica. Algunas de las fotos más informales tomadas durante esa sesión fueron utilizadas por *Confidential* en su artículo: las fotos mostraban a Sammy sentado en el brazo del sillón donde estaba Ava, que se había quitado los zapatos.

El artículo publicado en esa misma revista al día siguiente de su visita al Teatro Apolo de Harlem, donde actuaba Davis, ya contenía algunas insinuaciones bastante desagradables. Sammy hizo que Ava subiera al escenario para saludar al público con el fin de que eso ayudara a la carrera comercial de *The Barefoot Contessa (La condesa descalza).* Después de la representación se les vio en el Shalimar, un club nocturno de la Séptima Avenida. El articulista hacía referencia a su aparición en el Apolo y, entre paréntesis, añadía un «¿Qué habrá ocurrido entre bastidores?»

Confidential afirmaba que Ava y Sammy habían entrado casi a escondidas en el Hotel Warwick, donde se alojaba Davis. «Me habría cortado los pies si con eso hubiera podido evitar lo que ocurrió», dijo Davis. «No sólo por lo injusto que era para Ava sino por lo que podía pensar Frank.» Poco después de que el artículo fuera publicado Sammy sufrió un accidente automovilístico bastante grave en el que perdió un ojo. Sinatra acudió cada día al hospital y ayudó a Davis a lo largo de su difícil y traumática recuperación.

Ava no demandó a *Confidential* porque temía que eso le daría todavía más publicidad a la historia. La MGM recibió un diluvio de cartas insultantes y, según Ava, su familia también se mostró bastante crítica con ella.

–No me sorprende que la gente afirme que estoy amargada –dijo–. ¡Tengo razones más que suficientes para estarlo!

Durante el año 1954 Ava apenas si había visto a Frank. Cuando la llamaba desde larga distancia Frank siempre preguntaba por «la señora Sinatra». Su desgraciado matrimonio había entrado en una etapa algo más tranquila: el odio y la amargura estaban desvaneciéndose para dejarle paso a la tristeza y la nostalgia por lo que pudo haber sido y no fue. Ava se refería a él llamándole «Frankie» o «mi viejo». Los kilómetros que les separaban ayudaron a curar las heridas. Llevaban casi seis años de matrimonio legal, pero entre unas cosas y otras apenas si habían llegado a vivir dos años juntos.

Sinatra estaba haciendo películas de más calidad; *Young at Heart (Siempre tú y yo), Not as Stranger (No serás un extraño), The Tender Trap (El solterón y el amor), Guys and Dolls (Ellos y ellas)* y *The Man with the Golden Arm (El hombre del brazo de oro),* por la que recibió una nominación al Oscar. Salía con muchas mujeres, entre las que estaban Kim Novak, Gloria Vanderbilt, Natalie Wood, Shirley MacLaine y Jill Correy. «Dudo que vuelva a casarme», se afirmaba que había dicho. Las fotos y la estatua de Ava seguirían con él durante mucho tiempo y Ava seguiría viajando con sus discos y escuchándolos hasta altas horas de la noche.

Ava tenía muchas ganas de interpretar el papel de Victoria, una atormentada mestiza anglo-hindú, en la versión fílmica de la novela de John Masters *Bhowani Junction,* y también esperaba con impaciencia la ocasión de trabajar junto a Stewart Granger, quien interpretaría al coronel Savage, un oficial británico del ejército hindú y el más importante de los tres amores que Victoria tendría en la película. Cuando llegaron a Pakistán ella y Granger fueron recibidos por el rey Hussein de Jordania (nadie sabe qué estaba haciendo en Karachi), pero Ava no disfrutó mucho de la velada ya que sólo se sirvieron refrescos y no hubo ni gota de alcohol. Después de la cena los invitados se reunieron para ver una película. El rey había escogido *From Here to Eternity (De aquí a la eternidad).*

Los exteriores donde se iba a rodar *Bhowani Junction (Cruce de destinos)* eran todavía peores que aquellos donde se rodó *Ride, Vaquero (Una vida por otra).* Las calles estaban llenas de basura, el calor y la humedad eran insoportables y el Hotel Felatti era un edificio cochambroso que no tenía ventiladores ni aire acondicionado.

–Todo fue realmente horrendo –dijo el productor Pandro Berman–. No sé cómo logramos salir vivos de allí.

George Cukor no se dejaba impresionar por las incomodidades materiales. «Hacer películas siempre es un infierno», decía. Cukor era conocido como un «director de mujeres» y entre sus películas había clásicos como *Camille (Margarita Gautier), The Philadelphia Story (Historias de Filadelfia), Gaslight (Luz que agoniza), Born Yesterday (Nacida ayer)* y *A Star is Born (Ha nacido una estrella).* Cukor era un hombre muy brillante y Ava pensaba que su presencia compensaba más que con creces las horribles condiciones en que debían trabajar y vivir.

La vida nocturna se reducía a un restaurante cercano donde pasaban sus horas libres Ava, el actor inglés Bill Travers y algunos miembros del equipo técnico. De vez en cuando Ava invitaba al grupo a su habitación para tomar unas copas y mantener un animado rato de conversación. Ava siempre invitaba a Granger pero éste rechazaba la invitación, pues sabía que Ava quería seducirle. Él mismo ha admitido que tomó montones de duchas frías para «calmarse un poco».

Una noche Ava irrumpió en su habitación a las dos de la madrugada vestida con un sari que hacía resaltar todas las gráciles curvas de su cuerpo.

–¡Siempre tengo que salir con Bill o con algún otro! ¿Por qué sigues rechazándome? ¿Es que no me encuentras atractiva?

Granger estaba en la cama y se irguió de golpe sintiendo que empezaba a sudar.

–Ava, es muy probable que seas la mujer más atractiva del mundo pero estoy casado. ¿Recuerdas? Estoy casado con Jean.

–¡Oh, que la jodan! –gritó Ava.

–Me encantaría hacerlo, querida, pero no está aquí.

–Oh..., de acuerdo, esposo fiel. Te veré mañana.

Todos los miembros del reparto y del equipo técnico estuvieron enfermos por lo menos una vez. Ava sufrió una insolación y una intoxicación alimenticia. Bob Porter, el doble de Granger, desapareció y acabó siendo encontrado en una sala de hospital atestada de enfermos. Granger fue a buscarle en su coche acompañado por Ava y se lo llevó al hotel. El médico diagnosticó que Porter sufría una infección de la membrana cerebral y dijo que necesitaba antibióticos y una enfermera que le vigilase noche y día.

–No hace falta que busquen una enfermera –dijo Ava–. Yo me ocuparé de él.

Se encargó de ponerle compresas frías y pasarle esponjas por el cuerpo para aliviar su delirio. Cuando la fiebre cedió Ava le abandonó de mala gana y se fue a la cama después de haberse pasado tres días enteros sin dormir.

Aparte de probar suerte con Granger durante el rodaje de *Cruce de destinos* Ava no se interesó por los hombres.

–Había oído comentar que Ava era una mujer muy promiscua –dijo el productor Pandro Berman–, pero a mí me pareció asombrosamente casta. Quizá estuviera tan cansada que no tenía ánimos de hacer nada que no fuese dedicarse al trabajo... Hubo rumores de que mantuvo una relación con Bill Travers, que interpretaba a un euroasiático, pero carecieron de todo fundamento.

Cruce de destinos fue bien recibida pero George Cukor se llevó la decepción de ver cómo la MGM cortaba secuencias que trataban el delicado tema de los anglo-hindúes. Los críticos dijeron que Ava había conseguido una gran interpretación pero saber que sus mejores escenas acabaron en el suelo de la sala de montaje la dejó bastante disgustada.

Ava se marchó de Pakistán y pasó una semana en Roma, donde volvió a reanudar sus salidas nocturnas con Walter Chiari. Chiari, conocido como «el Danny Kaye de Italia», era uno de los actores más famosos del país y había trabajado en cuarenta y dos películas. Era un hombre delgado y moreno del tipo que tan atractivo le resultaba a Ava: una persona bondadosa, poco exigente y de gran ingenio. Walter siempre se mostraba optimista y no paraba de reír, lo que le convertía en una buena compañía para Ava, a la que acompañó por todas partes.

Irónicamente, Luis Miguel Dominguín acabó casándose con Lucia Bosé, una joven actriz italiana que había estado prometida con Chiari.

La Navidad de 1955 fue la primera que Ava pasó en La Bruja: el nombre venía de su veleta, que tenía la forma de un mango de escoba. Se entretuvo decorando su nuevo hogar, que sus amistades describieron como un lugar elegante y cómodo. Bappie estaba pasando las fiestas con su hermana y cuando Ava cumplió treinta y tres años Frank le mandó un Facel Vega como regalo. Ava tuvo dos accidentes con él, accidentes de los que salió ilesa. Si Ava iba al volante todo el mundo se lo pensaba dos veces antes de subir a un coche, pues se le tenía por una conductora rápida y bastante temeraria.

Comprar la casa la había dejado casi arruinada. Ava se pasaba la vida gastando, ganara lo que ganara. Ahorrar dinero era algo que jamás se le había pasado por la cabeza. Ava fue una de las primeras celebridades que se instalaron a vivir en España, y los camareros nunca le presentaban una factura. Los restaurantes y los clubs nocturnos también se mostraban muy generosos con ella, pues en cuanto corría la voz de que Ava Gardner frecuentaba algún establecimiento el negocio empezaba a marchar viento en popa. Ava pronto descubrió que había pocos sitios donde ocultarse «salvo en las cuevas donde bailaban los gitanos». También estaban las corridas de toros en Málaga y Sevilla, y empezó a frecuentar los establecimientos pequeños que no estaban de moda.

Le encantaba invitar a su casa a un pequeño grupo de amigos para quienes cocinaba los espaguetis y la lasagna de mamá Sinatra. La comida española no le gustaba demasiado: sus platos favoritos eran las hamburguesas y los bistecs al estilo norteamericano. Logró acabar hablando un poquito de español, lo justo para arreglárselas. Ava se aficionó a las bebidas locales: el anís, el coñac, la ginebra mezclada con cerveza y los licores españoles. Seguía viviendo de noche y se levantaba de la cama cuando la mañana ya había terminado. Desayunaba a las tres, comía a las once y cenaba a las dos de la madrugada. Solía estar en los bares hasta la hora del cierre y después volvía a La Bruja acompañada por sus amistades para seguir con la fiesta hasta mucho después del amanecer. Casi nadie era capaz de seguir su ritmo. Un vecino pasó a verla una mañana y hasta no ver a la gente tendida en el suelo y en los sofás no estuvo muy seguro de si la fiesta empezaba o terminaba: algunos estaban dormidos, otros habían sucumbido al exceso del alcohol. Pero Ava no. Estaba bailando sola, con el tocadiscos al máximo de su volumen.

Cuando le pidieron que fuera a España para el rodaje de *The Pride and the Passion (Orgullo y pasión)* Frank Sinatra vaciló. La perspectiva de estar cerca de Ava le resultaba muy atractiva. Ava negó sentir lo mismo que él, pero, por si acaso, decidió preparar la habitación de los invitados. Hedda Hopper le preguntó a Frank si pensaba ver a Ava. «Si lo hago», replicó él, «será en algún lugar público, y no habrá que darle ninguna importancia.»

El rodaje de *Orgullo y pasión* no debía empezar hasta abril de 1956. Mientras tanto, Ava accedió a trabajar en la bastante descafeinada versión de *The Little Hut* de André Roussin que la MGM iba a rodar en Roma con David Niven, Stewart Granger y Walter Chiari. Ava no podía permitirse seguir más tiempo en paro pero aun así si accedió a la petición de la Metro fue porque con ello

Walter tendría su primera ocasión de aparecer en una película norteamericana. Ava interpretaba a una chica que naufraga en una isla desierta con tres hombres apuestos. El pobre Chiari tuvo que ponerse un taparrabos y un tocado de plumas para interpretar a un cocinero italiano. Su divertido aspecto era la única explicación plausible del porqué Ava, que se pasaba la película luciendo modelos tipo sarong, evitaba toda intimidad física con los tres hombres de la película.

Los intérpretes terminaron de rodar lo más pronto posible y se olvidaron de *The Little Hut (La cabaña).* Granger volvió corriendo a casa para reunirse con su esposa Jean Simmons, que estaba embarazada, y Ava y Niven asistieron a la boda de su gran amiga común «Gracie», que contrajo matrimonio con el príncipe Rainiero de Mónaco el día 19 de abril. Cuando la novia avanzó por el pasillo Ava se volvió hacia Morgan Hudgins, publicista de la MGM, y le murmuró: «Fíjate en el padre de Grace. ¡Cómo la envidio! Si hubiera tenido un padre como él en quien apoyarme...» Hudgins le repitió el comentario a Joe Hyams, quien incluyó las algo sentimentales palabras de Ava en el artículo de la revista *Look* que le dedicó. Ava jamás volvió a dirigirle la palabra.

Sinatra no asistió a la boda por atención a Grace y Ava. Entre los seiscientos invitados que bebieron champaña y comieron caviar, salmón ahumado, gambas, langosta y huevos a la crema y compartieron el pastel de bodas de cinco pisos había muy pocas estrellas de cine.

–Es tan hermosa... –le dijo Ava a sus amistades refiriéndose a la nueva princesa–. Cómo la envidio. Tiene un esposo guapísimo. Es amada y admirada. Es una chica con suerte.

Frank Sinatra habló con Stanley Kramer y la United Artists diciéndoles que si cuando llegara al aeropuerto de Madrid se encontraba con un solo reportero se marcharía en el primer avión que saliera. Su llegada a España para rodar *Orgullo y pasión* fue mantenida en secreto. Se trajo consigo a una hermosa cantante de veinticuatro años llamada Peggy Connelly y se alojó en el Hotel Hilton. Nadie se enteró de que Sinatra estaba en España hasta que fue fotografiado en un baile de sociedad con la chica que le acompañaba. Cuando Ava vio la foto se puso lívida y llamó por teléfono al Hilton. Todos los que estaban en la habitación de Sinatra pudieron oír cómo Ava le maldecía.

–¡Bastardo! ¡Llevas aquí no sé cuántos días y ni tan siquiera me has llamado!

Los amigos de Sinatra no pensaban que haber venido acompañado de otra mujer pudiera poner celosa a Ava. Al contrario... Sinatra tenía la esperanza de que disponer de una «acompañante» podía servir para quitarle las ganas de ver a Ava. Fueran cuales fuesen sus planes Frank la visitó varias veces en La Bruja. Cenaron en público con amistades comunes en una ocasión y sólo tuvieron ojos el uno para el otro. Aun así, no hubo ninguna reconciliación. Unos días después cada uno acudió por su cuenta a un restaurante sin saber que el otro también estaba allí. Se saludaron con una cortés inclinación de cabeza y Ava se marchó poco después diciendo que tenía jaqueca.

Cuando Frank llegó a España estaba de buen humor y parecía dispuesto a cooperar en el rodaje. Su actitud no tardó en cambiar. «Tengo que irme», le dijo al director Stanley Kramer. «Nadie parece ser capaz de ayudarme..., ni los médicos ni nadie. Tengo que moverme. No puedo pasarme dieciséis semanas en el mismo sitio. ¡Acabaría suicidándome!» Se marchó de España sin permiso de la productora siete semanas antes de lo previsto y dijo que acabaría sus escenas en Hollywood, dejando que Cary Grant y Sofía Loren, sus compañeros de reparto, le dijeran sus diálogos a un muñeco. Frank tenía la esperanza de que algún milagro acabara salvando su relación con Ava. Los dos sabían que no iba a ocurrir ningún milagro pero enfrentarse a la despedida definitiva les resultaba mucho más doloroso de lo que ninguno de los dos estaba dispuesto a admitir. Ava voló a Roma para reunirse con Chiari poco después de que Frank abandonara España y una vez allí hizo el anuncio de que los papeles del divorcio ya habían sido firmados en Londres y que pronto iría a Nevada para recoger el documento final.

A diferencia de lo ocurrido con Dominguín, la compañía de Ava hizo que Walter Chiari aprendiera rápidamente el inglés. Le dijo a los periodistas que estaba enamorado y que tenía planeado casarse con ella. Pero Walter sabía que Ava no sentía lo mismo hacia él.

–Estaba obsesionado con ella –dijo–. Era la mujer más hermosa que había conocido en toda su vida. Cuando estábamos juntos éramos felices pero yo solía sentirme solo aunque la tuviera al lado. Tenía la terrible sensación de que jamás podría poseerla. La única persona capaz de poseer a la adorable Ava era la misma Ava.

Chiari le había demostrado que era sincero y que estaba enamorado de ella, pero Ava tenía la sospecha de que quizá estuviera utilizándola para darle un impulso a su carrera. Su romance duró varios años porque Ava le tenía mucho miedo a estar sola. Walter comprendía y aceptaba su eterno nerviosismo, sus ataques de mal genio y sus impulsos caprichosos. Sabía que Ava se aburría con mucha facilidad y procuraba esfumarse antes de que estallara. Los observadores opinaban que la relación era beneficiosa para ambos y, además, ni una reina de la pantalla puede alquilar un príncipe.

Una de las frases del papel de Ava en *Mogambo* resulta muy adecuada para definir lo que pensaba después del fracaso de su matrimonio con Sinatra: «¡Nadie volverá a escurrirme y tenderme al sol para que me seque!

Henry King, que dirigió *Snows of Kilimanjaro (Las nieves del Kilimanjaro),* le mandó una carta proponiéndole que interpretara a lady Brett en *The Sun Also Rises* (no estrenada en España, aunque emitida en televisión), basada en la novela de Hemingway. Ava leyó el guión y habló con «Papá» Hemingway quejándose de que la adaptación al cine destruía el tema básico de su novela. «Papá» se mostró de acuerdo con ella y el guionista Peter Viertel recibió el encargo de reescribir el guión. Ava conoció a Peter en Londres durante las negociaciones para el contrato mediante el que la MGM la dejaría en préstamo a la 20th Century Fox. El apuesto Viertel, hijo del amigo más querido de Greta Garbo, el guionista Salka Viertel, le hizo de escolta mientras Chiari estaba trabajando en Roma. Peter era un intelectual y un hombre de mundo, y no era inmune a las mujeres hermosas (en 1960 se casó con la actriz Deborah Kerr). En cuanto a si Ava se sentía atraída hacia Viertel, sus amistades no se ponen de acuerdo. Los escéptics piensan que se llevaba mejor con el playboy dominicano Porfirio Rubirosa y con toreros como Curro Girón y Cumillano, con los que también salía por aquellos tiempos.

Ava también buscaba amistades intelectuales. Sus mejores amigos de la época eran Betty y Ricardo Sicre, que le habían presentado a Luis Miguel. Ricardo era un catalán que había luchado en la guerra civil española formando parte del bando leal a la república. Huyó a los Estados Unidos en 1939 y entró en el OSS, el precursor de la CIA, y se convirtió en ciudadano norteamericano. Sus experiencias como agente secreto le proporcionaron el material para una novela, *The Tap on the Left Shoulder.* Se casó con Betty Lussier, una agente del OSS. Se conocieron cuando ella se lanzó en paracaídas sobre Andorra, que en aquel entonces estaba ocupada por los alemanes. Una vez hubo terminado la guerra Sicre volvió a Barcelona: era inmune a la venganza de Franco y amasó una considerable fortuna en el mundo de los negocios. (Se le otorgó la primera concesión de la Pepsi en España.)

Betty y Richard le permitieron conocer a una de las figuras más versátiles de la literatura del siglo veinte, Robert Graves, quien la invitó a pasar una semana en su casa de Mallorca: Graves tenía sesenta y un años de edad. Ava cruzó corriendo la pista del aeropuerto y abrazó a Graves y a su esposa para escapar a los «lobos» españoles del avión, que la perseguían lanzando enloquecidas declaraciones de amor. Había tenido que pasarse la mayor parte del vuelo encerrada en el lavabo de señoras. Ava le preguntó cómo podía leer y entender la poesía. Graves, a su vez, la interrogó sobre la monstruosa personalidad legendaria con la que debía cargar. «Mis problemas no vienen de lo que hago, sino de lo que digo», respondió Ava. Graves le regaló un poema autografiado, «El retrato», que empieza con estos versos:

Es salvaje e inocente, prometida en juramento al amor.
Sean cuales sean los desastres...

Graves dijo que hacerle de anfitrión a Ava resultaba agotador: él y los demás tenían que irse turnando a lo largo de la noche. Graves recordaba muy vívidamente «las maravillosas cualidades de aquella mujer que luchaba por permanecer intacta e incorruptible en el mar de publicidad y vulgaridad donde tenía la desgracia de hallarse sumergida».

Ava, que se había pasado la vida buscando una figura paterna, le habló a Graves de sus problemas más íntimos y Graves la consoló. En vez de sentirse inútil Ava empezó a sentir que era una persona fuerte y con dones dignos de admiración. «Resulta agradable saber que alguien se toma la molestia de decir cosas buenas de mí», escribió en una carta dirigida a Graves.

En 1956 Artie Shaw hizo las maletas y se instaló en la Costa Brava. Shaw se había dejado convencer para que entrara a formar parte del Comité para las Artes, Ciencias y Profesiones, una organización del frente comunista, y acabó siendo interrogado en Washington por el Comité de Actividades Antinorteamericanas. Shaw fue declarado inocente y se demostró que no había tenido ninguna relación con el partido comunista, pero su teléfono dejó de sonar y los inspectores de Hacienda empezaron a examinar con lupa sus declaraciones de ingresos. Shaw, disgustado, se marchó a España y se casó con la actriz Evelyn Keyes (su esposa número ocho y su quinto marido, respectivamente).

Los Shaw tomaron unos cuantos cócteles con Ava y Chiari, a los que Evelyn describió como «una pareja soberbia». Para las dos actrices, Shaw era el segundo hombre con el que ambas habían tenido relación: el primero fue John Huston, en los años cuarenta.

Lana Turner, buena amiga de Ava, se divorció de su cuarto esposo Lex Barker y en 1957 empezó a frecuentar la compañía del gángster Johnny Stompanato.

Howard Hughes vendió los Estudios RKO y el día 12 de enero de 1957 se casó con la actriz Jean Peters en Tonopah, Nevada.

Humphrey Bogart murió de cáncer dos días después. Lauren Bacall, su viuda, fue consolada por su muy, muy íntimo amigo Frank Sinatra, y seis meses después ya se les veía siempre juntos.

–Tengo que escapar de esta situación, necesito el divorcio –dijo Mickey Rooney en 1957.

–¿Otra vez? –exclamó su cuarta esposa.

Ava viajó a Ciudad de Méjico el mes de enero de 1957 para trabajar en *The Sun Also Rises* y fue vista en compañía de Peter Viertel jugando al tenis, nadando y bailando flamenco. Ocupaba una casa de quince habitaciones con unos preciosos jardines y una piscina de mosaicos azules y cada noche celebraba fiestas a las que acudían Tyrone Power, Errol Flynn y Mel Ferrer, sus compañeros de reparto. Ava apreciaba mucho a la señora Ferrer (Audrey Hepburn). El director Henry King dijo que jamás había trabajado con un grupo tan feliz.

Ava interpretaba a lady Brett, enamorada de Jake Barnes (Tyrone Power), quien era impotente y se veía obligado a presenciar cómo tenía un asunto amoroso con un joven torero (Robert Evans). King dijo que el argumento de la película no tenía nada que ver con el que hubiera escogido a Ava.

–Ava poseía la conmovedora cualidad de saber «llorar sin lágrimas». Ninguna otra actriz podría haber interpretado ese papel y en toda su carrera no estuvo mejor.

El único motivo de fricción fue que nada más conocerle Ava empezó a odiar a Bob Evans: Ava quería que Chiari interpretara al torero. King pudo sentir cómo la tensión iba aumentando cuando Ava se negó a que Evans estuviera presente en sus fiestas. Zanuck, el productor, fue en avión a Ciudad de Méjico y confirmó delante de todo el equipo y en términos de lo más tajantes que Evans no sería sustituido. Ava echó chispas hasta que conoció a Alfredo Leal, un apuesto mejicano que era considerado como el mejor torero del país, al que la Fox había contratado para que le diera lecciones de toreo a Evans. Ava aceptó la decisión de Zanuck, se concentró en su papel de lady Brett y en... ¡Alfredo Leal!

–En cuanto logramos superar nuestras primeras diferencias Ava estuvo maravillosa –dijo Evans–. Cuando interpreta una escena es como si despidiera electricidad. Nuestra escena de amor fue tan violenta que al terminar me castañeteaban los dientes y Ava necesitó media hora para reponerse.

Ava era bastante parecida al personaje que interpretaba en la película. Poseía la belleza, el genio y la fama, pero, por desgracia, le faltaba seguridad en sí misma. La inquieta y rebelde Brett no era capaz de hacer las paces consigo misma. Quería vivir con el hombre al que amaba pero no tenía ni la más mínima idea de lo que eso significaba. Su excusa era la impotencia de Jake. La excusa de Ava era Mr. «Sinada», con las dos últimas sílabas del apellido de Sinatra sustituidas por la palabra española. Quizá estaba imitando a Hemingway cuando expresaba su pérdida de la fe religiosa: «Nuestra *nada* que estás en la *nada. Nada* sea tu nombre.»

Chiari se presentó en Ciudad de Méjico, lo que no le hizo mucha gracia a Ava. Chiari creía que estaba teniendo un asunto con Tyrone Power, lo cual no era cierto. De hecho, Power no le caía demasiado bien. Es posible que Walter se mostrara abiertamente suspicaz porque esperaba que Ava cambiara de opinión en cuanto a lo de casarse con él después de haber pasado las fiestas navideñas con su familia en Roma. Pero Ava estaba viviendo la existencia de lady Brett, a la que tanto se parecía. Una noche Ava se hizo acompañar por un grupo de músicos, los llevó a su casa y llamó por teléfono a Sinatra para que los mariachis pudieran darle una serenata.

Chiari tenía mucho contra lo que luchar en Méjico pero logró mantener la calma. Ava se lo pasaba muy bien con Viertel y cuando llegaba su día libre desaparecía acompañada por el torero mejicano.

The Sun Also Rises es un clásico de Hollywood. Bosley Crowther le dijo a los lectores del *New York Times* que no quedarían decepcionados, pues ni tan siquiera la pluma de Hemingway podría mejorar la magia de la cámara. En cuanto a la interpretación de Ava, Crowther escribió lo siguiente: «Esa belleza envuelta en un aura oscura amada durante años por tantos lectores del sexo masculino (incluyendo a quien esto escribe), la señorita Gardner, logra algunos momentos de verdadera angustia huidiza y sabe captar de una forma excelente los aspectos más predatorios de lady Brett. Pero no quiere o no puede transmitir esa conmovedora aura de buena crianza innata que posee la dama. Lo siento, señorita Gardner.»

En junio Ava rellenó los papeles del divorcio en Ciudad de Méjico acusando a Frank de haber abandonado el hogar conyugal. Los detalles del acuerdo entre ellos nunca llegaron a hacerse públicos lo único que se sabe es que Ava exigía que Frank pagara las tasas y honorarios legales. Sinatra fue avisado de que Ava acudiría a los tribunales con unos pocos días de antelación y cuando la noticia se hizo pública estaba de crucero por la península de la Baja California en compañía de Lauren Bacall, lo cual resultó muy conveniente para todos. Ava se rodeó de amigos y amantes en un último intento de no tener que encararse con la realidad de que su último lazo de unión con Sinatra acababa de ser cercenado. Aun así, Sinatra siguió cuidando de ella a lo largo de los años. Una mera indirecta de Ava era toda una orden para él. Cuando Ava dijo algo sobre un piano, Sinatra se lo mandó. Si destrozaba un coche Sinatra le enviaba otro. Cuando Ava estaba en Nueva York Sinatra siempre insistía para que se alojara en su apartamento. Hablaban por teléfono con bastante frecuencia y Sinatra le mandaba tres ejemplares de sus nuevos discos, sabiendo que Ava tenía la mala costumbre de rayarlos.

Ava había quedado en libertad de casarse y su única razón válida para no aceptar la petición de matrimonio de Chiari era que no deseaba casarse con él, cosa que a Chiari no le gustó nada. Walter empezó a impacientarse y a mostrarse irritable, lo cual hizo que Ava tuviera una buena excusa para tomar represalias. Su relación se convirtió en una serie de riñas y reconciliaciones igual a todas las relaciones anteriores de Ava. El pasado le resultaba desagradable y el futuro le daba miedo, por lo que Ava empezó a beber más que nunca. Las fiestas en La Bruja duraban varios días seguidos. Una noche su exhausta doncella le atacó con un cuchillo de cocina. Un invitado logró interponerse justo a tiempo y la doncella fue despedida.

Aparte de su divorcio con Frank Ava también tenía que enfrentarse al divorcio con la MGM. Ava optó por mostrarse desafiante e intentó convencer a todo el mundo (y a sí misma) de que lo único que deseaba era liberarse de ambos lazos. Aun así, el romance de Sinatra y Lauren Bacall la tenía muy preocupada. Rechazaba guiones o los devolvía sin leerlos, sabiendo que según los términos de su compromiso con la MGM ya sólo le quedaba una película que rodar con la productora. El director Vittorio de Sica la visitó para hablar de *The Naked Maja.* Ava le recibió descalza y con un martini en la mano. De Sica intentó explicarle cuál era el tema de la película alzando la voz para hacerse oír por encima del ruido del tocadiscos mientras Ava bailaba con el hijo del director, que le había acompañado. De Sica rechazó la oferta hecha por la MGM para que dirigiera la película. «No la haría ni por todo el dinero de los Estados Unidos», dijo, pero Ava acabó accediendo a trabajar en la película, cuyo argumento se basaba en el amor que Goya sintió hacia la exuberante Duquesa de Alba.

Ava tenía bastante tiempo libre antes de empezar el rodaje. Quería hacer una película sobre la vida de Conchita Cintrón, una torera famosa. En octubre visitó la finca de Angel Peralta, el famoso ganadero, y decidió averiguar qué tal se le daba el *toreo a caballo.* Ava dijo que se lanzó al ruedo siguiendo un impulso repentino y nadie intentó detenerla. Peralta escogió un toro joven e «inofensivo» y le dio a Ava una pica «inofensiva» con la punta de goma. Ava apenas llevaba unos segundos en el ruedo cuando el caballo se encabritó y la arrojó al suelo.

El toro la embistió cuando intentaba ponerse en pie y una de sus astas le golpeó en la mejilla izquierda. El impacto la dejó bastante aturdida pero como no había sangre se puso un poco de hielo y se quedó en la finca para asistir a la fiesta que se celebró a continuación. Pero cuando la mejilla empezó a hincharse y a cambiar de color Ava se dejó dominar por el pánico y volvió a su casa. Estaba terriblemente preocupada, pues no sabía si aquello podía ponerle fin a su carrera en el cine.

Cuatro días después la prensa informó del trágico accidente y de que Ava Gardner había volado a Londres. Llegó al aeropuerto con gafas oscuras y un pañuelo alrededor de la cabeza. Ava consultó con un cirujano plástico inglés muy conocido, Sir Archibald McIndoe, y su diagnóstico fue que tenía un hematoma (coágulo de sangre) en la mejilla. Le dijo que un tratamiento a base de calor y masajes haría que su mejilla volviera a la normalidad en un año.

–Y por encima de todo –recalcó–, no deje que nadie use el bisturí en esa mejilla.

Sinatra la llamó, muy preocupado. Se había puesto en contacto con el doctor John Converse, un cirujano plástico de fama mundial, e insistió en que fuera a su consulta de Nueva York. Tuvieron que pasar varias semanas para que Ava acabara cediendo ante las súplicas de Sinatra. Converse, que había operado a Gary Cooper y se casó con la viuda del actor, Rocky, en 1964, fue de la misma opinión que Sir Archibald.

Fotos del accidente fueron publicadas en revistas y periódicos. Estaba claro que Peralta las había vendido a cambio de una generosa suma de dinero. Ser traicionada por un amigo le dolió mucho pero la publicidad dañó considerablemente su reputación en Hollywood, pues empezaron a correr rumores de que había quedado desfigurada y nunca podría volver a colocarse delante de una cámara. Earl Wilson le puso el siguiente titular a la columna: UN TORO BRAVO DEJA SU SEÑAL EN ESE HERMOSO ROSTRO.

Ava se mantuvo encerrada en su casa y sólo se dejaba ver por algunas amistades íntimas: la aterraba que pudieran fotografiarla. David Hanna le mandó una Sauna Gesicht, un aparato para el masaje facial terapéutico con vapor de agua. Ava le había enviado un telegrama a Munich porque no conseguía encontrar ese aparato en parte alguna. Cuando la vio, unos pocos meses después, Hanna no logró detectar ni la más mínima señal en su mejilla izquierda.

Bastaba con que se pusiera un poco de maquillaje y sólo Ava sabía la verdad. Para ella aquella señal minúscula y casi invisible era un terrible defecto. Sin embargo, tenía fe en Sir Archibald y decidió seguir adelante con *The Naked Maja,* aunque nadie pudo convencerla de que la hermosa Ava Gardner volvería a ser la misma de siempre.

QUINCE

Un corazón solitario

–Señorita Davis, me llamo Ava Gardner y soy una gran fan suya

–Claro que lo es, querida mía. ¡Claro que lo es! –Y Bette Davis pasó de largo.

Ava hablaba de esta experiencia admitiendo que nunca sabía cómo reaccionar cuando estaba en un lugar público y era observada por la gente. Decía que la manera correcta de reaccionar era con la seguridad en sí misma demostrada por Bette. La diferencia estaba en que a la Davis su aspecto físico le importaba mucho menos que a ella. Ava no tenía elección. Nunca olvidó que sus raíces estaban en *Whistle Stop* y en cómo llegó a ser consciente del poder comercial y sexual que era capaz de esgrimir. Aquella capacidad fascinadora también existía fuera de la pantalla.

Ava demostró que podía interpretar pero ignorar su belleza era virtualmente imposible. Si le faltaba ese rostro perfectamente esculpido la leyenda de la Gardner quedaba hecha pedazos y nadie era más consciente de ello que la propia Ava, quien empezó a obsesionarse con su mejilla, dándole masajes y tocándose la cicatriz, estudiándose a sí misma en el espejo y sabiendo que ella era la única culpable de lo ocurrido.

Estaba tan preocupada que apenas si salía de casa y la aterrorizaba la posibilidad de que pudieran sacarle fotos con teleobjetivo en cuanto diera un paso fuera de ella. Bebía para amortiguar el dolor de su neurosis, maldiciendo a las amistades que «mentían» diciendo no ver ninguna cicatriz y temiendo que si esa imagen única quedaba malparada no tendría medio alguno de ganarse la vida.

Ava sólo tenía treinta y seis años y bajo sus ojos ya había círculos oscuros. Su risa resultaba forzada y su continuo nerviosismo era un trampolín para su mal genio. Chiari intentó ayudarla durante la crisis, igual que hicieron Hemingway, Robert Graves y

Betty Sicre. Cuando Ava hablaba de *The Naked Maja* le palpitaban las comisuras de los ojos, lo cual era una prueba de la tensión a la que estaba sometida.

David Hanna se pasaba los fines de semana en La Bruja para hablar con ella de futuros proyectos y Ava acabó convenciéndole de que debía trabajar exclusivamente con ella.

–Cuando haya terminado con la MGM necesitaré alguien que se encargue de mis asuntos –le dijo.

Ava llevaba casi un año sin rodar una película. Ese parón y el daño sufrido por su rostro hizo que el rodaje de *The Naked Maja* en Roma fuese una experiencia terrible para todos los implicados. El mes de enero de 1958 Ava encontró un apartamento bastante cómodo en la Piazza di Spagna, pero hubo tantos problemas con el guión y con la producción que el rodaje propiamente dicho no empezó hasta varios meses después.

El mal humor de Ava se hizo todavía más intenso cuando leyó en los periódicos que Frank planeaba casarse con Lauren Bacall. Cuando logró hablar con él por teléfono Sinatra ya había decidido olvidarse de la boda. Frank fingió no saber de qué le estaba hablando.

–Jesús –le dijo–, jamás podría casarme con esa marimandona.

Bacall quedó destrozada. «Se comportó como un verdadero cerdo», dijo en su autobiografía publicada años después. «Era demasiado cobarde para decirle la verdad.»

Frank sí había llegado a pedirle que se casara con él, pero por desgracia el agente de Lauren Bacall informó a la prensa de Hollywood. Sinatra estaba fuera de la ciudad y se vio asediado por los reporteros. Le dijo a la Bacall que sería mejor no dejar que les vieran juntos durante un tiempo. *Fini.* Estuvieron seis años sin dirigirse la palabra.

Ava seguía obsesionada por su cicatriz y se pasó todo el rodaje de *The Naked Maja* discutiendo con el cámara y el encargado de la iluminación. El agente de prensa de la MGM comprendía bien lo complicada que era Ava porque había trabajado con ella durante bastantes años. Cuando llegó a Cinecittà esperaba lo peor y casi se tomó a broma los rumores de que había quedado desfigurada. No vio ninguna cicatriz pero fue muy consciente de que tenía delante a una primera actriz cansada y de aspecto acosado con círculos oscuros bajo los ojos. Ava tendría que ser fotografiada con filtros que suavizaran un poco su aspecto.

–Parecía una fugitiva –dijo–, y todo era fruto del terror que le inspiraba la idea de que pudiera quedar marcada de por vida y el que eso acabara con su carrera como estrella de cine. Pidió un rodaje a puertas cerradas y se negó a trabajar hasta las seis de la tarde. Naturalmente, Ava tenía la reputación de pasarse las noches de fiesta pero ahora lo que pretendía era evitar la luz del día para ocultar una cicatriz más pequeña que el pinchazo de un alfiler. Creo que la experiencia de verse derribada de un caballo y embestida por un toro fue más traumática de lo que ella quería admitir. Nunca hablamos de eso, sólo de que su cara había quedado desfigurada para siempre.

Tony Franciosa se volcó en el papel de Goya. Se lo tomó tan en serio que llegó a asumir la personalidad atormentada y neurótica del pintor. Shelley Winters, su esposa, dijo que Ava perseguía continuamente a Tony: «Le hizo el amor y le exprimió hasta dejarle seco. Hasta consiguió que perdiera peso.» Cuando visitó a su esposo durante el rodaje de *The Naked Maja* y vio el letrero que decía PROHIBIDA LA ENTRADA Shelley Winters se puso lívida y entró pese a todo. Los guardias de seguridad no intentaron impedirle el paso a la mujer de Franciosa, que estaba «embarazada». Ava le dijo que se marchara, Shelley respondió soltando una ristra de tacos y Ava se dispuso a echarla personalmente. El almohadón que Shelley llevaba debajo del vestido cayó al suelo durante la refriega, dejando perplejo y sin habla a todo el mundo.

Franciosa, que ahora está divorciado de Winters, dijo que esas historias sobre su asunto con Ava eran totalmente ridículas.

–Nos vimos metidos en una situación imposible con un director y un equipo de producción que no sabían lo que estaban haciendo. ¿Que me metía en la cama con Ava cada cinco minutos? Interpretábamos escenas juntos porque teníamos que hacerlo.

Pero Shelley sigue aferrada a su versión de lo ocurrido:

–Ava perseguía a Tony. Acabó poniéndole tan nervioso que tuvimos que pasarnos dos semanas de vacaciones en Capri. Le siguió hasta allí y empezó a hacer correr el rumor de que yo le mantenía prisionero, así que yo empecé a hacer correr el rumor de que le había arrancado los pelos para que nadie tuviera ganas de mirársela dos veces. Fue una venganza muy dulce.

Ava viajó a Capri porque Walter Chiari había volado hasta allí para escapar de sus rabietas. La prensa tenía otra versión de la confrontación Gardner-Winters. Los artículos decían que la batalla en que se arrancaron cabellos y se rompieron bastantes vasos se desarrolló en un bar.

Y para complicar todavía más las cosas Sinatra llamó a Ava desde Londres. Ava le invitó a venir a Roma pero se negó a responder a sus llamadas después de leer reportajes sobre su romance con una joven belleza inglesa, lady Beatty. «La hermosa Adela le tiene tan encandilado que casi se ha olvidado de los espagueti», escribió un columnista. El *Daily Mail* informó de que Frank planeaba casarse con lady Beatty. Sinatra le dijo a Earl Wilson que la publicidad había hecho que tanto lady Beatty como los hijos de Sinatra se sintieran muy incómodos. Aun así, se les podía ver juntos por todo Londres.

Ava cambió de opinión repentinamente, se presentó en el hotel de Frank y le devolvió su anillo de boda. «¡Dale esto a tu lady inglesa!», le dijo sarcásticamente. Sinatra volvió a Londres al día siguiente y Ava se permitió una buena sesión de llantos. Le odiaba. Era un bastardo. Pero en cuanto se calmó Sinatra volvió a ser el único hombre digno de ella. Nunca podría olvidarle. Nunca.

The Naked Maja (no estrenada en España) pero emitida por televisión, fue un desastre desde el principio. Franciosa dijo que nunca se había esforzado más, pero consiguió las peores críticas de toda su carrera y las de Ava no fueron demasiado buenas. Ava estaba obsesionada por su aspecto y examinaba atentamente las tomas de cada día buscando algún indicio de la lesión sufrida en su mejilla. Había una leve marca parecida a un lunar y, para desesperación de la actriz, no había forma de ocultarla por completo. Los fotógrafos no querían ponerla todavía más nerviosa, por lo que retocaban sus instantáneas antes de publicarlas.

Su vida personal era un desastre, su futuro sin la MGM parecía bastante incierto y la obsesionaba el pensar que había perdido su preciada hermosura pero Ana aún tenía algo que la consolaba: *On the Beach (La hora final),* de Stanley Kramer, basada en la novela escrita por Nevil Shute. Ava leyó el libro antes de que Kramer se pusiera en contacto con ella para que interpretara a una australiana semialcoholizada de vida fácil que forma parte del reducido grupo de supervivientes que han escapado a los efectos de una guerra atómica. Ava pidió medio millón de dólares. Kramer le ofreció 400.000 más gastos, chófer y secretaria personal mientras estuviera en Australia. Si seguía sin trabajar no tardaría en contraer deudas (y además debía impuestos atrasados), así que decidió aceptar la oferta. Sus honorarios por *The Naked Maja* sólo habían ascendido a 90.000 dólares.

Cuando hubo terminado su última película para la MGM le confió sus más íntimos temores a David Hanna.

–No admitiría esto ante ninguna otra persona –le dijo–, pero estoy terriblemente asustada. Nunca he trabajado para ninguna otra compañía. Ni tan siquiera he trabajado en otro oficio que no sea éste... En los dos años próximos tengo que ganar montones de dinero porque no voy a durar mucho tiempo más.

Ava regresó a Madrid y asistió a la sensacional vuelta a los ruedos de Luis Miguel Dominguín, quien fue consciente de su presencia pero no le brindó ningún toro y evitó galantemente que le sacaran fotos donde Ava pudiese aparecer en segundo plano. Cada vez que sus ojos se encontraban él le sonreía.

En cuanto a Walter Chiari, intentó continuar con su carrera en Italia, desgarrado entre las obligaciones de ésta y su amor por Ava. Su relación era cálida y apacible durante algunos días hasta que Walter hacía algo que la irritaba. Walter, leal y comprensivo, siempre acudió cuando ella le llamaba. Aparentemente David Hanna había ocupado su lugar como escolta, confidente y protector, aunque nunca hubo ni el más leve indicio de que entre Hanna y Ava existiera algo más que una mera relación comercial.

Hanna la acompañó a Inglaterra para otra consulta con Sir Archibald antes de que empezara a trabajar en *La hora final.* Ava se ofreció a aparecer en una función benéfica para recaudar dinero con destino al fondo de pensiones de las enfermeras del hospital dirigido por Sir Archibald. Se presentó orgullosamente en el aeropuerto de Londres sin gafas de sol y, por primera vez en varios meses, supo enfrentarse sin perder la calma a la gran cantidad de periodistas que la esperaban. Anhelaba ayudar a Sir Archibald, quien había recibido su título como recompensa al destacado trabajo que hizo durante la guerra reconstruyendo las caras y los cuerpos de los heridos de la R.A.F. Si Ava se compadecía a sí misma, conocer a veteranos sin brazos o piernas debió ser toda una revelación.

Ava fue a la casa de Sir Archibald, conoció a su mujer y habló con él sobre la conveniencia de realizar una sencilla operación en la mejilla de Ava. Sir Archibald le explicó que una leve incisión aliviaría la presión y permitiría que la mejilla recuperara sus contornos naturales. La operación sólo requeriría unos segundos, pero tendría que quedarse a pasar la noche en el hospital. Habría una leve hinchazón y cierta pérdida de color pero Sir Archibald insistió en que después volvería a ser la misma de siempre. La operación fue un secreto tan bien guardado que Ava pudo salir de Inglaterra y volver a España sin que nadie se enterara.

El día de Año Nuevo de 1959 Ava empezó el largo vuelo hacia Melbourne: el trayecto incluía escalas en San Francisco, Honolulú, Fiji y Sydney, donde estuvo con Bappie y Hanna. Se esperaba una gran cobertura de prensa, ya que *La hora final* era la primera película de importancia rodada en «las antípodas». Stanley Kramer tuvo que construir todo un estudio partiendo de la nada. La United Artists remodeló todo un anexo del Hotel St. James, en el suburbio de South Yarra, dejándolo preparado para que sirviera de alojamiento a Ava y su séquito.

Ava pasó unos cuantos días descansando en Hawaii y cuando llegó a Sidney tenía un aspecto impresionante: vestía un elegante traje negro con guantes y blusa blanca. Mientras esperaba tomar el avión para Melbourne respondió a las preguntas formuladas por un educado grupo de periodistas. Cuando le preguntaron si la lesión de su mejilla había tenido lugar durante una fiesta demasiado movida Ava palideció. «Perdone, eso ha sido una falta de galantería por mi parte», se disculpó el periodista. Ava se quedó tan sorprendida ante aquella muestra de cortesía que sonrió y le dijo: «Sí, lo ha sido». Ignoró las preguntas referentes a Chiari pero dijo que seguía siendo «muy amiga» de Mickey, Artie y Frank. Cuando los periodistas sacaron a relucir el tema de sus «trasnoches y su vida frenética» Ava se rió alegremente. Subió al avión que la llevaría a Melbourne sintiéndose de muy buen humor. La prensa australiana había sido una sorpresa de lo más refrescante. Los fans la vitorearon pero supieron mantenerse a distancia, y muchos de ellos se conformaron con subirse a los árboles o a la capota de los coches para echarle un breve vistazo a la hermosa actriz de cine.

Su alojamiento de Melbourne se hallaba bastante expuesto a las hordas de fans y reporteros, y no había vida nocturna. Los pubs cerraban a las seis de la tarde.

–La película trata sobre el fin del mundo –dijo Ava–, ¡y éste es el lugar perfecto para rodarla!

La frase alertó a la prensa escandalosa de Australia y los reporteros esperaron a que cometiera algún otro error. En su opinión, la decisión de conceder varias entrevistas personales en vez de una conferencia de prensa era motivo más que suficiente para publicar el siguiente titular: NO SEAS TAN ESTIRADA, AVA.

Lo que empezó siendo una relación amistosa entre ella y la prensa acabó convirtiéndose en una pesadilla. Era verano y el calor asfixiante no ayudó a mejorar el estado anímico de Ava. Llamaba frecuentemente a Sinatra quejándose de su soledad, de que la prensa «se había vuelto contra ella» y de que quería volver a casa. En abril Sinatra tenía que dar un concierto en Melbourne, y Ava se aferró a ese concierto como si fuera su última esperanza. Hablaron de cuál sería la mejor forma de verse, sabiendo que los reporteros de todo el mundo estarían preparados para tal eventualidad y que la aguardaban ansiosamente.

Ava se llevó muy bien con Gregory Peck y Fred Astaire, sus compañeros de reparto, y cumplió con cuanto se esperaba de ella en un rodaje que se realizó a unas temperaturas promedio de casi cuarenta grados. Stanley Kramer no tenía queja de ella. «Pero se aburría», dijo. «Cuando reía o tenía ganas de hablar yo sentía un gran alivio. Después volvía a caer en su aburrimiento de costumbre.»

Pasó algún tiempo con Tony Trabert, la estrella australiana del tenis a la que había conocido en el avión de San Francisco, y aceptó su invitación para asistir a un partido en el Velodrome donde jugaría contra Merv Rose. Trabert ganó el partido y se marchó con Ava en el Bentley proporcionado por la United Artists. La prensa intentó relacionar a Ava con Trabert, que estaba casado, pero se trataba de un rumor sin fundamento. Y, de todas formas, Ava pronto dejó de interesarse por el tenis.

Esperar a que Frank terminara sus preparativos para los conciertos en Australia hacía que el tiempo transcurriera terriblemente despacio para Ava. Tuvo un momento de debilidad y llamó a Chiari. Chiari voló hasta Melbourne pagándose el billete de su propio bolsillo para estar con ella. Cuando llegó, agotado, se encontró con una Ava sarcástica y distante. Chiari la siguió por todas partes como si fuera un perrito fiel al que no se le prestaba mucha atención y acabó haciendo los arreglos precisos para actuar en un espectáculo de variedades de Melbourne con la intención de que aquel viaje no le saliera tan costoso, pero Ava le acusó de estar explotando su relación. Chiari intentó cancelar el espectáculo pero se le prohibió salir de Australia y se le obligó a cumplir con los compromisos contraídos. Ava se negó a asistir al espectáculo y se marchó en avión a Sydney. Tenía los nervios a flor de piel, estaba de muy mal humor y se vio acosada por la prensa y los fans. Durante una cena intentó mostrarse algo más cooperativa y empezó a firmar autógrafos hasta que un reportero del *Sun* de Sydney trató de hacerle una entrevista sin pedirle permiso. Ava le arrojó una copa de champaña que se hizo añicos contra el pecho del reportero.

Al día siguiente los titulares de los periódicos decían: ¡LA BURBUJEANTE ERUPCIÓN DE AVA!

El espectáculo de Chiari fue todo un éxito. Se le vio por la ciudad acompañado de una bailarina joven y muy atractiva, Dawn Keller, y acabó marchándose de Australia tras haberle anunciado a la prensa que su romance con la señorita Gardner había llegado a su fin.

Ava, a su vez, celebró una fiesta salvaje cuyo momento culminante fue... ¡hacer que dos caballos cargados de champaña subieran por las escaleras que llevaban hasta su suite!

Pero la atracción principal fue la llegada de Sinatra. Hanna habló con Ava y le sugirió que fuera a recibirle al aeropuerto para reconciliarse con la prensa. Ava se negó y entró lo más disimuladamente que pudo en el estadio para asistir a su segundo concierto. Aquella reunión tan cuidadosamente planeada fue sobre ruedas hasta que Ava se metió en un coche dándole nerviosas caladas a su cigarrillo y un montón de reporteros salieron disparados detrás de ella persiguiéndola hasta el hotel de Frank. El séquito de Sinatra hizo salirse de la carretera al coche de un reportero. Ava sólo estuvo media hora con Frank. Al día siguiente Sinatra se marchó en avión a Sydney para dar un concierto.

Una vez terminada *La hora final* Ava hizo escala en Hollywood, Palm Springs, Miami, Haití y Nueva York, acabando su periplo en Madrid. Tenía la esperanza de ver a Frank y si llegó a hacerlo la reunión tuvo lugar en el mayor de los secretos. La situación había sufrido un vuelco radical. Diez años antes un Sinatra solitario, triste y deprimido lloraba por Ava, quien se encontraba en la cumbre de su carrera. Ahora Sinatra estaba muy ocupado rodando películas y haciendo campaña para que John F. Kennedy consiguiera la nominación a la presidencia mientras que Ava vagaba sin rumbo de un lado para otro con la esperanza de hallar alguna forma de encajar en la frenética vida de Frank. Sus amistades pensaban que todavía estaba muy enamorada de él y que divorciarse le había destrozado el corazón.

En España Ava salió con muchos hombres. Uno de ellos era un médico de las Fuerzas Aéreas de los Estados Unidos que hizo cuanto pudo para cortejarla de una forma tranquila y educada. Era rubio, alto y diez años más joven que ella, y Ava le cautivaba pero no hasta el extremo de hacerle cometer locuras. A Ava le gustaba el que no estuviera dispuesto a soportar sus caprichos y sus arrebatos de mal humor. Pasó bastantes noches tranquilas con él en La Bruja, y de vez en cuando salía a bailar y a beber sola para acabar presentándose ante la puerta del médico a altas horas de la madrugada. El médico le servía café y la escuchaba hablar de sus problemas hasta que Ava volvía a estar en condiciones de coger el coche y volver a casa. Ver cómo se autodestruía acabó resultándole demasiado doloroso y rompió su relación con ella. Durante una temporada Ava se dejó ver en compañía de apuestos jóvenes españoles o cenando con oficiales estadounidenses de la base de Torrejón, dando paseos sin rumbo fijo, hablando de «su viejo», asistiendo a las corridas y pensando en el futuro. Cuando su viejo amigo el productor-director Nunnally Johnson le habló de un proyecto llamado *The Angel Wore Red* (no estrenada en España) la perspectiva de volver a trabajar pareció aliviarla bastante. Ava interpretaría a una prostituta enamorada de un sacerdote (Dirk Bogarde) durante la guerra civil española. Ava sugirió que Frank podía interpretar a ese sacerdote dominado por la amargura, pero Frank tenía otros compromisos fílmicos que cumplir.

Ava llegó a Roma el 2 de noviembre de 1959 acompañada por su séquito habitual y treinta maletas y baúles: había hecho todo el trayecto en primera clase. Johnson la conocía desde sus días de principiante en la MGM y la apreciaba mucho pero nunca había estado en contacto con la Ava tozuda, difícil y llena de manías que viajaba al estilo de una Joan Crawford y se pasaba los rodajes dejándose mimar por su séquito como si fuera una Norma Shearer.

–Siempre sería una chica de las montañas y así se lo dije –recordó Johnson riéndose–. Pensaba que quizá se hubiera calmado un poco pero seguía pasándose las noches en vela, tomaba una ducha y cuando se presentaba a trabajar seguía teniendo todo el diálogo metido en la cabeza. Era capaz de pasarse las veinticuatro horas del día bebiendo. Nunca vi nada parecido... Ava siempre me dijo que no sabía interpretar y yo le respondía que sabía disimularlo muy bien. Era muy, muy consciente de la lesión sufrida en su rostro. Si he de ser franco yo no noté nada pero ella estaba obsesionada por la cicatriz. «Sólo me queda mi hermosura», decía con tristeza. «Cuando se esfume estaré acabada.»

Tanto daba que fueran hombres o mujeres, Ava nunca era capaz de conservar mucho tiempo a sus empleados. Ellos y ellas tenían que escoltarla a cenar, aguantar de pie durante toda la noche y ocuparse de los asuntos de negocios o estar con ella en el estudio.

–Nunca sabía qué esperar de ella –dijo uno de sus secretarios–. Era como si fuese dos personas a la vez. Una era la fascinante estrella del cine y la otra una huerfanita asustada que no tenía raíces, hogar ni familia. Tuve la impresión de que se estaba viendo obligada a convertirse en una actriz y no tenía ni idea del asunto. Su matrimonio con Rooney fue algo similar, pero ella le quería mucho y pensaba que tendrían niños y llevarían una vida tranquila. Se casó con él para ser un ama de casa. En una ocasión la oí decir que su vida había sido un completo fracaso, y estaba llorando cuando lo dijo. Trabajé muy poco tiempo para ella y sólo la vi feliz cuando hablaba por teléfono con Frank Sinatra o cuando pensaba que vendría a España para hacerle una visita.

Nunnally Johnson tuvo que resignarse a los caprichos y malos humores de Ava. Si Ava llegaba tarde y Johnson empezaba a rodar sin ella Ava se volvía a casa. En otra ocasión dijo que una escena la aburría y se marchó del estudio. Al día siguiente interpretó toda la escena de un tirón y sin ningún problema. Ava y Walter Chiari volvieron a hacerse amigos pero apenas si se veían.

Invitó a Johnson a pasar las fiestas navideñas en La Bruja con ella y Bappie. El mejor regalo que Ava recibió como presente de cumpleaños fue la gran acogida crítica obtenida por *La hora final.* Bosley Crowther, el crítico del *New York Times,* por fin le dio una buena crítica: «Fred Astaire en su papel de científico y Ava Gardner como la mujer de mundo que encuentra la serenidad en el amor están sorprendentemente bien, mucho mejor de lo que podía esperarse de ellos.» El comentario de *Newsweek* deja un tanto perplejo a quien lo lee: «La señorita Gardner nunca ha tenido peor aspecto y nunca ha estado más efectiva.» Que algunos críticos la consideraran «encasillada» en ciertos papeles era algo que la divertía y la irritaba al mismo tiempo.

Por desgracia *The Angel Wore Red* era tan mala que desapareció rápidamente de los cines norteamericanos y tuvo una carrera comercial muy corta en Europa. La decepción fue una de las razones por las que Ava se pasó dos años sin hacer otra película. Rechazó papeles en *Sweet Bird of Youth (Dulce pájaro de juventud), The Graduate (El graduado)* «y un montón de buenas películas más».

Hay una frase de *The Sun Also Rises* que describe cómo era Ava durante este período de su vida: «Eres un expatriado. Has perdido el contacto con tu suelo natal. Bebes como si quisieras matarte. Has dejado que el sexo se convirtiera en una obsesión. Te pasas la vida hablando y no trabajas. Vas de un café a otro.»

La réplica de Jake bien podría haber salido de los labios de Ava: «Bueno, parece una vida bastante agradable.»

No necesitaba leer *Variety* o *The Hollywood Reporter* para enterarse de qué hacía Sinatra. Un artículo publicado en el *American Weekly* titulado «El reinado del rey Frankie» decía: «Desde los tiempos en que Louis B. Mayer gobernaba sentado en su trono de la Metro nadie ha tenido un poder semejante». Según *Good Housekeeping* toda la Meca del cine se regía por la voluntad de Sinatra, «el hombre más temido de Hollywood». En 1960 las votaciones de la Sociedad de Exhibidores de América dieron a Frank y Elizabeth Taylor como «las estrellas más taquilleras del año». *McCalls* dijo que Sinatra era uno de los «Hombres Más Atractivos del Mundo».

La columnista Dorothy Kilgallen opinaba que en cuanto a las mujeres su gusto dejaba mucho que desear: «Algunas, como Ava y Lana, también eran ídolos del público y exquisitos ejemplos de la belleza femenina. Otras pertenecen a esa variedad que suele ser descrita mediante el adjetivo "barata"».

Ava estaba empezando a hartarse de vivir en La Bruja, como le ocurría tarde o temprano con todas las cosas y las personas, y encontró un apartamento en el último piso del número 8 de la calle Doctor Arce, en Madrid. Mientras decoraba su nueva casa Ava se trasladó al Hotel Richmond, situado en una ruidosa esquina del centro de la ciudad. Ava decía que después de llevar cinco años allí la gente de Madrid ya no se extrañaba de su presencia y le prestaba poca atención pero taxistas, botones, camareros y encargados de bar narraban historias sobre sus locuras y extravagancias.

Este escritor se alojó en el Castellana Hilton de Madrid a mediados de los años sesenta. Fui al bar, que estaba vacío, me senté en un taburete y empecé a hablar con el camarero contándole que había ido a una corrida, que sólo había aguantado unos minutos y que había salido huyendo al borde del llanto.

–Supongo que la mayoría de las mujeres reaccionan igual que yo –le dije, pálido y con las manos temblorosas.

El camarero asintió poniendo cara de simpatía, y empezó a hablarme de Ava Gardner y de cuánto la apasionaban las corridas.

–En Las Ventas le brindan muchos toros –dijo.

Nunca tendría que haberle preguntado a qué se refería con eso.

–El matador pone su capote sobre la barandilla delante de ella –me explicó–, y después de haber matado al toro le ofrece las orejas.

Me encogí y pedí otro Rob Boy solo. El camarero se disculpó pero dijo que ésa era la costumbre y que a Ava le encantaba.

–Adora la noche y no tiene ninguna clase de inhibiciones. Me han dicho que se quedó en bragas y sostenes en el Plaza Argentina y que en un club nocturno intentó atacar a alguien con una botella rota. Se cuenta que después de haberse peleado con uno de sus hombres la emprendió a martillazos con su coche.

–¿Cree que esas historias son ciertas?

–Sí, pero puede que las exageren un poco.

El camarero me contó que Ava frecuentaba la base aérea de Torrejón para jugar a las máquinas tragaperras y bromear con los oficiales.

–No sé mucho sobre su vida privada –me dijo–. Lo que sí puedo asegurarle porque lo he visto es que bebe demasiado pero sólo le han pedido que se fuera de un local, y la gente aún habla de eso.

Me contó que Ava y un amigo suyo fueron a un restaurante alemán a cenar. Ava pidió un martini seco. Cuando se lo sirvieron gritó: *«¡Falsificado!»* Tiró la bebida al suelo y gritó: «¡Es ginebra española y la hacen pasar por auténtica ginebra inglesa!»

El camarero le trajo una botella sin abrir, la desprecintó y le preparó otro martini en la misma mesa. Ava volvió a derramarlo por el suelo sin haberlo probado. El camarero, sin perder la calma, le sugirió que se pasara al vodka «porque en España no lo fabricamos». Ava asintió y el camarero le sirvió un martini de vodka. «Espero que le guste, señorita Gardner», dijo el camarero haciéndole una reverencia. Ava le agarró por el cinturón y, sin levantar la cabeza, lo atrajo hacia ella y le echó el martini por encima de los pantalones. Después se puso en pie para marcharse del restaurante pero antes de que saliera el encargado le dijo que jamás volverían a permitirle la entrada en él.

Sólo la vi una vez. Fue en un club flamenco de Madrid. No recuerdo el nombre pero no era un local para turistas. Ava iba acompañada por un grupo en el que había norteamericanos y españoles. No llevaba maquillaje y vestía de una forma muy discreta. Todo lo que se había escrito sobre que estaba perdiendo la belleza me pareció una exageración. Era una rosa entre un lecho de espinos y maleza. El camarero se negó a admitir que era Ava Gardner así que le pregunté: «Si *fuera* Ava Gardner, ¿cree que acabará bailando flamenco?» El camarero se marchó. Mi amigo, el encargado del bar, me dijo que lo más probable era que acabara escogiendo alguien con quien bailar y se quedara allí hasta la hora de cierre. Después invitaría a todo el grupo a que fueran hasta su casa para celebrar una fiesta.

Ava tenía como vecino a Juan Perón, el dictador argentino exilado, quien se quejaba de los ruidos que debía soportar a todas horas. Ava decía que el dictador salía a su balcón y se soltaba discursos a sí mismo. Al parecer los discursos eran muy efectivos.

–¿Quieres creer que han vuelto a darle el empleo? –dijo riéndose después de que Perón regresara a la Argentina.

Cuando hablaba con sus amistades Ava negaba que fuera una alcohólica.

–Cualquier persona que tenga mi apetito no puede ser alcohólica –exclamaba.

Podía dejar de beber sin sufrir ningún tipo de efectos secundarios, y lo había hecho en más de una ocasión cuando rodaba. Durante el rodaje de *La hora final* se pasó varias semanas sin tomar ni una sola copa. Hubo una temporada en que se interesó por el golf pero el ejercicio al aire libre nunca le gustó demasiado.

Sus «ataques de salud», que eran escasos y muy separados en el tiempo, solían producirse después de la muerte de un buen amigo. Tyrone Power murió repentinamente de un ataque al corazón en 1958 y aunque Ava llevaba tiempo sin verle el hecho de que sólo tuviera cuarenta y cuatro años fue un gran golpe para ella. Que Clark Gable muriera de un ataque al corazón en noviembre de 1960 también la entristeció mucho, pero lo que más la impresionó fue el que Ernest Hemingway se suicidara en julio de 1961. Que «Papá» se hubiera metido una escopeta de dos cañones en la boca y hubiese apretado el gatillo hizo que Ava estuviera deprimida durante mucho tiempo.

Ava solía acceder a que le hicieran entrevistas y cambiaba de parecer en el último momento.

–No se me ocurre ninguna razón por la que alguien pueda querer entrevistarme –decía–. Soy aburridísima.

La periodista Oriana Fallaci siguió insistiendo y Ava acabó invitándola a «tomar una copa». La *signora* Fallaci describió los ojos de Ava diciendo que los tenía muy grandes y de una expresión algo asustada, endurecidos por la suspicacia, subrayados por bolsas azuladas de carne y que sus mejillas resultaban un tanto asimétricas. «Las auténticas heridas eran sus ojos», escribió la Fallaci. «Sus pechos, cubiertos por un cheong-sang rojo estampado de flores, te agreden con la arrogancia de toda esa abundancia maternal corregida por dos brazos musculosos y llenos de nervio. Me dio la mano sin demasiado entusiasmo y no me miró a los ojos.»

Ava le dijo que odiaba los Estados Unidos y que estaba harta de España. Londres era maravilloso porque después de haber aguantado a unos cuantos fotógrafos en el aeropuerto los reporteros la dejaban en paz.

–Adoro el clima y a la gente de allí –dijo.

–Pero en Londres no hay sol –dijo la Fallaci–. Siempre está lloviendo.

–¿Y cree que el sol significa algo para mí? –le preguntó Ava riéndose–. Nunca lo veo. Duermo de día. La noche me trae compañía. Me despeja la mente. Me encanta ver llover en Londres. Esa lluvia tan suave y fina... Me tranquiliza durante un tiempo. Me hace sentir en paz.

En el verano de 1962 Ava voló a Nueva York para asistir a una serie de fiestas. Walter Chiari estaba actuando en una obra de Broadway y fue visto con ella durante el circuito de los clubs nocturnos. De vez en cuando se la veía cenando tranquilamente a solas. Una noche no logró encontrar taxi y estaba de pie en la acera a las cuatro de la madrugada cuando pasó un camión de la basura.

–¡Eh, Ava! –gritó uno de los hombres que iban en él–. ¿Quieres que te llevemos?

–Pues claro –dijo ella, y los basureros la ayudaron a subir al camión. Cuando llegaron al hotel Ava les invitó a su habitación para tomar unas copas. Quince minutos después el recepcionista del turno de noche la llamó por teléfono.

–Señorita Gardner, me pregunto si le importaría pedirle a sus amigos que quitaran su..., eh..., vehículo de la entrada principal.

Earl Wilson informó de que «Frank Sinatra y Ava Gardner estuvieron dando vueltas por la ciudad con Porfirio Rubirosa y su acompañante, George Axelrod y la suya, la señora de Mike Romanoff y otros...» Un fotógrafo que pidió permiso para tomar una foto de Frank y Ava recibió la siguiente respuesta: «No, somos parte de un grupo.» El reportero del *New York Post* insistió y, según él, esto es lo que le respondió Frank:

–Vosotros los chalados de las cámaras sois horribles. Vuestro trabajo es como el de los parásitos o las putas. ¿Por qué no intentas hacer algo que valga la pena?

Ava fue en avión a Las Vegas para asistir a las actuaciones de Sinatra en el Sands. Sabía que él estaría en el aeropuerto por lo que según dice un periodista que iba en el mismo avión se pasó casi todo el tiempo acicalándose en el tocador. Estaba tan nerviosa y excitada que se dejó el abrigo en el avión, volvió a recogerlo y no pudo ver a Frank. Cuando llegó al hotel descubrió que la primera señora Sinatra y su hija Nancy también habían decidido asistir a la actuación. Ava cogió el primer avión para Nueva York y siguió viaje hasta Madrid. Su siguiente ocasión de ver actuar a Frank en Las Vegas también se malogró en el último minuto cuando Frank invitó a Marilyn Monroe.

Louella Parsons, informada del viaje a Las Vegas y su brusca partida, escribió «Ava Gardner es una de las figuras más trágicas de toda la historia reciente de Hollywood».

En enero de 1962 Frank le regaló un anillo de compromiso a la bailarina Juliet Prowse después de un noviazgo «yo sigo mi camino y él sigue el suyo» que nadie se había tomado en serio. Cuando le propuso matrimonio ella respondió: «Me lo pensaré.» A Frank le gustó la respuesta. Dorothy Kilgallen, la archienemiga de Sinatra, afirmó que todo era un truco publicitario para promocionar la carrera como bailarina de la señorita Prowse.

–Frank no quiere que trabaje –le dijo Juliet a los periodistas–. Pero yo sí quiero.

–No seguirá trabajando –dijo Frank–. No pienso consentirlo. Un mes después se anunció que la boda no tendría lugar debido a «conflictos entre los intereses de sus respectivas carreras». La cotización de la señorita Prowse en Las Vegas pasó de los 500 a los 17.500 dólares por semana.

El columnista Sidney Skolski dijo que Frank debería casarse. Esto es lo que escribió refiriéndose a la «Manada de Ratas», que se estaba disgregando: «De noche, cuando las risas empiezan a perder su alegría, ya no hay más bebida y se acaban las horas, Dean Martin vuelve a la casa donde le espera su mujer mientras que Peter Lawford y Sammy Davis hacen lo mismo. Pero Frank vuelve a una casa donde no le espera nadie. Qué hombrecillo tan triste y solitario...»

La Manada de Ratas se disolvió cuando Lawford, que estaba casado con una Kennedy, recibió la orden de «cortar sus lazos con Hollywood». El nuevo presidente dejó de ver a Sinatra debido a que se comentaba que tenía relaciones con la Mafia. Frank emprendió una gira de beneficencia intentando demostrar que era un buen chico pero John Kennedy prefirió alojarse en la casa que Bing Crosby tenía en Palm Springs, desdeñando la oferta de Sinatra. En cuanto sus conexiones con la Casa Blanca dejaron de existir Frank empezó a sufrir nuevos episodios de laringitis, su enfermedad psicosomática.

DIECISÉIS

De vuelta al trabajo

Philip Yordan, que había sido responsable del primer gran éxito de Ava en *Whistle Stop,* vivía en España y se la encontraba de vez en cuando en las fiestas. En 1962 estaba escribiendo un guión para la Allied Artists, *55 Days at Peking (55 días en Pekín),* y pensó que Ava estaría perfecta en el papel de condesa rusa atrapada en China por la rebelión de los bóxers. Charlton Heston no estaba de acuerdo. Tenía derecho de veto sobre el reparto y quería a Melina Mercouri en el papel. Y, por encima de todo, no quería a Ava Gardner porque no tenía aspecto de condesa rusa. Cuando llegó a España para empezar a trabajar en la película las cosas se pusieron al rojo vivo, pero los distribuidores europeos querían contar con Ava y Heston acabó cediendo. Dijo que la única razón de que hubiera consentido trabajar en *55 días en Pekín* era por hacerle un favor a Philip Yordan, que necesitaba el dinero.

–En cuanto a Ava –dijo–, la verdad es que he trabajado con actrices mucho más disciplinadas y consagradas a su labor. Para empezar, ninguno de nosotros debería haber tomado parte en esa basura...

Ava confiaba mucho en el productor Samuel Bronston, quien tuvo que enfrentarse a tantos obstáculos que acabó sufriendo un ataque cardíaco. Aunque sobrevivió, Bronston jamás volvió a trabajar. Sus biógrafos afirman que *55 días en Pekín* le arruinó tanto física como profesionalmente. La película fue un desastre de 7 millones de dólares en el que trabajaron 3.500 extras y 46 especialistas. Ava se pasaba el tiempo en su camerino bebiendo y poniéndose de mal humor: las escenas de masas la aterrorizaban y se sentía inferior a Dame Flora Robson y otros miembros del reparto.

–Decidí matar a Ava en la primera parte del guión –dijo Yordan–. Se mostraba dura y despectiva, estaba corrompida y era imposible trabajar con ella: seguía siendo incapaz de interpretar un papel.

–La doble de Ava apareció en innumerables planos tomados por encima del hombro. Heston le suplicó que acudiera al rodaje pero Ava siguió escondida en su camerino y se dedicó a beber.

55 días en Pekín es una película que más vale olvidar. Los críticos opinaron que la interpretación de Ava era «tosca y torpe». Para ella el dinero era más importante que las buenas críticas.

Esto es lo que dijo en una entrevista «a corazón abierto» de 1963 concedida al *Ladies Home Journal:* «Ser una estrella del cine resulta condenadamente aburrido. Lo hago por el dinero, eso es todo. Después de todos estos años sigo sin tener ni idea de qué es el cine. Nunca he sido una actriz. Pero no sé escribir ni pintar ni hacer ninguna otra cosa... Hace poco cené con George Cukor, el director de cine, y él y sus amigos hablaban del mundillo y de lo que estaba ocurriendo y, ¿sabe una cosa? No logré entender absolutamente nada de lo que estaban diciendo. En cuanto a interpretar..., no tengo ni idea de cómo se hace.»

Seven Days in May (Siete días de mayo) giraba en torno a un complot militar contra el presidente de los Estados Unidos. El proyecto le pareció bastante atractivo. El pequeño pero importante papel de la amante rechazada por el general Scott (Burt Lancaster) la hizo volver a Hollywood. Ava tenía fe en el director John Frankenheimer y el guionista Rod Serling. No la decepcionaron. Ava le echó la culpa de que tuviera un aspecto tan terrible a un cámara a quien no le caía demasiado bien pero Bosley Crowther, el crítico del *New York Times,* dijo que su interpretación era «soberbia».

Tenía cuarenta años y en los dos últimos parecía haber envejecido considerablemente. A diferencia de sus hermanas de la Metro, Ava no pensó en la posibilidad de estirarse la piel porque sabía que el problema nacía de un exceso de bebida y fiestas. Bajo los círculos oscuros que subrayaban sus ojos, la cara hinchada y el duro exterior seguía estando la condesa magnífica, una mujer hermosa, madura y llena de orgullo.

–Lo que envejecía era el alma de Ava, no su cara –dijo un amigo suyo.

–Es una auténtica reina de la pantalla –le dijo George Cukor al escritor Charles Higham–. Cuando cruza un plató crea una sensación de nerviosismo y excitación, y hace que a todo el mundo se le acelere el pulso. Es como si hubiera nacido para eso. Posee ese don de mando y de controlar las cosas que la convierten en una auténtica estrella. Ava es todo un caballero.

En agosto de 1963 el director John Huston y el productor Ray Stark volaron a Madrid con el único propósito de convencer a Ava Gardner para que interpretara a Maxine en *The Night of the Iguana (La noche de la iguana),* un clásico de Tennessee Williams. Huston y Ava eran viejos amigos, por lo que Huston conocía muy bien su terrible temperamento. Le advirtió a Stark de que la misión podía requerir varios días y largas noches de suave persuasión rociada con alguna que otra charla sobre la película.

La noche de la iguana giraba alrededor del reverendo Lawrence Shannon, un sacerdote de la iglesia episcopaliana que había sido expulsado de su ministerio después de un escándalo en el que estaba involucrada una adolescente. Su degradación le hacía acabar sirviéndole de guía a un grupo de maestras que están haciendo una gira turística por Méjico. Cuando el autobús se avería el grupo de Shannon queda varado en un hotel que se está cayendo a pedazos.

Huston y Stark viajaron a Suiza para hablar con Richard Burton y pedirle que interpretara a Shannon. Burton firmó el contrato a cambio de 500.000 dólares. Deborah Kerr accedió a interpretar el papel de Hannah Jelkes, una artista errante, a cambio de 250.000 dólares. La mayoría de actrices habrían hecho cualquier cosa para poder trabajar con Burton y Kerr. La reacción de Ava fue justamente la opuesta y Huston, siempre intuitivo, sabía que se sentiría inferior a ellos. En las llamadas telefónicas que le hizo antes de visitarla procuró mostrarse jovial y divertido. Ava adoraba su sentido del humor y admiraba su capacidad creativa y la sensibilidad oculta bajo un exterior tosco y, a menudo, implacable. La relación que mantuvieron años antes fue un capricho pasajero, uno de tantos que los dos se habían permitido a lo largo de sus vidas. Huston tenía cincuenta y siete años, estaba legalmente separado de su cuarta esposa y seguía siendo un hombre encantador, directo, atractivo y con algo de bandido. Bajo sus intensos ojos castaños había unas grandes bolsas. Alto y delgado, su eterna postura encorvada daba la sensación de que cuando conversaba se inclinaba hacia adelante para observar o escuchar con más atención. Era un hombre imponente, un rebelde y un bebedor de primera categoría.

Huston se presentó en el número 8 de la calle Doctor Arce y Ava se encargó de preparar las bebidas mientras que él dejaba caer su flaco cuerpo sobre el diván como si la hubiera visto ayer. Huston se tomó las cosas con calma y no intentó presionarla para que interpretara a la semialcoholizada dueña del hotel de *La noche de la iguana.* La idea de trabajar en Méjico le resultaba bastante atractiva, pero Bette Davis había logrado una brillante interpretación teatral de ese papel y la idea de interpretar a Maxine no le hacía mucha gracia. Huston ignoró el desinterés inicial de Ava. Sabía que iba a interpretar el papel y Ava también lo sabía..., pero quería que la cortejaran antes.

–Ray Stark y yo nos quedamos una semana más en Madrid y le seguimos la corriente –dijo Huston–. Si he de ser sincero, creo que nos quedamos para no perdernos el baile... Durante nuestra primera salida juntos me marché sobre las 4 de la madrugada. Ray se quedó con Ava. Nos pasamos tres o cuatro días más recorriendo casi todos los lugares nocturnos y tablados flamencos de Madrid. Ray perdió peso y la cara empezó a ponérsele gris. Ava parecía florecer. Cuando nos marchamos el pobre Ray estaba hecho un desastre pero Ava había accedido a trabajar en la película.

Huston había logrado que Ava pusiera su firma en el contrato que le garantizaba un sueldo de 400.000 dólares pero sabía que sus dificultades apenas si acababan de empezar. Durante sus conversaciones telefónicas Ava no paraba de hablarle sobre sus dudas y temores. Huston la cubrió de elogios, le dejó bien claro que tenía fe en ella y finalmente, exasperado, exclamó:

–¡Por Dios, Ava, ni una palabra más sobre echarse atrás!

La compleja red de relaciones personales existente entre las estrellas de *La noche de la iguana* era todo un desafío para Huston. Tanto a él como a Ava les parecía divertido que Evelyn Keyes, ex esposa de Huston, estuviera casada con Artie Shaw, ex marido de Ava. Y había algo todavía más interesante: Richard Burton iba acompañado por Elizabeth Taylor, quien seguía estando casada con Eddie Fisher y Michael Wilding, ex esposo de Elizabeth, se presentó en el rodaje como agente publicitario de Burton. Peter Viertel, el segundo marido de Deborah Kerr, había salido con Ava. Además, Burton tenía fama de flirtear con sus oponentes femeninas y Ava de hacerlo con sus oponentes masculinos. Elizabeth había cautivado hacía poco a Richard como Cleopatra hizo con Marco Antonio..., ¿sería capaz de retenerlo?

Huston le regaló «derringers» con la culata de oro a Sue Lyon, Deborah, Ava, Elizabeth y Richard. Cada pistola iba acompañada por cuatro balas de oro en las que había grabados los nombres de las demás personas que habían recibido el regalo.

–Les dije que si la competición se ponía demasiado salvaje siempre podían utilizar las pistolas. Fue una suerte que decidiera regalarles cartuchos de fogueo... –dijo Huston.

La prensa internacional acudió en manada a Puerto Vallarta, Méjico, y escribió sobre todos los detalles del rodaje, hasta los más insignificantes. Tomaron nota de que Elizabeth Taylor estaba algo entrada en carnes y de que se había presentado provista de cuarenta bikinis. Un día Elizabeth apareció llevando una blusa sin sostén y Burton engulló un poco de tequila acompañándolo con cerveza para hacerlo pasar mejor y dijo: «Richard es el hombre con quien debería haberme casado. Si no lo hubieras conseguido antes puedes estar segura de que lo habría intentado. ¡Tiene sentido del humor y es todo un hombre!»

Ava no quería echarle el guante a Burton pero la leyenda de sus proezas sexuales le hacía sentir cierta curiosidad. Puede que flirteara con él durante el rodaje para provocar un poco a Élizabeth y Burton se lo pasó bastante mal: le habría gustado ceder pero no se atrevía a correr el riesgo. Una fuente de la época pone estas palabras en boca de Ava:

–Algunas personas dicen que Liz y yo somos unas rameras pero somos unas santas; no ocultamos hipócritamente nuestros amores y cuando amamos sabemos ser leales y fieles a nuestros hombres.

Cada miembro del reparto tenía su propia casa. Ava decía que su aparato de aire acondicionado era un desastre.

–Fijaos en él –dijo–. ¡Mirad dónde lo han instalado! En la pared que separa la cocina de la sala. Manda aire frío hacia la cocina y aire caliente hacia la sala.

La película se rodaba en la isla de Mismaloya y el único medio de llegar hasta ella era por el agua. Todo el mundo tenía que ser transportado en barco desde Puerto Vallarta. Ava iba al trabajo y volvía haciendo esquí acuático detrás de su motora particular.

Las fuertes lluvias causaron bastantes interrupciones en el rodaje y mientras duraban el reparto y el equipo técnico no tenían otra diversión que jugar al *gin rummy* y beber. El corresponsal Jim Bacon dijo que Richard Burton había llegado a tomarse veintitrés tequilas en una sesión. «Lo sé porque yo pagué la cuenta», dijo Bacon. «En Puerto Vallarta había algo que hacía que todo el mundo se olvidara de sus inhibiciones. Una chica del equipo técnico se quitó los zapatos de una patada, fumó un poco de opio y acabó marchándose con un nativo del lugar. Ava Gardner se encaprichó de un ligón playero que sólo tenía veintiún años y que la maltrataba en público, para gran asombro de los turistas. John Huston empezó a beber un brebaje nativo ilegal llamado *raicilla* hecho con alcohol de 90 grados y que te dejaba la garganta como si te hubieras tomado un líquido para desatascar retretes.»

La verdad es que Ava se divirtió con varios chicos de la playa que la seguían a todas partes, pero cuando llegó el momento de interpretar la escena entre Maxine y dos de esos chicos Ava dijo que era incapaz de hacerla. John Huston se quedó en calzoncillos y se metió en el agua para demostrarle cómo quería que hiciese la secuencia. Ver al director correteando de un lado para otro como si fuera un adolescente enloquecido con esas piernas tan flacas que tenía era un espectáculo muy divertido. Él y Ava se tomaron unas cuantas copas y Ava interpretó la escena sin ninguna clase de problemas. Ava necesitó que Huston estuviera pendiente de ella durante todo el rodaje de *La noche de la iguana,* pero en lo que concernía a la prensa Huston no tenía ningún control sobre Ava. Un fotógrafo que se quedó rondando por el plató después de haber tomado todas las fotos que necesitaba recibió una patada en el estómago y fue expulsado por una Ava enfurecida. El incidente la dejó tan irritada que se equivocó de diálogo durante una escena con Burton. En vez de decir «¡Y un cuerno!» Ava farfulló «¡Y un culo!». Burton sabía que interpretar a Maxine la aterrorizaba.

–Pero en cuanto entraba en el papel su intuición se hacía cargo de todo –dijo–. Ava conocía muy bien a esa mujer triste y derrotada que vivía «en el fin del mundo» y estaba al borde de la destrucción. Ava se parecía mucho a Maxine. Las dos eran eso que las novelas policíacas solían llamar «mujeres con un pasado».

Todos los que participaron en *La noche de la iguana* guardan el trágico recuerdo de lo que ocurrió cuando ya se llevaban rodadas tres cuartas partes de la película. Dos ayudantes de dirección, Tommy Shaw y Terry Morse, estaban sentados en el balcón de su casa cuando éste cedió. Cayeron más de seis metros y acabaron estrellándose como muñecos de trapo en el suelo. Shaw se había roto la espalda y se encontraba bastante grave: Huston le acompañó a Puerto Vallarta en un bote de pesca. Morse salió casi ileso pero nadie de los que participaron en la película olvidará los gritos lanzados por aquellos dos hombres cuando caían. Ese trágico accidente y el asesinato del presidente Kennedy ennegrecieron la atmósfera de las últimas semanas de rodaje.

Ava no asistió a la cena del día de Acción de Gracias pero fue a la fiesta con que se celebró el final del rodaje.

La noche de la iguana se estrenó seis meses después en Nueva York en una sesión a la que era obligatorio acudir vestido de etiqueta. El público pagó 100 dólares para asistir al estreno en el Philarmonic Hall, estreno al que siguió un banquete con champán en la balconada del segundo piso. Ava estaba asombrosa con su traje azul claro sin tirantes y una gran capa de encaje. Richard Burton llegó a la gala después de haber hecho su representación de *Hamlet* en Broadway acompañado por su prometida, Elizabeth Taylor. La pareja podía haber sido el centro de atención de la noche pero tanto el público como los críticos estuvieron de acuerdo en que Ava Gardner era la gran triunfadora de la película, y que había conseguido la que quizá fuera la intepretación más inspirada de toda su carrera.

–Estaba decidida a hacerlo lo mejor posible –comentó–. Hasta me obligué a estar horrible. Todo el mundo dirá que Ava ha perdido su belleza.

El *New Yorker* dijo que «estaba espléndida». *Life* opinaba que era la sensación de la película y *Newsweek* comentó que era «una gran mujer interpretando a otra gran mujer». Pero la competencia representada por *My Fair Lady, Mary Poppins (Mary Poppins)* y *Zorba the Greek* hizo que *La noche de la iguana* no entrara en la lista de nominaciones al Oscar, dejando aparte a Dorothy Deakins, que ganó el Oscar por el mejor vestuario para una película en blanco y negro.

La revista *Show* criticó la actitud de Ava en Puerto Vallarta: «Se portó como siempre, mostrándose tan amistosa como una víbora... Un fotógrafo recibió tal mirada suya que hasta Medusa la habría envidiado... Elizabeth Taylor y Ava están tan malcriadas y mimadas como dos reinas medievales. Esperan que los hombres caigan a sus pies y están acostumbradas a que se lo hagan todo y a que cuiden de ellas.»

Una Ava deprimida y triste volvió a Madrid en diciembre de 1963 para pasar las fiestas navideñas y su cuarenta y un cumpleaños. Esperaba que *La noche de la iguana* le abriera el camino para interpretar más papeles de carácter. Su vida personal era un laberinto hecho de alcohol y bailes. Que el nuevo esposo de Bappie tuviera que pasarse buena parte de su tiempo trabajando en Europa la consolaba un poco: Ava seguía manteniendo abierta la casa de Los Ángeles para su hermana y siempre que debía trabajar en Hollywood se alojaba allí.

Lo que Ava no podía seguir pasando por alto durante mucho más tiempo era la creciente popularidad de España entre los turistas. Los periodistas se mantenían a distancia pero se las arreglaban para acabar consiguiendo sus historias escandalosas, por lo que el país había dejado de ser un puerto donde refugiarse. Se le atribuyeron relaciones con muchos toreros y lo cierto es que su puerta siempre estaba abierta para ellos. Algunos eran compañeros íntimos, otros no eran más que personas divertidas con las que pasar un rato. «Todos los tiempos vienen», dijo uno de sus vecinos en un pésimo inglés.

Confidential escribió: «Dos de la madrugada. Un convertible Cadillac de color gris avanza a toda velocidad por la carretera de La Coruña. Va conducido por una mujer cuyo cabello rojizo revolotea impulsado por el viento seco y cálido. Junto a ella está sentado un apuesto joven español de anchos hombros y estrechas caderas.»

Otros artículos dijeron que Ava había sido vista bailando por la calle en el mercado de flores y verduras del Covent Garden londinense, donde los bares siguen abiertos a las cinco de la madrugada. Llevaba un abrigo de piel blanco, se quitó las sandalias de una patada y animó considerablmente la zona.

Una noche subió a la pista de baile de un club nocturno que tenía el suelo de cristal y se pasó media hora bailando flamenco iluminada por las bombillas multicolores que había debajo del suelo. Ava empezó a girar y taconear con tal entusiasmo que logró romper el cristal.

Redbook publicó un artículo sobre Ava a mediados de los años sesenta: «Es altiva y exigente, se pasa la vida escuchando discos de flamenco y dándole órdenes a sus tropas –sus secretarias, chóferes, mujeres encargadas del guardarropa–, para que lleven a cabo las tareas de cada día. Es capaz de encontrarle peros a una factura insignificante, puede contar los huevos que hay en la despensa y repasar los cubiertos de plata por miedo a que un visitante de raza gitana le haya robado alguno, pero no le importa pagar la operación de una sirvienta o comprarle un coche nuevo a su hermana.»

Ava despidió a un secretario acusándole de haber robado una pelota de golf.

–No creo que el robo tuviera nada que ver con mi despido –dijo él–. Había llegado el momento de echarme, nada más.

No cabe duda de que era una neurótica, pero «¿no lo es todo el mundo?»

Europa la conocía como «la Diosa del Amor», etiqueta que le hacía mucha gracia. En una entrevista dijo que Mickey Rooney la ayudó mucho y que intentó hacerle superar un complejo de inferioridad que padecía y que seguía afectándola.

–Recuerdo haberme preguntado qué podía haber visto en mí –dijo Ava–. Antes de conocerle siempre pensaba que los hombres se reían de mí.

Ava decía las cosas sin rodeos o se quedaba callada.

–Quizá no debería haber empezado a llevar zapatos. Si no los llevas meterse el pie en la boca resulta mucho más fácil. –Apenas si hablaba de Sinatra, salvo para repetir que el éxito se le había subido a la cabeza–. Cuando estábamos separados por razones personales o profesionales solía llamarme sólo para darse el gusto de colgarme el teléfono –dijo riéndose y con una chispa burlona en los ojos.

¿Qué pensaba sobre un artículo de periódico que hablaba de «la hermosa y seductora Ava Gardner, que ha vuelto locos a los hombres desde Zanesville a Zanzíbar dejando que sus fans y sus amistades se pregunten qué la hace correr..., cuál es la razón de que Ava siempre vaya de un lado para otro con tal frenesí?»

–No nací para interpretar –replicó–. Nací para tener bebés.

Los hombres que conocían a Ava –si es que puede decirse que

alguien la conoció bien durante esta tempestuosa etapa de su vida– se negaban a hablar de ella.

La gente opinaba que su popularidad como estrella de cine se debía a su frenética búsqueda de la felicidad y la paz espiritual. Como respuesta Ava se limitaba a imitar la actitud del mundo que vivía pendiente de sus aventuras amorosas..., enarcaba una ceja.

John Huston consiguió convencerla para que interpretase a Sara, la esposa estéril de Abraham en *The Bible (La Biblia).* La superproducción estaba basada en varios libros del Antiguo Testamento y se rodaría en varios lugares: Roma, Sicilia, Sardinia y el Norte de África. Huston tuvo que mostrarle toda la belleza, sufrimiento y paciencia que había en el personaje de Sara, así como la silenciosa aceptación con la que hacía que Abraham buscara a otra mujer para engendrar un hijo. Ava nunca había tenido un hijo y para ella aquel papel encerraba un significado muy profundo. Huston prometió que la ayudaría y la guiaría durante toda la interpretación, frase por frase, y esa promesa le dio el valor necesario para seguir adelante. Huston no sólo dirigiría la película y haría de narrador, también interpretaría a Noé.

Cuando llegó a Roma los reporteros estaban allí para recibirla. Ava les dijo que por ahora en su vida no había «nadie especial» pero los *paparazzi* montaron cerco alrededor de la villa que había alquilado en la Via Appia Antica y no quedaron decepcionados. El papel de Abraham, esposo de Sara, estaba interpretado por George C. Scott, un excelente actor totalmente consagrado a su trabajo que se enamoró con locura de Ava nada más verla.

Scott se había casado tres veces y tenía cinco años menos que Ava: se había hecho famoso en Broadway con *The Andersonville Trial* y consiguió su primer gran papel en el cine interpretando al ayudante del fiscal en *Anatomy of a Murder (Anatomía de un asesinato).* Su papel como implacable jugador de billar en *The Hustler (El buscavidas)* le proporcionó una nominación al Oscar en 1962 pero Scott decidió autoeliminarse de la competición.

–Ava se sentía muy atraída hacia George pero no estaba enamorada de él –dijo un ayudante de producción que trabajó en *La Biblia*–. Era una mujer notable. Fui a su camerino para hablar con ella de los cambios introducidos en el diálogo y Ava me dijo: «Vámonos a la cama, ya hablaremos de eso después». Eso es lo que hicimos. Después hablamos del guión.

Scott se convirtió en un visitante habitual de la villa donde vivía Ava. Su esposa, la actriz Colleen Dewhurst, que actuaba en Broadway representando *Desire Under the Elms,* de Eugene O'Neill, no estaba allí para hacer comentarios al respecto.

«Scott se enamoró de Ava», escribió John Huston en sus memorias. «Los celos le volvieron loco. Exigía que ella le prestara todo su tiempo y su atención y cuando Ava se negaba a hacerlo podía ponerse extremadamente violento. Esa intensidad emocional la asustó y pronto empczó a rehuirle. Scott es un bebedor intermitente y por aquella época estaba bebiendo bastante. Eso no interfirió con el rodaje pero hizo que pasáramos por algunos momentos bastante difíciles.»

El reparto y el equipo técnico de *La Biblia* fueron testigos de la ferocidad con que Scott intentaba asegurarse la posesión de Ava. Ava estaba tomando un cóctel con uno de sus compañeros de reparto, Peter O'Toole, y Scott les descubrió cuando estaba borracho y loco de celos. Huston saltó sobre la espalda de Scott y le hizo dar vueltas por la habitación tropezando con todos los presentes ya que rodeaba con sus brazos la cabeza de George. Huston acabó logrando calmarle.

Aun así, Ava apreciaba mucho al ex-marine convertido en actor. Scott la defendió de la prensa, usando la fuerza si era necesario, y en cuanto a beber era capaz de conseguir que Ava rodara bajo la mesa mientras que él seguía en pie. En una ocasión discutió con él y Scott la arrojó vestida a la piscina. Los dos tenían una naturaleza rebelde y despreciaban las reglas del mundo del espectáculo. (En 1970 Scott causó una gran conmoción cuando rechazó el Oscar al mejor actor que había ganado por su interpretación en la película *Patton.*)

La turbulenta relación de Ava con George también tuvo ciertos efectos sobre su trabajo. John Huston había decidido no interponerse entre ellos pero una mañana Ava le llamó después de haber tenido una terrible pelea con George.

–Temo lo que podría ocurrir en el plató –le dijo–. Podría resultar muy embarazoso.

Y, por su parte, cuando las cosas no iban bien entre ellos Scott se negaba a trabajar con Ava. Huston, muy preocupado, insistía en que Ava se tomara todos los descansos posibles para aliviar la tensión.

Frank Sinatra estaba rodando *Von Ryan's Express (El coronel Von Ryan)* en Italia y se alojaba en una villa de dieciocho habitaciones situada a las afueras de Roma. La villa tenía diez fuentes, establos, piscina interior y exterior, una pista para helicópteros y un muro de tres metros que rodeaba toda la propiedad. Ava se refugió allí durante unos días y los dos pasaron ese tiempo a solas, intentando reavivar una llama tenue pero que aún no se había apagado. Sinatra estaba enterado de su problema con Scott y pensaba que Ava debía buscarse un guardaespaldas pero ella se rió y le dijo que no pensaba hacerlo.

–Frank quería volver a intentarlo –dijo Edie Goetz, amiga íntima de Frank e hija de L. B. Mayer–, pero el estado anímico de Ava en aquellos momentos no era el más adecuado. Quizá estuviera pensando en George Scott. Su romance salía en la primera página de todos los periódicos. Lo que más molestaba a Frank era que bebiese tanto. Ava seguía bebiendo y Frank no soportaba el ver cómo se autodestruía. Fue una lástima, porque Mia Farrow ya le había echado el ojo a Frank.

Ava logró enfurecer todavía más a Scott haciendo un crucero en yate por las islas Eólicas en compañía del matrimonio Sicre y de Adlai Stevenson. Atracaron en el puerto de Mesina, en Sicilia, y Ava dio la impresión de estar pasándoselo bastante bien: se dedicó a la natación y a dar largos paseos con Stevenson. Pero de repente les anunció que pensaba coger el primer avión a Roma.

Scott había estado echando chispas todo el tiempo que duró su ausencia, pero en cuanto Ava volvió se sintió nuevamente dominado por la pasión. Pasaron todo el tiempo juntos hasta que ella le dejó bien claro que no era propiedad de nadie y que podía hacer lo que le diera la gana. Scott intentó hacerla cambiar de opinión y Ava le atizó tal puñetazo en el estómago que se fracturó la clavícula y tuvo que llevar un collarín ortopédico. Scott no se dejó amilanar.

Huston alteró sus planes de rodaje para que Ava pudiera terminar sus secuencias en *La Biblia.* Ava hizo las maletas y partió en avión hacia Londres. Scott aún no había terminado sus escenas de la película pero la siguió hasta el Hotel Savoy, echó abajo la puerta de su suite, expulsó de la habitación al agente de Ava y se lanzó sobre ella. Ava se puso histérica y trató de escapar. Según dice John Huston, Scott la golpeó y casi le rompió la mandíbula. Ava logró escapar, llena de morados, y acabó ocultándose en las habitaciones del servicio.

Scott fue arrestado por la policía y se pasó la noche en la cárcel. Fue juzgado en el tribunal de la calle Bow, se declaró culpable de «embriaguez y conducta desordenada» y pagó una multa de diez chelines (1 dólar con 40 centavos). Volvió a Roma pero siguió llamando por teléfono a Ava, quien según Huston se negaba a responder a sus llamadas. Sin embargo, los artículos de prensa afirman que cenaron juntos en varias ocasiones. Scott no la perdía de vista. Un observador dijo que se mantenía «pegado a sus talones» mientras que otros insisten en que sus encuentros estaban planeados de antemano.

Huston dijo que Scott repitió el incidente del Savoy en un hotel de Hollywood. Sinatra contrató a dos guardaespaldas para que la protegieran.

–Si hay una clase de hombre al que no puedo tolerar es el hombre que maltrata a las mujeres –le dijo a *Photoplay* en 1965–. Esos tipos son unos verdaderos matones y lo que necesitan es que un hombre de su tamaño les dé una buena lección.

Scott no llegó a recibir esa lección en carne viva pero su vestuario sí la recibió. Una noche volvió a la habitación de su hotel y se encontró con que alguien había cortado las mangas de todas sus camisas, suéters, y trajes.

–George pasó una larga depresión a causa de Ava –dijo John Huston–. Desapareció durante una temporada..., supongo que para calmarse un poco y verlo todo más claro. Enamorarse le sentó fatal.

Ava ayudó financieramente a Mickey Rooney cuando éste se declaró en bancarrota en 1962 y le pasó una asignación mensual hasta que Rooney logró recuperarse. En 1952 Rooney se casó con Miss Playa del Músculo de Santa Mónica, Barbara Ann Thomasen, quince años menor que él, un día después de obtener el divorcio de Elaine Mannken. Cuatro meses después nació la primera de sus cuatro hijos, Kelly Ann. Diez años después Rooney estaba en bancarrota: decía que durante su carrera había ganado y gastado 12 millones de dólares pero que ahora tenía deudas por más de 400.000 dólares. Pidió el divorcio de Barbara y dio el nombre de Milos Milocevic, un joven actor yugoslavo, como codemandado. Barbara prometió que no volvería a verle y la pareja se reconcilió. Pero el 1 de febrero de 1966, mientras Rooney estaba en el hospital recuperándose de las fiebres que había contraído cuando rodaba *Ambush Bay (Emboscada en la bahía)* en Manila, Milocevic mató de un disparo a Barbara en la casa que los Rooney tenían en Brentwood, y a continuación se quitó la vida con la misma arma. Nueve meses después Rooney se casó con Margaret Lang, una amiga de su difunta esposa, pero la unión apenas si duró unos meses. En mayo de 1969 Rooney se casó con su secretaria, Carolyn Hockett: era su séptimo matrimonio.

A principios de los setenta intentó conseguir la custodia de los cuatro hijos que había tenido con Barbara. Se presentó ante un tribunal de Santa Mónica y dijo que Jesucristo le había ayudado a vencer su mal temperamento.

–Soy miembro de la Iglesia de la Ciencia Mental –dijo Mickey durante su testimonio–. Ahora llevo una vida cristiana.

Artie Shaw y Evelyn Keyes volvieron a los Estados Unidos en 1961 y se instalaron en Connecticut. Artie había publicado dos libros, *The Trouble with Cinderella,* una autobiografía escrita en 1952 donde no hablaba de sus esposas, y *I Love You, I Hate You, Drop Dead,* escrita en 1965, tres novelas cortas sobre el desastre marital.

–Evelyn y yo tuvimos una relación monógama –comentó Artie hablando de su vida personal–. A los cinco años de estar casados eso ya no nos bastaba, por lo que acabamos pasando a un «matrimonio abierto». Ninguno de los dos deseaba el divorcio y decidimos dejar que cada uno viviera como quisiese. Yo la aprecio mucho y ella también me aprecia mucho, pero hemos descubierto que nos resulta imposible vivir juntos.

Ava llamaba a Artie con mucha frecuencia.

–No era más que un clarinetista –dijo–, pero sabía darse aires de hombre cultivado sin poseer una auténtica formación cultural. Se aprendió de memoria unas cuantas páginas de Dostoyeski y las recitaba durante el desayuno.

–Ava quizá bromeara sobre sus intentos de educarla pero cada vez que necesitaba hablar con alguien acudía a Shaw. Shaw era un hombre tranquilo y nada rencoroso que se tomaba las cosas con una fría filosofía, y eso era lo que Ava necesitaba.

Frank estaba viendo a una actriz de diecinueve años, Mia Farrow, más joven que dos de sus hijos.

–No digo que el matrimonio sea algo imposible –le contó en 1965 a la revista *Life*–, pero si me casara tendría que ser con una mujer que no esté metida en el mundo del espectáculo o que esté dispuesta a abandonarlo. Creo que soy generoso y que puedo mantener a mi esposa. Lo único que pido es que mi esposa cuide de mí y yo me ocuparé de que a ella no le falte nada.

Mia interpretaba el papel de Alison Mackenzie en la popular serie televisiva «Peyton Place». Su madre es la actriz Maureen O'Sullivan (la Jane de Tarzán), que se había divorciado del director John Farrow. Según Edie Goetz, la amiga de Frank, «Mia sabía muy bien lo que quería. Era una joven muy decidida y quería casarse con Frank. Frank invitó a un grupo de amistades suyas a pasar un fin de semana en su casa de Palm Springs y recuerdo que vi fotos de Ava por todas partes..., encima de su cama, en el cuarto de baño, en la sala y hasta en la cocina. Mia hizo como si no las viera.

Nadie se tomaba muy en serio aquel romance entre el mes de mayo y el mes de diciembre. Los amigos de Sinatra decían que perseguir a una jovencita que tenía treinta años menos que él le estaba ayudando a superar el trauma de haber cumplido los cincuenta.

–Mia es una buena chica y me siento muy solo –dijo Frank.

–Estoy arruinada –le dijo Ava en 1965 a su gran amigo Nunnally Johnson.

–¿Cómo es posible? –le preguntó él, sabiendo que ganaba 400.000 dólares por película.

–Confié en la gente equivocada –se quejó ella–. Me han engañado y necesito dinero.

–Estás exagerando, Ava.

–No, no exagero. De hecho, tengo deudas. –Le dijo que los impuestos españoles eran terriblemente elevados–. Además, esto me aburre –exclamó Ava–. Siempre lo mismo... Me gustaría vivir en Londres, pero necesito dinero.

Johnson no se la tomó muy en serio.

–Estoy seguro de que lo que quería decirme es que no podía retirarse del cine. Morgan Maree era el mejor agente comercial de Hollywood e invertía el dinero ganado por Ava de la misma forma que invertía el de Bob Hope, Bing Crosby, Barbara Stanwyck y sólo Dios sabe cuántas grandes estrellas más que ganaban montañas de dinero. Ava era y es una superviviente. Oí hablar del incidente con Scott en el Savoy. Ava se puso histérica pero a la mañana siguiente se le veía tan hermosa y serena como siempre. Estaba absolutamente magnífica, como si no hubiera pasado nada...

Ava dejó su apartamento de Madrid, alquiló un chalet en la Colonia Ramiro de Maeztu, pasó allí unos meses y acabó en una suite del Castellana Hilton donde este escritor se hallaba pasando las vacaciones. En aquellos tiempos yo andaba escribiendo sobre otra estrella de la MGM y la idea de pedirle una cita para conversar sobre mi libro ni tan siquiera se me llegó a pasar por la cabeza. La sugerencia partió de mi siempre afable camarero del hotel, pero me dijo que antes preferiría enfrentarse a un toro bravo que a Ava. El camarero encontró una solución de compromiso preferible a lo del toro bravo: me presentó a un apuesto torero que había salido bastantes veces con Ava. Apenas si hablaba el inglés pero los bares son sitios donde siempre se encuentran traductores. Según él, Ava carecía de inhibiciones. ¡Era toda una mujer!

–Vivía en una casa llamada La Bruja –me dijo–, y eso es lo que es, una bruja. Sin quererlo Ava proyecta un hechizo que vuelve locos a los hombres. Hacer el amor con esa mujer es como tomar una dosis de una poción mágica que se te queda en la sangre para siempre. Ningún hombre puede olvidarla. –Intentó explicarme el tormento que significaba ser ignorado por ella cuando dejabas de interesarle. No era nada relacionado con el amor o el orgullo. Ava era un imán. Los hombres se veían irresistiblemente atraídos hacia ella–. Para los españoles eso no es peligroso –dijo encogiéndose de hombros–, sólo frustrante. –Me contó que un torero estuvo a punto de morir porque no lograba dejar de pensar en ella.

–Le ha ocurrido a más de uno –dijo el camarero riéndose.

El joven torero me dijo que Ava asistía a casi todas las corridas importantes de España y que se sentaba en la primera fila, detrás de la *barrera,* bajo el palco presidencial.

–Los toreros deben presentarse ante el presidente y pedirle permiso para torear –dijo–. Después Ava acude a las *tientas,* unas fiestas organizadas por los ganaderos ricos donde se prueba a los toros jóvenes. Los invitados a esas fiestas beben, comen y bailan hasta altas horas de la madrugada.

Le pregunté si era en una de esas fiestas donde había sufrido la lesión de su mejilla y me dijo que sí.

–Pero si los invitados desean divertirse con los toros jóvenes nunca lo hacen montando a caballo. –Después se volvió hacia el camarero y le lanzó una mirada lánguida y tristona más digna de un sabueso que de un hombre. Esa vez fui yo quien se encogió de hombros.

–¿Volverá a verla? –le pregunté.

–Eso no depende de mí –me dijo el traductor.

En la vida de Ava no sólo había toreros y flamenco. Asistía a fiestas en Londres, volaba a Nueva York de vez en cuando y valoraba mucho su amistad con Robert Graves, Noel Coward, Tennessee Williams, Gregory Peck y su esposa, Sue Carol Ladd (la esposa de Alan Ladd), George Cukor, John Huston, Sidney Guilaroff (el peluquero de la MGM) y la princesa Grace de Mónaco. La publicidad dada a su asunto con George Scott hizo que se mantuviera algún tiempo apartada de los focos. No tenía ningún acompañante fijo pero se peleaba con los fotógrafos si intentaban sacarle una instantánea.

Ava había tenido una serie de problemas ginecológicos y el mes de enero de 1966 pasó varios días ingresada en el Hospital Chelsea Para Mujeres de Londres.

Sinatra decidió casarse con Mia Farrow, dejando muy sorprendidas a todas sus amistades. Bill y Edie Goetz fueron avisados con tan solo cuarenta y ocho horas de antelación: tenían que actuar como padrino y madrina de honor en el Sands de Las Vegas. El 19 de julio de 1966, unos minutos antes de la ceremonia, Sinatra le dijo a su valet que quería hablar con Ava.

–Frank no quería que se enterara por otra persona –recordó Edie Goetz–. Quizá hicieran falta horas para localizar a Ava pero no le importaba: no seguiría adelante con la ceremonia hasta no haber hablado con ella. Ava fue su mayor amor.

Cuando la prensa le preguntó qué opinaba de la boda Ava respondió:

–¡Ja! Siempre supe que Frank acabaría metiendo a un muchachito en su cama.

Mia prosiguió su carrera con entusiasmo: para ella ser actriz era lo primero y ser esposa venía en segundo lugar. Sinatra hizo saber que no quería que trabajase pero la pequeña y delgada Mia se las arregló para convencer a los productores.

Aparte de sus problemas matrimoniales, Sinatra estaba teniendo problemas con el Sands. Howard Hughes compró el hotel en 1967 después de haber comprado el Silver Slipper, el Frontier, el Desert Inn y el Castaways. La animosidad que Frank sentía hacia Hughes empezó a mediados de los cuarenta cuando el pobre baladista no podía competir con los regalos caros y los viajes que el millonario hacía llover sobre Ava. Frank también recordaba con odio cómo los espías de Hughes le habían seguido en 1950. Quería olvidar que la intercesión de Ava había hecho que Hughes le diera trabajo cuando en Hollywood no había nadie dispuesto a contratarle.

Cuando Hughes se negó a responder a las llamadas telefónicas de Sinatra («¿Frank quién?») para hablar de su contrato con el Sands, Sinatra incumplió su compromiso de actuar en el Día del Trabajo diciendo que estaba enfermo, se emborrachó y vio cómo el casino le negaba crédito para jugar. Le gritó a la multitud que Hughes compartiría los beneficios con él «¡porque yo he conseguido que el Sands llegara a ser lo que es!».

Sinatra firmó un contrato con el Caesar's Palace pero volvió al Sands para un último enfrentamiento con Carl Cohen, vicepresidente ejecutivo encargado del casino. Frank la emprendió a golpes con él y acabó perdiendo unos cuantos dientes. Cohen no recibió ni un solo arañazo.

–No se puede ir por un hotel gritando tacos y rompiendo ventanas –dijo el fiscal del distrito–. El comportamiento de este hombre [Sinatra] le ha hecho un pésimo servicio a nuestra comunidad.

Hughes siguió oculto entre bastidores y se negó a presentar ninguna demanda contra él, con lo que consiguió que Frank quedara en ridículo.

El otoño de 1967 Frank dio comienzo a los trámites del divorcio y le mandó los documentos a Mia. Mia le suplicó que le diera otra oportunidad, vio rechazadas sus súplicas y acabó marchándose a la India para meditar con su gurú.

–¿Se han enterado de que Frank Sinatra tiene problemas en su casa? –dijo Johnny Carson en el monólogo de su programa televisivo–. ¡A Mia Farrow se le cayó toda la Plastilina Tonta en el Poliestéreo de Frank!

DIECISIETE

Sola

Ava volvió a trabajar encarnando a la reina madre de Austria (Omar Sharif era su hijo) en la superproducción de época *Mayerling (Mayerling),* una nueva versión de la película del año 1935. Ava quería hacer la película porque su amigo James Mason interpretaría el papel de su esposo. La perspectiva de trabajar en los Estudios de Boulogne, en París, no le resultaba demasiado atrayente pero Omar Sharif sí. Sharif tenía diez años menos que Ava, se había divorciado hacía poco y poseía el aspecto exótico de un amante latino refinado, con negros cabellos rizados, bigote y ojos algo acuosos. Pronto empezaron a correr rumores sobre ellos. Sharif era su tipo y Ava siempre conseguía lo que deseaba. Las actrices que trabajaban con Omar solían sentirse atraídas por el actor de origen egipcio, quien era un hombre cultivado, educado y encantador. El romance Gardner-Sharif despertó más entusiasmo que la película. Ava sólo hizo un comentario sobre ella: «soy demasiado joven para interpretar a su madre».

Mayerling costó 5 millones de dólares y fue muy mal acogida por la crítica. Ava estaba impresionante en su papel de emperatriz, aunque el personaje apenas si le exigía algo más que estar majestuosamente sentada en segundo plano. Había perdido la confianza en si misma que le daba su belleza. La minúscula cicatriz de su rostro hizo que el envejecer le resultara todavía más doloroso. Permitió que aquel complejo de inferioridad le impidiera luchar por conseguir papeles mejores y para agravar aún más las cosas en los años sesenta esos papeles empezaron a escasear. Joan Crawford y Bette Davis tuvieron que rebajarse a trabajar en películas de terror.

–¡No soy ningún fenómeno! –replicó Ava con amargura cuando le hicieron una propuesta de ese tipo–. No soy más que una mujer desgraciada y solitaria que jamás debió ser estrella de cine.

Barbara Stanwyck, Loretta Young, Donna Reed y Ann Sothern tenían sus propias series televisivas, que eran bastante populares. En 1966 la arrebatadora Hedy Lamarr, que se había divorciado de varios millonarios, fue arrestada por robar en una tienda y acabó siendo declarada inocente. El programa televisivo de Judy Garland desapareció para dejarle sitio a la serie *Bonanza.* La actriz fue dando tumbos hasta su muerte, ocurrida en 1969 a causa de una sobredosis accidental de barbitúricos. Lana Turner hizo alguna que otra película y probó suerte en los escenarios y la televisión. «No trabajo porque necesite el dinero», dijo. «Lo hago porque necesito la actividad.» Después de rodar *Madame X (La mujer X)* en 1966 la crítico Pauline Kael dijo: «la señorita Turner no es Madame X, es la Marca X; no es una actriz, es un utensilio doméstico».

L. B. Mayer murió en 1957. Las últimas palabras que pronunció iban dirigidas a Howard Strickling: «No dejes que te den la lata. Nada importa.» En ese mismo año una revista de cine bastante influyente, *Showman's Trade Review,* publicó su lista de grandes estrellas de todos los tiempos: Joan Crawford, Greta Garbo, Bette Davis, Mary Pickford, Clark Gable, Ava Gardner y Marlene Dietrich, quien dijo «Alcanzar el estrellato en el mundo del cine requiere ir de prisa y perder la dignidad».

Pero las auténticas y más envidiadas damas de la pantalla eran Merle Oberon, Rosalind Russell, Greer Garson y Claudette Colbert, que se habían casado con hombres ricos. Eran admiradas y respetadas por quienes trabajaban en el mundo del cine y por la alta sociedad internacional. Aquellas actrices demostraban cuán cierto era lo que cada madre le dice a su hija: «Es tan fácil enamorarse de un hombre rico como de uno pobre.»

Cuando Ava se divorció de Frank Sinatra no se habló para nada de que éste fuera a pasarle una pensión alimenticia pero Frank siguió cuidando de ella. A principios de 1968 estaba rodando una película en Miami Beach, enfermó de neumonía y llegó a tener casi cuarenta grados de fiebre. Mia fue a visitarle al Fountainebleau pero no se quedó mucho tiempo. Frank llamó a Ava y ésta acudió acompañada por su doncella, su secretaria y treinta baúles. Mientras le visitaba se organizó una fiesta y alguien acabó arrojando un piano por la ventana de la suite. El incidente apareció en todos los titulares.

–Esto ha sido demasiado –dijo Ava metiendo el equipaje en sus treinta baúles–. ¡Me largo!

Frank y Mia se divorciaron. Mia no le pidió ninguna pensión, sólo sus joyas, sus ropas y... sus animalitos de peluche.

En el verano de 1968 Ava alquiló un piso cerca de Park Lane y empezó a buscar una residencia permanente en Londres. Los rumores decían que el gobierno español le había pedido que abandonara el país pero la razón de Ava parecía bastante válida. Decía que los impuestos españoles eran demasiado altos.

Ava se pasó un año descansando, viajando y haciendo los últimos preparativos para abandonar Madrid. Después trabajó en *Devil's Widow (La viuda del diablo)* como favor personal a su amigo Roddy McDowall, antiguo actor infantil, que dirigió esa película sobre una viuda rica líder de un extraño culto. La película acabó de rodarse en diciembre de 1969 y los estudios Commonwealth United quebraron poco tiempo después. *Devil's Widow* fue remontada, estrenada y olvidada. McDowall pensaba que la película se adelantaba a su época y que Ava estaba excepcionalmente bien como viuda maligna, pero después de que la Commonwealth alterase el montaje la película ya no se parecía en nada a la que Roddy había dirigido.

En 1970 Ana Gardner vivía en Inglaterra y se mantenía alejada del público. Ya no bailaba en las calles de Londres y no salía con toreros jóvenes y guapos. La prensa dejó de acosarla. Se la podía ver paseando a su perro a primera hora de la mañana. Cuando sus perros «Rags» y «Corgi» murieron Ava se compró otro perro de la misma raza al que dio el nombre de «Morgan»: le adoraba y era capaz de poner una conferencia telefónica sólo para oírle ladrar en el auricular.

Muchas publicaciones querían entrevistarla y de vez en cuando Ava accedía a alguna petición. Las preguntas siempre eran las mismas. ¿Estaba intentando destruirse a sí misma? ¿Era cierto que participaba en orgías donde el alcohol corría a mares? ¿Quería volver a casarse? ¿Era cierto que le habían «echado» de España?

–No he tomado una sobredosis de pastillas para dormir –respondí a Ava con un tono de voz algo orgulloso–. No he estado en la cárcel y no voy corriendo a ver al psiquiatra cada dos minutos. En esta época creo que eso es todo un logro, ¿no?

–En cuanto al matrimonio...

–Estuve loca por Artie, igual que lo estuve por Mickey y Frank. Supongo que usted piensa que el amor loco puede curarlo todo. Bueno, pues no puede. Si quieres que el matrimonio funcione necesitas tener algo más en común. Me casé con tres hombres atractivos, de mucho talento y que sabían fascinar a las damas... y supongo que por su parte ellos podrían decir más o menos lo mismo de mí. Pero teniendo en cuenta que entre mis tres maridos han reunido una colección de veinte esposas supongo que no todo debe ser culpa mía.

A finales de los años sesenta Ava tuvo una serie de problemas ginecológicos y fue hospitalizada para someterse a una operación de escasa importancia, pero los detalles no fueron dados a conocer (y siguen ignorándose). Bebía mucho menos y había reducido su vida social a cenas íntimas con pequeños grupos formados por las amistades de Hollywood que acudían a visitarla y sus nuevos conocidos de Londrcs.

John Huston aprovechó su buen humor para convencerla de que hiciera una breve aparición encarnando a la hermosa actriz teatral Lillie Langtry en un western protagonizado por Paul Newman, *The Life and Times of Judge Roy Bean (El juez de la horca),* que se rodaría en Arizona. Ava aparece al final de la película visitando Langtry, Tejas, pueblo que el difunto juez Bean bautizó con su nombre después de haberse pasado toda la vida admirando a Lillie desde lejos.

John Huston contrató a un viejo amigo suyo que había sido jockey para que interpretara a un minero bajito y lisiado, una de las dos habitantes que le quedaban al pueblo.

–Cualquier persona que hubiera hecho algunas de las cosas que Billy Pearson ha hecho y no fuera él acabaría asesinado o teniendo que exiliarse –dijo Huston–. Pero a él todo el mundo le adora. El mejor ejemplo de esto ocurrió mientras rodábamos *El juez de la horca.*

La escena entre Ava y Pearson estaba admirablemente concebida. El tren llega a la estación y tenemos un fugaz atisbo de esa belleza perfecta a través de la ventanilla. Billy Pearson espera al final de la escalerilla para ayudarla a bajar. Levanta la mano, Ava la acepta y caminan por la calle yendo hacia el museo con la cámara precediéndoles. Todo iba a la perfección. Ava nunca había estado más grácil y elegante. De repente Billy alzó los ojos hacia Ava y dijo: «Bueno, señorita Langtry, ¿estoy lo bastante abajo o subo un peldaño más?» Ava dio unos cuantos pasos, no pudo contenerse por más tiempo y se echó a reír.

–¡Sólo alguien como Billy podría haberle soltado algo semejante y salir bien librado! –dijo Huston sonriendo–. Que Ava viajara hasta Tucson, Arizona, para interpretar un papel que sólo requería tres días de trabajo fue un detalle encantador por su parte. La primera noche le dimos una cena de bienvenida, ¡y estaba absolutamente soberbia!

Huston sabía que George C. Scott estaba rodando *Rage (Furia)* cerca de allí, por lo que apostó centinelas para impedirle que molestara a Ava en el rodaje o en el hotel. Ava se enteró y se las arregló para ver a Scott en secreto.

–George y yo logramos esquivar a los centinelas –le dijo Ava al columnista Earl Wilson, quien escribió «En ese asunto no puede decirse que Ava estuviera del lado de Huston... y quizá no quería que la protegieran. Cuando Huston lo descubrió se puso furioso».

Ava se gastó los 50.000 dólares que le habían pagado por *El juez de la horca* haciendo esquí acuático en Acapulco.

–Hasta me sobró un poco de dinero –dijo–, o sea que la cosa no estuvo tan mal.

También hizo algunas visitas a Madrid para ver a sus amistades pero las cosas ya no eran como antes.

–No sé cómo explicarte lo que me emocionaba volver a esta ciudad –le dijo Ava a un conocido suyo–. Ahora en cuanto llego ya tengo ganas de marcharme.

Ava encontró un apartamento londinense en una vieja y pintoresca mansión que daba a una plaza privada en Knightsbridge, cerca de Hyde Park. El mobiliario era elegante pero discreto, y reflejaba su vida en España. Los pocos reporteros a los que se permitió entrar en su sala de estar repleta de antigüedades no vieron ninguna evidencia de que allí viviera una reina de la pantalla.

En 1973 Ava volvió a Hollywood para trabajar en una superproducción de la Universal, *Earthquake (Terremoto).* El título de la película ya lo dice todo sobre ella. Ava interpretaba a la hija de Lorne Greene y esposa de Charlton Heston, y tenía que luchar para salvar su matrimonio y sobrevivir a un terremoto que devastaba Los Ángeles. Al final de la película se producía una situación de vida o muerte y Heston decidía salvarla a ella en vez de a su amante. Habían pasado diez años desde la desastrosa *55 días en Pekín,* con sus enfrentamientos entre Heston y Gardner. La irritación de Heston ante sus borracheras, sarcasmos, y falta de profesionalidad estaba más que justificada pero durante *Terremoto* Ava no bebió ni una copa y supo mostrarse madura y dispuesta a cooperar.

Ava se alojó con Bappie en Rinconia Drive, fue de compras y asistió a una fiesta benéfica. Nunnally Johnson estaba viviendo en la casa de Howard Hughes. Ava entró en la casa, miró a su alrededor y dijo:

–¡Cristo! Cuántos recuerdos... ¡Y cuántas peleas! Y aun así... Howard era uno de los hombres más amables y generosos que he conocido.

Fue a una cena íntima organizada por George Cukor, quien le habló de su inminente viaje a Rusia para dirigir *The Blue Bird (El pájaro azul),* protagonizada por Elizabeth Taylor, quien llevaba poco tiempo divorciada de Richard Burton.

–George me contó que el presupuesto era bastante bajo, así que le dije que trabajaría gratis –dijo Ava–. Bueno, ¡fue un auténtico infierno! Probablemente apresuró su muerte. Fue un rodaje muy, muy difícil. Recuerdo un día en que estábamos rodando una escena y George se puso muy desagradable. Era un hombre maravilloso pero podía mostrarse extremadamente grosero. Terminé de rodar la escena y me marché sin despedirme. Pasamos una temporada bastante larga sin hablarnos. Después vi una de sus viejas películas con Katharine Hepburn y Spencer Tracy, *Pat and Mike* (no estrenada en España pero vista en televisión). Le mandé un telegrama: «Ya no hacen películas así.» George me contestó con otro telegrama: «Ya no hacen mujeres como tú, Ava.» En una ocasión George le dijo a un periodista que yo era todo un caballero. Me gusta esa frase...

Elizabeth Taylor, que había aceptado trabajar en *El pájaro azul* a cambio de un porcentaje en los beneficios, enfermó de gripe y también contrajo una disentería amebiana bastante grave. Elizabeth compartía un cuarto de baño con Ava, lo que quiere decir que ninguna de las dos actrices gozó de las comodidades a que estaban acostumbradas en su calidad de estrellas. Durante el rodaje en Rusia todo el mundo acabó poniéndose enfermo, pero Ava se negó a beber agua y eso la salvó.

El pájaro azul fue un terrible fracaso de taquilla. La revista *Cue* escribió: «Si tienen algún niño travieso al que quieran castigar, llévenle a ver *El pájaro azul* y oblíguenle a quedarse en la sala hasta el final de la proyección.»

El argumento de la película, que era una especie de cuento de hadas a lo hermanos Grimm, contaba cómo los dos hijos de un leñador buscaban el pájaro azul de la felicidad en el pasado, el futuro y la Tierra del Lujo, y cómo acababan encontrándolo en su propio patio trasero. Ava interpretaba el papel del «Lujo». Elizabeth interpretaba cuatro papeles: Madre, Amor Materno, Bruja y Luz. La actriz se pasó casi todo el rodaje resfriada y con recaídas de su gripe, pero logró recuperarse, acabó de rodar *El pájaro azul* y también recuperó a Richard Burton. Seis semanas después volvieron a casarse.

A finales de los setenta Ava trabajó en una serie de películas bastante mediocres: *Permission to Kill (El hombre que decidía la muerte),* un aburrido melodrama de espías con Dirk Bogarde y Timothy Dalton, *City on Fire (Emergencia),* una película de catástrofes de bajo presupuesto con Henry Fonda y Barry Newman, y *The Sentinel (La centinela),* sobre una casa encantada que resulta ser la puerta de entrada al infierno, con John Carradine, José Ferrer, Arthur Kennedy y Burgess Meredith. *Newsweek* escribió que *La centinela* era la película perfecta para aquellos a los que les gustaba reducir la velocidad y echarle una buena mirada a los accidentes de tráfico. Pero a Ava las críticas no le importaban demasiado...

–¡Lo hago por el dinero, cariño!

En 1976 viajó a Italia para rodar *The Cassandra Crossing (El puente de Casandra)* con Sofía Loren, Burt Lancaster y Richard Harris. Sinatra temió que los terroristas pudieran intentar algo contra ella, por lo que se encargó de que tuviera una limusina, un chófer y un guardaespaldas que la protegieran.

El 11 de julio de ese mismo año Sinatra se casó con Barbara Marx en Rancho Mirage, California: su nueva esposa tenía cuarenta y seis años. La autora Kitty Kelley describió a Barbara diciendo que era «una Ava Gardner rubia sin sus capas de sensualidad... y sin el temperamento salvaje de Ava».

Después de su primer divorcio Barbara se marchó a Las Vegas con su hijo y empezó a trabajar como corista en el Hotel Riviera, donde conoció a Zeppo Marx, el menor de los famosos Hermanos Marx: aun así, Zeppo le llevaba veinte años de ventaja. Se casaron en 1959 y se trasladaron a Palm Springs, donde trabaron amistad con Sinatra. Trece años después el matrimonio de los Marx se hizo pedazos cuando Barbara se enamoró de Frank, quien no quería ni pensar en casarse con ella. Barbara insistió y Frank acabó poniéndole fin a su relación. Pero cuando vio fotos de Sinatra con Jackie Kennedy Onassis, que se había quedado viuda, Barbara volvió a rondarle y Frank le regaló un anillo de compromiso de diamantes valorado en 360.000 dólares. Uno de los grandes obstáculos para que el matrimonio llegara a celebrarse era Dolly, que no apreciaba a Barbara y se negaba a hablar con ella. Frank no le dijo nada a mamá de la boda pero Dolly se enteró y telefoneó a su hijo desde Nueva Jersey soltándole una ristra de improperios y maldiciones.

Las declaraciones hechas por Ava a la prensa hablando del matrimonio fueron tan dignas como sinceras.

–Me alegro de que haya encontrado la felicidad con Barbara. Llevamos mucho tiempo divorciados pero siempre he contado con Frank para que me aconsejara en los asuntos de negocios. Siempre se ha mostrado tan generoso con su tiempo y su interés... Estoy segura de que en el futuro su nueva esposa no pondrá objeciones a que siga llamándole.

Seis meses después Dolly murió en un accidente de aviación producido durante el vuelo de Palm Springs a Las Vegas. La muerte de su madre hizo que Frank quedara destrozado y acudió a la religión en busca de consuelo. En 1978 consiguió la anulación de su matrimonio con Nancy. Barbara se convirtió al catolicismo y volvieron a casarse delante de un sacerdote. Sus matrimonios con Ava y Mia habían sido celebrados fuera de la iglesia, por lo que ésta no los reconocía.

A principios de los años setenta Ava dijo que le resultaría muy difícil adaptarse a las exigencias del matrimonio.

–Cuando te has acostumbrado a vivir sola acabas volviéndote egoísta. Soy feliz tal y como estoy. –Estaba harta de cazar y de las presas que conseguía.

Solía vérsela escoltada por el artista de variedades Bobby Short, Paul Mills, el representante inglés de la MGM, y el actor Charles Gray, cuyo balcón quedaba delante del de Ava. Roland Flamini, que publicó una biografía de Ava en 1983, escribió: «También tuvo una larga relación con el cantante negro Freddie Davis, de treinta años. Eso ocurrió en 1974 y Ava tenía cincuenta y dos años. Freddie hasta consiguió que se volviera abstemia –más o menos–, y que acudiera al famoso balneario inglés de Grayshott Hall para desintoxicarse. "He dejado de beber porque estoy enamorada de Freddie", le dijo a sus amistades. "Hubo una época en que bebía mucho pero ahora he limitado drásticamente mi consumo de whisky".»

Finalmente Ava logró hacer las paces con la botella por sus propios medios y sin ayuda de los demás, reduciendo el frenético ritmo de su vida social hasta encajar en la más tranquila vida londinense. La madurez le ayudó a separar la felicidad del estar razonablemente satisfecha. Veinte años antes había envidiado a Grace Kelly, que consiguió casarse con un príncipe digno de Camelot, pero la vida actual de la princesa no se parecía mucho a un cuento de hadas. Grace tenía muchas ganas de volver al cine.

Cuando Grace anunció sus planes de trabajar en una película de Alfred Hitchcock el pueblo de Mónaco protestó con tal firmeza que Grace acabó renunciando a ellos. Pensaba que la vida en Mónaco podía ser más satisfactoria que el mundo del espectáculo pero en una entrevista que le hicieron diez años después se le preguntó si era feliz.

–No espero serlo –replicó, y pasó a explicar en qué consistía la ilusión de la felicidad, comparándola con el estar satisfecha.

Grace llevaba una existencia solitaria dedicada a bordar, pintar, las obras benéficas y sus hijos. A los veintiún años Caroline, la mayor de ellas, se enamoró de Philippe Junot y Grace se negó a permitir que se casara con él. Pero su hija la amenazó diciendo que se escaparía con el playboy europeo y que «viviría en el pecado».

–Quizá sea mejor así –le dijo Grace a Rainiero–. Eso le permitirá ser feliz en su segundo matrimonio.

La boda tuvo lugar el 29 de junio de 1978 y fue precedida por un baile para ochocientos invitados al que asistieron la realeza de Europa y las amistades hollywoodenses de Grace: Cary Grant, Frank y Barbara Sinatra, Gregory Peck, David Niven y Ava Gardner. Frank le cantó «My Way» a los novios. Tal y como había pronosticado Grace, el matrimonio sólo duró dos años.

El 14 de septiembre de 1982 la princesa Grace murió a consecuencia de las heridas sufridas en un accidente automovilístico. Tenía cincuenta y tres años.

Ava dijo que Su Alteza era una gran dama y una compañía muy divertida.

–En cuanto se había tomado un par de martinis secos se convertía en una chica más. Cuando estábamos en África era tan guapa... Unas copas de champán hacían que se le pusiera roja la naricita. Después de *Mogambo* nunca olvidó mi cumpleaños. Conseguimos una botella de champán de un contrabandista y ella, Clark, John Ford y yo celebramos una fiesta en la tienda, primero por su cumpleaños y luego por el mío. Después de aquello y estuviera yo donde estuviese Grace siempre me mandaba un regalo de cumpleaños. Nunca se olvidó y cada Navidad me enviaba una postal escrita de su puño y letra, no por su secretaria. Nunca llegamos a ser confidentes íntimas pero fuimos muy buenas amigas.

Nunnally Johnson murió en 1977 y George Cukor en 1983. Howard Hughes y Jean Peters se divorciaron en 1970. Hughes estableció su residencia en Londres y se alojó en el Holiday Inn del Park. Cuando Ava cumplió los cincuenta Hughes le mandó flores y volvieron a hacerse amigos. Un año después Hughes partió a su reclusión final en las Bahamas y murió el 5 de abril de 1976.

Que Ava aceptara ofertas para aparecer en la televisión era sólo cuestión de tiempo. El público llevaba varios años sin ver demasiado a sus estrellas favoritas, prefiriendo sentarse delante de la pequeña pantalla. El poder de la televisión era algo desconocido para Ava.

–En Londres está ocurriendo lo mismo –dijo a principios de los años ochenta–. Todo el mundo parece haberse vuelto loco por series como «Dinastía». Había quedado con una amiga para ir al concierto de Frank y me llamó en el último minuto para cancelar la cita diciendo que no se encontraba bien. No era cierto. ¡Quería quedarse en casa y ver «Dinastía»!

El agente de Ava la convenció para que apareciera en siete episodios de la serie «Knots Landing» cobrando 50.000 dólares por episodio. La prensa respondió con titulares llenos de calor, sinceridad y entusiasmo: LA DIOSA EN LA PEQUEÑA PANTALLA – LA GRAN DAMA HACE ENLOQUECER A KNOTS LANDING – EL TIEMPO APENAS SI HA DEJADO HUELLA EN LA DIOSA DEL AMOR DE LAS PELÍCULAS – EL ANIMAL MÁS HERMOSO DEL MUNDO EN LA TELEVISIÓN.

–Oh, la televisión... –dijo en un artículo titulado «De Gable a J. R. con Ava Gardner»–. Es terriblemente pequeña, ¿verdad? Algo miserable... Dejando aparte a J. R., que no es tan pequeño. Me encanta «Dallas» y dado que hoy es viernes si consigo encontrar una langosta, quizá me la lleve a la habitación y vea el programa. La semana pasada conocí a J. R. y me sentí tan emocionada como cuando vi por primera vez a Clark Gable.

Esto es lo que escribió Kay Garden en el *New York Daily News* del 28 de febrero de 1985, hablando de la aparición de Ava en «Knots Landing»:

> Como miembro de sus leales legiones de fans, esperaba la llegada de Ava Gardner a la televisión con una nerviosa expectación. Por favor, le rezaba a las cámaras, sed buenas con ella. No borréis mi recuerdo de esa turbulenta estrella de la pantalla que hizo por las morenas lo mismo que Grace Kelly por las rubias. No cabe duda de que Ava fue la hembra más sexy del cine, una auténtica belleza dotada de un terrible magnetismo animal.
>
> El cámara de televisión escuchó mi plegaria. Ava es vista por primera vez dándole la espalda al objetivo, envuelta en las sombras. Interpreta a Ruth Galveston, esposa del multimillonario Paul Galveston, con quien se casó en su lecho de muerte. Sigue estando soberbia y va muy bien vestida, con modelos que disimulan el par de kilos que le sobran, y aunque ya tiene bastantes años las señales indicadoras de que fue una gran belleza siguen ahí: los ojos en forma de almendra, las cejas arqueadas y ese rostro de contornos perfectos al que parece como si se le hubiera permitido envejecer por sí solo y a su ritmo, sin tener que someterse a ningún estiramiento de piel.

Irónicamente, el actor que interpretaba a Paul Galveston, el esposo de Ava que muere en el primer episodio, era... Howard Duff.

Un reportero del *New York Times* escribió:

> La condesa descalza llevaba sandalias de suela de goma. Caminó sobre la alfombra color crema de las Torres Waldorf. La alfombra tenía el mismo tono cremoso que sus pantorrillas. Iba enfundada en unos ceñidos pantalones de torero color rosa amarillo. Sobre los pantalones había un suéter color cereza con una «A» de lentejuelas encima de un seno y sobre el suéter había un pañuelo color rosa sobre el que estaba el rostro de Ava Gardner.
>
> Durante el mes próximo el rostro de la señorita Gardner

aparecerá en dos proyectos televisivos, los primeros en que ha participado. El primero es «Knots Landing» y el segundo es «A. D.», una miniserie de considerable presupuesto sobre los primeros cristianos.

Con sus ojos verdes y su melena leonada la señorita Gardner no estaba muy distinta de cuando actuó en *La condesa descalza.* A su lado había una botella con agua de manantial y fumaba un cigarrillo detrás de otro. Hacia las siete y media la señorita Gardner cambió el agua por un escocés. Dijo que el señor Sinatra es un gran artista. «Su voz tiene algo indefinible», explicó. «Es algo que sólo he oído en la voz de tres personas: María Callas, Frank y Judy Garland, una cualidad que me hace sentir deseos de llorar. Esas tres personas hacen que quiera llorar de felicidad.»

La señorita Gardner dijo que «Knots Landing» le ha proporcionado «mucha pasta» pero que no le gustó demasiado. «No soy terriblemente vanidosa pero no me gusta parecer un monstruo. Y en la televisión todo va demasiado de prisa... La gente de mi edad puede verla y pasárselo muy bien, pero hacer televisión es cosa de jóvenes.»

En cuanto a su papel en «A. D.» Ava torció el gesto. «Interpreto a una criatura horrible, realmente espantosa», suspiró. «Liquido a mi esposo Claudio [Richard Kiley] y consigo ser rechazada por Nerón [Anthony Andrews]».

Cuando estaba en un restaurante de Hollywood un reportero del *Los Angeles Times* se dirigió cortésmente a ella y en vez de arrojarle el contenido de su copa Ava accedió a conversar unos minutos con él. «Prefiero que citen mal mis palabras a tener que estar delante de una maldita grabadora», le dijo antes de que el reportero se sentara a la mesa. Ava estaba sentada en el reservado masticando chicle, bebiendo y hablando como si no se diera cuenta de que toda la gente del restaurante estaba mirándola. Confesó ser una actriz nerviosa que necesitaba masticar algún caramelo o chicle de menta para evitar que se le secara la garganta. «En algunas escenas parece como si tuviera un diente suelto dando vueltas por la boca», dijo riéndose.

El reportero le preguntó si era difícil masticar chicle, beber y fumar un cigarrillo detrás de otro al mismo tiempo.

–Sí –dijo ella, y siguió haciéndolo con toda la calma del mundo.

–¿Tenía algún secreto de belleza?

–Agua y jabón por la noche y agua fría por la mañana –replicó pasándose la mano por la cara–. Lo cierto es que nunca me he cuidado como debería haberlo hecho. Al contrario... He estado montones de noches en vela, siempre me he acostado muy tarde y nunca he dormido lo suficiente. Pero me lo he pasado bien. En cuanto a las arrugas que pueda tener..., bueno, conseguirlas ha sido divertido. –Parecía algo aburrida–. Adoro Londres. El otro día iba a no recuerdo dónde y empezó a llover. Pensé que debería haber aceptado trabajar en todas esas películas que me ofrecían durante los años treinta y cuarenta..., ahora podría ir en un Rolls Royce. –Su estado de ánimo volvió a cambiar bruscamente y empezó a despotricar sobre «Knots Landing»–. Puedo asegurarle que después de esto nadie va a ofrecerme otro trabajo. Estar rodeada de bebés hace que tenga un aspecto horrible. Al reportero no le pareció que tuviera mal aspecto. En su artículo dijo que estaba impresionante.

Los críticos dijeron que Ava Gardner era lo mejor de la lenta y aburrida «A. D.». La opinión general fue que su afirmación de que lo estaba haciendo por dinero quizá fuese cierta pero en su interpretación había demasiados momentos buenos para que eso fuera toda la verdad. Ava acabó accediendo a trabajar en una versión televisiva de cuatro horas de *The Long Lost Summer,* el relato de William Faulkner, con Jason Robards, Don Johnson y Cybill Shepherd.

Cuando accedió a trabajar en otra miniserie titulada «D'Ardenelle», con Omar Sharif y Sarah Miles, Liz Smith, del *Dailey News,* escribió en su columna que «nunca podremos verla lo bastante a menudo pero al menos aún podemos tener algún atisbo de esa soberbia estrella que ardía y chisporroteaba en la MGM».

Para Ava 1985 fue un año muy ocupado. Faltaban dos años para que pudiera aspirar a que le concediesen su pensión de la MGM.

–Entonces podré dejar de trabajar para siempre –dijo–. Puede que antes haga otra película pero aún no me he decidido.

Le alegró volver a Inglaterra y a su perro «Morgan». Ava no volvió a ser vista en público hasta el día 22 de enero de 1986, en el funeral de su querido amigo Robert Graves, celebrado en Londres. Graves murió un mes antes a la edad de 90 años. Ava se quedó inmóvil bajo la lluvia hasta que alguien acudió a rescatarla con un paraguas.

En 1981 un admirador de Ava Gardner que también había nacido en Smithfield, Carolina del Norte, decidió que la ciudad debería rendirle algún tributo a su famosa hija. Tom Banks compró la vieja casa donde Ava había vivido con su madre.

–Allí es donde Ava jugaba en el barro y trepaba a la torre del agua que hay detrás –recordó.

Banks puso en exhibición pública las piezas de su colección (pósters de todas las películas de Ava, los trajes que llevó en veinte películas, guiones, centenares de fotos y veintiséis retratos al óleo), instalándolas en ese viejo edificio que ahora se llama Museo Ava Gardner.

Ava quedó tan conmovida que cada vez que Banks y su esposa venían a Londres les visitaba para darles la bienvenida.

–Bappie ha estado en el museo –dijo–. Su hermano Jack, que fue legislador del estado, murió en 1981. Su hermana Inez murió un mes después y Elsie, la segunda de las hermanas, murió en 1986. Echamos mucho de menos a la vieja Elsie... Solía venir con mucha frecuencia al museo.

El edificio que alberga el museo se encuentra entre el almacén Best y el cascarón de ladrillos de la Escuela Brogden, que ardió el 31 de diciembre de 1985.

Durante su viaje a Méjico Joe Hyams fue quien estuvo más cerca de averiguar dónde se originaba la falta de seguridad de Ava.

–Adoraba a mi padre y me sentía mucho más cerca de él que de mi madre –le dijo–. En cierto sentido, eso resume las relaciones con los otros hombres de mi vida. Siempre he dado mucho más amor del que he recibido.

–El hecho de que su conversación estuviera «salpicada de jerga psicológica» hizo que Hyams llegara a la conclusión de que la muerte del padre de Ava y el haber crecido sin su amor y su guía eran la clave de su vulnerabilidad. Cuando se lo dijo Ava se lanzó sobre él.

Aun así, el hecho de que Jean Harlow, Joan Crawford, Marilyn Monroe, Lana Turner, Clara Bow y Judy Garland crecieran sin la guía de un padre forma una pauta que no puede ser atribuida enteramente a la coincidencia. Aparte de un padre, esas mujeres lo tuvieron todo: belleza, atractivo sexual, fama y el ser deseadas por muchos hombres.

Ava fue la única de la familia que heredó los ojos verdes de su padre, el hoyuelo de su mentón, su temperamento volátil y sus apasionados apetitos. Su padre murió cuando Ava estaba a punto de convertirse en mujer, un momento en el que necesitaba una imagen masculina fuerte y dotada de gran confianza en sí misma. Ava nunca supo lo que era ser amada y abrazada por un hombre que sólo quisiera verla feliz y que no pidiera nada a cambio.

El comentario de Ava sobre lo afortunada que era Grace Kelly por tener un padre en el que buscar apoyo es otra pista. Fue una buena observación, sobre todo teniendo en cuenta el lugar donde la pronunció: en plena boda de un príncipe con una chica que no pertenecía a la nobleza.

Joe Hyams hizo un concienzudo trabajo de investigación para escribir el artículo sobre Ava. Su esposa, Elke Sommer, pensaba que Hyams había sido *demasiado* perspicaz y el editor de la revista *Life* opinó que el artículo destruía la imagen fílmica de Ava.

–No pretendía ser cruel –dijo Hyams–. Me limité a describir lo que había visto: una mujer inquieta y atormentada que corría alocadamente por la vida buscando la felicidad en un amor que jamás sería capaz de encontrar.

Pero por muchos romances tempestuosos y decepciones emocionales que sufriese Ava siempre tendría un sustituto del padre que cuidara de ella. Es muy posible que sin Frank Sinatra Ava no hubiera logrado ser una superviviente dotada de tanta resistencia.

El 6 de octubre de 1986 Ava fue ingresada en el Hospital de San Juan de Santa Mónica, California: sufría una persistente infección vírica que acabó convirtiéndose en neumonía. Durante su enfermedad sufrió un infarto que no tuvo demasiada importancia.

Mientras Ava era atendida en un hospital de Los Ángeles Sinatra fue ingresado en el Centro Médico Eisenhower de Rancho Mirage, un suburbio de Palm Springs: sufría un ataque agudo de diverticulitis. El 9 de noviembre los médicos le extirparon un absceso del intestino grueso en una operación que duró dos horas. Sinatra sufrió considerables dolores pero en los treinta y cinco centímetros de intestino que se le extirparon no había huellas de cáncer.

Cinco meses antes le habían extirpado dos pólipos benignos del colon, así como un pequeño cáncer de piel que tenía debajo del ojo derecho.

Cindy Adams escribió que la biografía no autorizada de Sinatra escrita por Kitty Kelley, publicada a finales de 1986, le resultó tan dolorosa –mental y emocionalmente–, como la operación.

–Si alguien escribiera un libro diciendo esas cosas tan horribles acerca de mí, supongo que yo también me lo pasaría bastante mal –le confió a la Adams una de las amistades de Frank.

Frank fue dado de alta el 17 de noviembre. Ava seguía en el San Juan. Frank se aseguró de que no le faltara nada. El dinero no era problema. Ava volvió a Londres el mes de marzo. Los periódicos publicaron una foto suya haciendo ejercicios terapéuticos en un banco del parque acompañada por su enfermera. La foto no era demasiado caritativa con ella: tenía los brazos levantados por encima de la cabeza y en su rostro había una expresión donde se mezclaban el dolor y la decisión de seguir con los ejercicios.

Los problemas respiratorios de Ava no acababan de solucionarse y en enero de 1988 tuvo que volver al San Juan. Sinatra se gastó 50.000 dólares para que la llevaran de Londres a California en un avión ambulancia. La llamaba cada día por teléfono. Ava tuvo muchos gastos y fuentes dignas de confianza afirman que Frank gastó más de un millón de dólares en su recuperación. Un columnista de Hollywood escribió: «Sinatra sigue diciendo que Ava es "todo un pedazo de mujer" y cuando le mandó un inmenso centro de flores firmó la nota que lo acompañaba como "Chi-Chi", el mote cariñoso con que le llamaba Ava.»

Ava fue dada de alta el mes de mayo. Volvió a casa, a su amado «Morgan» y a sus paseos por las húmedas calles primaverales de Londres.

–Todo va bien –dijo–. Aún tardarán un poco en borrarme del guión.

Ava Gardner, la diosa a su pesar, puede enorgullecerse de haber sido el molde definitivo de la estrella de cine creada por la MGM, pero lo que la convirtió en una de las grandes estrellas del cine no fue sólo su extraordinaria belleza. Su imagen, desarrollada rápidamente por el estudio y la prensa, era la de una dama buena-mala que fascina a los hombres y preocupa a las mujeres, una hembra independiente, capaz de moverse por el mundo y para la que el sexo no tiene secretos. Era la chica que venía del lado malo de las vías, esas vías que supo cruzar con los zapatos en la mano y sin pedirle ayuda a nadie...

Epílogo

Ava Gardner murió de neumonía en Londres el 25 de enero de 1990 a los sesenta y siete años de edad. Durante los años anteriores a su muerte tuvo bastantes problemas de salud y acabó convirtiéndose en una reclusa. Quienes la amaron y la admiraron la recordarán como una mujer vibrante que supo vivir la vida con el entusiasmo y la pasión que los novelistas intentan emular en la ficción.

El alquiler de vídeos y las reposiciones harán que incluso los espectadores de hoy que quizá no hubieran nacido en los días gloriosos de Ava acaben descubriendo el atractivo de los personajes más memorables de la actriz: la electrizante María Vargas de *La condesa descalza,* la exuberante Honey Bear de *Mogambo* o la endurecida y desesperada Maxine de *La noche de la iguana.*

Durante su turbulenta existencia Ava Gardner no pudo ser poseída por nadie pero la Ava Gardner de las películas nos pertenece..., ahora y siempre.

Filmografía de Ava Gardner

1942. *Joe Smith-American* (MGM)
Director: Richard Thorpe.
Con: Robert Young, Marsha Hunt, Harvey Stephens, Darryl Hickman.
Breve aparición de Ava Gardner.

1942. *We Were Dancing (Sucedió bailando)* (MGM)
Director: Robert Z. Leonard.
Con: Norma Shearer, Melvyn Douglas, Gail Patrick, Lee Bowman.
Breve aparición.

1942. *Sunday Punch* (MGM)
Director: David Miller.
Con: William Lundigan, Jean Rogers, Dan Dailey, Guy Kibbee.
En este filme de serie «B», Ava es espectadora de un combate de boxeo.

1942. *This Time for Keeps* (MGM)
Director: Charles Riesner.
Con: Ann Rutherford, Robert Sterling, Virginia Weidler, Guy Kibbee.
Aparece como pasajera en un automóvil.

1942. *Kid Glove Killer* (MGM)
Director: Fred Zinnemann.
Con: Van Heflin, Marsha Hunt, Lee Bowman, Samuel S. Hinds.
Pequeño papel como camarera.

1942. *Calling Dr. Gillespie* (MGM)
Director: Harold S. Bucquet.
Con: Lionel Barrymore, Philip Dorn, Donna Reed, Phil Brown.
Aparece un instante comiendo un bocadillo.

1942. *Mighty Lak a Goat* (MGM)
Director: Herbert Glazer.
Cortometraje.

1943. *Pilot n.º 5* (MGM)
Director: George Sidney.
Con: Franchot Tone, Marsha Hunt, Gene Kelly, Van Johnson.
Ava en el papel de chica integrante del «party».

1943. *Hitler's Madman* (MGM)
Director: Douglas Sirk.
Con: John Carradine, Patricia Morison, Alan Curtis, Ralph Morgan.
Interpreta el personaje de Katy Chotnik.

1943. *Reunion in France* (MGM)
Director: Jules Dassin.
Con: Joan Crawford, John Wayne, Philip Dorn, Reginald Owen.
Ava en el papel de chica del bar.

1943. *Dubarry Was a Lady* (MGM)
Director: Roy del Ruth.
Con: Lucille Ball, Red Skelton, Gene Kelly, Zero Mostel.
Brevísima aparición.

1943. *Young Ideas* (MGM)
Director: Jules Dassin.
Con: Susan Peters, Herbert Marshall, Mary Astor, Richard Carlson.
Aparición como muchacha de conjunto.

1943. *Lost Angel* (MGM)
Director: Roy Rowland.
Con: Margaret O'Brien, James Craig, Marsha Hunt, Philip Merivale.
La muchacha con el sombrero en la parada.

1943. *Ghosts on the Loose (La casa encantada)* (Monogram)
Director: William Beaudine.
Con: Leo Gorcey, Huntz Hall, Bela Lugosi, Bobby Jordan.
El primer papel importante de Ava Gardner como Betty, dentro de un filme de la serie «B».

1944. *Swing Fever* (MGM)
Director: Tim Whelan.
Con: Kay Kyser, Marilyn Maxwell, William Gargan, Nat Pendleton.
Componente de un grupo de muchachas.

1944. *Music for Millions (Al compás del corazón)* (MGM)
Director: Henry Koster.
Con: Margaret O'Brien, José Iturbi, June Allyson, Jimmy Durante.
Breve actuación.

1944. *Three Men in White* (MGM)
Director: Willis Goldbeck.
Con: Lionel Barrymore, Van Johnson, Marilyn Maxwell, Keye Luke.
Segundo filme con un papel secundario como paciente del Dr. Gillespie.

1944. *Two Girls and a Sailor* (MGM)
Director: Richard Thorpe.
Con: Van Johnson, June Allyson, Gloria DeHaven, Jimmy Durante.
Aparición con el conjunto «Rockette Girl».

1944. *Maisie Goes to Reno* (MGM)
Director: Harry Beaumont.
Con: Ann Sothern, John Hodiak, Tom Drake, Marta Linden.
Ava Gardner en el papel de Gloria Fullerton, esposa de Tom Drake.

1944. *Blonde Fever* (MGM)
Director: Richard Whorf.
Con: Philip Dorn, Mary Astor, Félix Bressart, Gloria Grahame.
Breve aparición.

1945. *She Went to the Races* (MGM)
Director: Willis Goldbeck.

Con: James Craig, Frances Gifford, Edmund Gwenn, Sig Ruman.
En el papel de Hilda Spotts.

1946. *Whistle Stop* (Nero/United Artists)
Director: Leonide Moguy.
Con: George Raft, Victor McLaglen, Tom Conway, Florence Bates.
Ava Gardner en el papel de Mary.

1946. *The Killers (Forajidos)* (Universal)
Director: Robert Siodmak.
Con: Burt Lancaster, Edmond O'Brien, Albert Dekker, Sam Levene.
En el papel de Kitty Collins.

1947. *The Hucksters* (MGM)
Director: Jack Conway.
Con: Clark Gable, Deborah Kerr, Sidney Greenstreet, Adolphe Menjou.
En el papel de Jean Ogilvie.

1947. *Singapore (Una vida y un amor)* (Universal)
Director: John Brahm.
Con: Fred MacMurray, Roland Culver, Richard Haydn, Thomas Gómez.
Ava Gardner como Linda Graham.

1948. *One Touch of Venus (Venus era mujer)* (Universal)
Director: William A. Seiter.
Con: Robert Walker, Dick Haymes, Eve Arden, Olga San Juan.
En el papel de Venus.

1949. *The Bribe (Soborno)* (MGM)
Director: Robert Z. Leonard.
Con: Robert Taylor, Charles Laughton, Vincent Price, John Hodiak.
En el papel de Elizabeth Hintten.

1949. *The Great Sinner (El gran pecador)* (MGM)
Director: Robert Siodmak.
Con: Gregory Peck, Melvyn Douglas, Walter Huston, Ethel Barrymore.
En el papel de Pauline Ostrowski.

1949. *East Side, West Side (Mundos opuestos)* (MGM)
Director: Mervyn LeRoy.
Con: Barbara Stanwyck, James Mason, Van Heflin, Cyd Charisse.
En el papel de Isabel Lorrison.

1951. *My Forbidden Past (Odio y orgullo)* (RKO)
Director: Robert Stevenson.
Con: Robert Mitchum, Melvyn Douglas, Lucile Watson, Janis Carter.
Ava Gardner como Barbara Beaurevel.

1951. *Pandora and the Flying Dutchman (Pandora y el holandés errante)* (MGM/Lion-Romulus/Filmsonor)
Director: Albert Lewin.
Con: James Mason, Nigel Patrick, Sheila Sim, Mario Cabré.
Ava Gardner como Pandora Reynolds.

1951. *Show Boat (Magnolia)* (MGM)
Director: George Sidney.
Con: Kathryn Grayson, Howard Keel, Joe, E. Brown, Marge y Gower Champion.
Ava Gardner como Julie Laverne.

1952. *Lone Star (Estrella del destino)* (MGM)
Director: Vincent Sherman.
Con: Clark Gable, Broderick Crawford, Lionel Barrymore, Ed Begley.
Ava Gardner en el papel de Martha Ronda.

1952. *The Snows of Kilimanjaro (Las nieves del Kilimanjaro)* (20th)
Director: Henry King.
Con: Gregory Peck, Susan Hayward, Hildegarde Neff, Leo G. Carroll.
Ava Gardner como Cynthia.

1953. *Ride, Vaquero (Una vida por otra)* (MGM)
Director: John Farrow.
Con: Robert Taylor, Howard Keel, Anthony Quinn, Kurt Kasznar.
En el papel de Cordelia Cameron.

1953. *The Band Wagon (Melodías de Broadway,* 1955) (MGM)
Director: Vicente Minnelli.

Con: Fred Astaire, Cyd Charisse, Oscar Levant, Jack Buchanan.
Ava Gardner representándose a sí misma en una breve secuencia del filme.

1953. *Mogambo (Mogambo)* (MGM)
Director: John Ford.
Con: Clark Gable, Grace Kelly, Donald Sinden, Philip Stainton.
Ava Gardner en el papel de Eloise Y. Kelly.

1954. *Knights of the Round Table (Los caballeros del rey Arturo)* (MGM)
Director: Richard Thorpe.
Con: Robert Taylor, Mel Ferrer, Anne Crawford, Stanley Baker.
Ava Gardner como Guinevere.

1954. *The Barefoot Contessa (La condesa descalza)* (Figaro/United Artists)
Director: Joseph L. Mankiewicz.
Con: Humphrey Bogart, Edmond O'Brien, Marius Goring, Rossano Brazzi.
En el papel de María Vargas.

1956. *Bhowani Junction (Cruce de destinos)* (MGM)
Director: George Cukor.
Con: Stewart Granger, Bill Travers, Abraham Sofaer, Lionel Jeffries.
Ava Gardner como Victoria Jones.

1957. *The Little Hut (La cabaña)* (MGM)
Director: Mark Robson.
Con: Stewart Granger, David Niven, Walter Chiari, Finlay Currie.
Ava Gardner en el papel de lady Susan Ashlow.

1957. *The Sun Also Rises.* (20th.)
Director: Henry King.
Con: Tyrone Power, Mel Ferrer, Errol Flynn, Eddie Albert.
Ava Gardner como Lady Brett Ashley.

1959. *The Naked Maja (La maja desnuda)* (MGM/Titanus) Director: Henry Koster.

Con: Anthony Franciosa, Amedeo Nazzari, Gino Cervi, Massimo Serato.
Ava Gardner en el papel de la Duquesa de Alba.

1959. *On the Beach (La hora final)* (Kramer Prods./United Artists)
Director: Stanley Kramer.
Con: Gregory Peck, Fred Astaire, Anthony Perkins, Donna Anderson.
Ava Gardner como Moira Davidson.

1960. *The Angel Wore Red (La esposa bella)* (Titanus/Spectator/MGM)
Director: Nunnally Johnson.
Con: Dirk Bogarde, Joseph Cotten, Vittorio de Sica, Aldo Fabrizi.
Ava Gardner como Soledad.

1963. *55 Days at Peking (55 días en Pekín)* (Allied Artists/Valoria)
Director: Nicholas Ray.
Con: Charlton Heston, David Niven, Flora Robson, John Ireland.
Ava Gardner en el papel de la baronesa Natalia Ivanoff.

1964. *Seven Days in May (Siete días de mayo)* (Paramount)
Director: John Frankenheimer.
Con: Burt Lancaster, Kirk Douglas, Fredric March, Edmond O'Brien.
Ava Gardner como Eleanor Holbrook.

1964. *The Night of the Iguana (La noche de la iguana)* (MGM)
Director: John Huston.
Con: Richard Burton, Deborah Kerr, Sue Lyon, James Ward.
En el papel de Maxine Faulk.

1966. *The Bible... in the Beginning/La Bibbia (La Biblia)* (20th/Seven Arts/De Laurentiis)
Director: John Huston.
Con: Michael Parks, Ulla Bergryd, Richard Harris, George C. Scott.
Ava Gardner como Sara.

1968. *Mayerling (Mayerling)* (Films Corona/Winchester Films)

Director: Terence Young.
Con: Omar Sharif, Catherine Deneuve, James Mason, James Robertson Justice.
Ava Gardner en el papel de la emperatriz Elizabeth.

1971. *The Devil's Widow/Tam Lin (La viuda del diablo)* (Gershwin-Kastner/Commonwealth)
Director: Roddy McDowall.
Con: Ian McShane, Stephanie Beacham, Cyril Cusack, Richard Wattis.
En el papel de Michaela Cazaret.

1972. *The Life and Times of Judge Roy Bean (El juez de la horca)* (First Artists)
Director: John Huston.
Con: Paul Newman, Jacqueline Bisset, Tab Hunter, Anthony Perkins.
Ava Gardner como Lily Langtry.

1974. *Earthquake (Terremoto)* (Universal)
Director: Mark Robson.
Con: Charlton Heston, George Kennedy, Lorne Greene, Genevieve Bujold.
Ava Gardner como Remy Graff.

1974. *Permission to Kill (El hombre que decidía la muerte)* (WarnerBros/Sascha Film)
Director: Cyril Frankel.
Con: Dirk Bogarde, Bekim Fehmiu, Timothy Dalton, Frederic Forrest.
Ava Gardner en el papel de Katina Peterson.

1976. *The Blue Bird (El pájaro azul)* (20th.)
Director: George Cukor.
Con: Elizabeth Taylor, Jane Fonda, Cicely Tyson, Robert Morley.
Ava Gardner como la Lujuria.

1977. *The Cassandra Crossing (El puente de Casandra)* (Zev Braun)
Director: George Pan Cosmatos.
Con: Sophia Loren, Richard Harris, Burt Lancaster, Martin Sheen.
Ava Gardner en el papel de Nicole.

1977. *The Sentinel (La centinela)* (Universal)

Director: Michael Winner.
Con: Chris Sarandon, Cristina Raines, Martin Balsam, John Carradine.
Ava Gardner como Miss Logan.

1979. *City on Fire (Emergencia)* (Sandy Howard/Astral-Bellevue-Pathé)
Director: Alvin Rakoff.
Con: Henry Fonda, Susan Clark, Barry Newman, Shelley Winters.
Ava Gardner en el papel de Maggie.

1980. *The Kidnapping of the President.* (Sefel Pictures)
Director: George Mendeluk.
Con: Hal Holbrook, William Shatner, Van Johnson, Miguel Fernandes.
Ava Gardner como Beth Richards.

1981. *Priest of Love.* (Filmways Pictures/Enterprise Picture)
Director: Christopher Miles.
Con: Ian McKellan, Janet Suzman, John Gielgud, Maurizio Merli.
Ava Gardner en el papel de Mabel Dodge Luhan.

Relación complementaria de películas citadas en la presente obra

RED DUST (*Tierra de pasión*). Victor Fleming (1932).
MANHATTHAN MELODRAMA (*El enemigo público n.1*). W. S. Van Dyke (1934).
AH, WILDERNESS (*Ayer como hoy*). Clarence Brown (1935).
A FAMILY AFFAIR (*El honor de la familia*). George B. Seitz (1937).
MRS. MINIVER (*Señora Miniver*). William Wyler (1942).
HELL'S ANGELS (*Los ángeles del infierno*). Howard Hughes (1930).
MACAO (*Una aventurera en Macao*). Josef Von Sternberg (y Nicholas Ray) (1952).
THE WIZARD OF OZ (*El mago de Oz*). Víctor Fleming (1939).
BABES IN ARMS (*Los hijos de la farándula*). Busby Berkeley (1941).
GONE WITH THE WIND (*Lo que el viento se llevó*). Víctor Fleming (1939).
THE MALTESE FALCON (*El halcón maltés*). John Huston (1941).

ADVENTURE (*Aventura*). Víctor Fleming (1945).
BRUTE FORCE Jules Dassin (1947) (No estrenada en España, pero emitida por TV).
THE NAKED CITY (*La ciudad desnuda*). Jules Dassin (1948).
UNDERCURRENT Vincente Minnelli (1946) (No estrenada en España, pero emitida en TV).
THE HIGH WALL (*Muro de tinieblas*). Curtis Bernhardt (1947).
SPELLBOUND (*Recuerda*). Alfred Hitchcock (1945).
DUEL IN THE SUN (*Duelo al sol*). King Vidor (y William Dieterle) (1946).
GENTLEMAN'S AGREEMENT (*La barrera invisible*). Elia Kazan (1947).
QUO VADIS (*Quo Vadis*). Mervyn LeRoy (1951)..
THE FATHER OF THE BRIDE (*El padre de la novia*). Vincente Minnelli (1950).
ANNIE GET YOUR GUN (*La reina del oeste*). George Sidney (1950).
THE MIRACLE OF THE BELLS (*El milagro de las campanas*). Irving Pichel (1948).
TAKE ME OUT TO THE BALL GAME. Busby Berkeley (1949) (No estrenada en España, pero emitida en TV).
JOHNNY EAGER (*La senda prohibida*). Mervyn LeRoy (1941).
BATTLEGROUND (*Fuego en la nieve*). William Wellman (1949).
RACHEL AND THE STRANGER (*Vuelve a amanecer*). Norman Foster (1948).
ON THE TOWN (*Un día en Nueva York*). Gene Kelly y Stanley Donen (1949).
THE HARVEY GIRLS. George Sidney (1946) (No estrenada en España, pero emitida en TV).
CASS TIMBERLANE (*Las dos edades del amor*). George Sidney (1947).
DOUBLE DYNAMITE (*Don Dolar*). Irving Cummings (1951).
HIS KIND OF WOMAN (*Las fronteras del crimen*). John Farrow (1951).
THE BAND WAGON (*Melodías de Broadway 1955*). Vincente Minnelli (1953).
HIGH NOON (*Solo ante el peligro*). Fred Zinnemann (1952).
STALAG 17 (*Traidor en el infierno*). Billy Wilder (1953).
ROMAN HOLIDAY (*Vacaciones en Roma*). William Wyler (1953).
LOVE ME OR LEAVE ME. Charles Vidor (1955) (No estrenada en España, pero emitida en TV).
YOUNG AT HEART (*Siempre tu y yo*). Gordon Douglas (1954).

NOT AS STRANGER (*No serás un extraño*). Stanley Kramer (1955).

THE TENDER TRAP (*El solterón y el amor*). Charles Walters (1955).

GUYS AND DOLLS (*Ellos y ellas*). Joseph L. Mankiewicz (1955).

THE MAN WITH GOLDEN ARM (*El hombre del brazo de oro*). Otto Preminger (1955).

FROM HERE TO ETERNITY (*De aquí a la eternidad*). Fred Zinnemann (1953).

CAMILLE (*Margarita Gautier*). George Cukor (1937).

THE PHILADELPHIA STORY (*Historias de Filadelfia*). George Cukor (1940).

GASLIGHT (*Luz que agoniza*). George Cukor (1944).

BORN YESTERDAY (*Nacida ayer*). George Cukor (1950).

STAR IS BORN (*Ha nacido una estrella*). George Cukor (1954).

THE SUN ALSO RISES. Henry King (1957) (No estrenada en España, pero emitida en TV).

SWEET BIRD OF YOUTH (*Dulce pájaro de juventud*). Richard Brooks (1962).

THE GRADUATE (*El graduado*). Mike Nichols (1967).

MY FAIR LADY (*My Fair Lady*). George Cukor (1964).

MARY POPPINS (*Mary Poppins*). Robert Stevenson (1964).

ZORBA THE GREEK (*Zorba el griego*). Michael Cacoyannis (1964).

ANATOMY OF A MURDER (*Anatomía de un asesinato*). Otto Preminger (1959).

THE HURSTLER (*El buscavidas*) Robert Rossen (1961).

VON RYAN'S EXPRESS (*El coronel Von Ryan*). Mark Robson (1965).

THE PRIDE AND THE PASSION (*Orgullo y pasión*). Stanley Kramer (1957).

AMBUSH BAY (*Emboscada en la bahía*). Ron Winston (1966).

MADAME X (*La mujer X*). David Lowell Rich (1966).

RAGE (*Furia*). George C. Scott (1972).

PAT AND MIKE. George Cukor (1952) (No estrenada en España, pero emitida en TV).

Apariciones en televisión

1985. *Knot's Landing* (CBS).
En calidad de artista invitada.

1985. *A. D.* (NBC)
Miniserie.

1985. *The Long Hot Summer (El largo y cálido verano)* (TVE)

1986. *Maggie* (CBS)

Bibliografía sobre Ava Gardner

Bacall, Lauren, *Por mí misma*, Barcelona, **Ultramar,** 1980.

Bells, George, *Robert Mitchum*, Londres, Franklin Watts, 1984.

Bradford, Sarah, *Princess Grace*, Nueva York, Stein and Day, 1984.

Conttrell, John, y Caskin, Fergus, *Richard Burton*, Englewood Cliffs, Prentice and Hall, 1972.

Daniell, John, *Ava Gardner,* Nueva York, St. Martin's Press, 1982.

Flamini, Roland, *Ava*, Nueva York, Coward, McCann and Geoghegan, 1983.

Graham, Sheila, *Confessions of A Hollywood Columnist,* Nueva York, William Morrow, 1969.

Hanna, David, *Ava*, Nueva York, Putnam, 1960.

Higham, Charles, *Ava*, Nueva York, Delacorte, 1974.

Higham, Charles, *Bette Davis al desnudo*, Barcelona, **Ultramar**, 1982.

Huston, John, *A libro abierto*, Madrid, Espasa Calpe, 1986.

Hyams, Joe, *Mislaid In Hollywood,* Nueva York, Wyden, 1973.

Kelley, Kitty, *A su manera... Sinatra*, Barcelona, Plaza Janés, 1987.

Keyes, Evelyn, *Scarlet O'Hara's Younger Sister,* Nueva York, Lyle Stuart, 1977.

Kobal, John, *People Will Talk*, Nueva York, Knopf, 1986.

Linet, Beberly, *Star-crossed. The Story of Robert Walker and Jennifer Jones,* Nueva York, Putnam, 1986.

Parish, James Robert, *MGM Stock Company*, New Rochelle, Arlington House, 1973.

Pastos, Speros, *Pin-up. The Tragedy of Betty Grable,* Nueva York, Putnam, 1986.

Pero, Taylor, y Rovin, Jeff, *Always Lana*, Nueva York, Bantam, 1982.

Rooney, Mickey, *I. E. Autobiography,* Nueva York, Putnam,

1965.
Seymour-Smith, Martin, *Robert Graves*, Nueva York, Henry Holt & Co., 1982.
Shaw, Arnold, *Sinatra*, Orlando, Holt, Rinehart & Winston, 1968.
Spada, James, *Grace Kelly*, Barcelona, Ediciones B, 1987.
Torme, Mel, *It Wasn't All Velvet*, Nueva York, Viking, 1988.
Turner, Lana, *Lana*, Nueva York, Dutton, 1982.
Wayne, Jane Ellen, *Gable's Women*, Englewood Cliffs, Prentice Hall, 1987.
Wayne, Jane Ellen, *Robert Taylor*, Nueva York, St. Martin's Press, 1989.
Winters, Shelley, *Shelley*, Nueva York, William Morrow, 1980.

Índice